bup
BERLIN UNIVERSITY PRESS

Pia Reinacher

Liebe, Lüge, Libertinage

Eine Expedition zu den Leidenschaften in der zeitgenössischen Literatur

Berlin University Press

Pia Reinacher
Liebe, Lüge, Libertinage
Eine Expedition zu den Leidenschaften
in der zeitgenössischen Literatur

Erste Auflage im März 2008

Ausstattung und Umschlag
Groothuis, Lohfert, Consorten | glcons.de
Lektorat
Christian Döring
Satz und Herstellung
Bernd Krüger, Berlin
Schrift
Borgis Joanna MT
Druck
DruckPartner Rübelmann, Hemsbach
ISBN 978-3-940432-22-3

Danksagung

Die Autorin dankt der UBS-Kulturstiftung, dem Istituto Svizzero di Roma a Venezia sowie der Germanistin Sonja Osterwalder für ihre Unterstützung.

Vorwort

Wer vom »Coup de foudre« getroffen wird, fällt in einen Ausnahmezustand. Ob er nun von einer rauschhaften, verzweifelten, romantischen oder triebgesteuerten Leidenschaft erfasst wird, eines bleibt immer gleich: Die Welt ist von jetzt an nicht mehr, wie sie vorher war. Wer sich verliebt, verirrt sich in einem Labyrinth widersprüchlichster Empfindungen, aus dem weder die Wege der Vernunft noch der Verbote führen. Er betritt eine Terra incognita.

Die Liebe ist eine Kraft, die alle Verhältnisse erschüttert. Sie fegt verrottete Beziehungen weg, legt verschüttete Empfindungs- und Intuitionsräume frei, weckt Erlösungs- und Verwandlungsfantasien und fordert mit ketzerischer Unbedingtheit die Wiedergeburt mitten im Leben. Dabei folgt der Entflammte irrationalen Regeln, die ihn selbst in einen Strudel stürzen. Vielleicht stürzt er kopflos davon. Vielleicht versinkt er in nachtdunkle Depression. Vielleicht lässt er sich von feurigen Gefühlen treiben und gerät in einen Zustand narkotisierter Wahrnehmung. Vertraute Menschen werden ihm unerträglich. Gewohnheiten verlieren ihren Reiz. Wer liebt, kommt sich abhanden. Das Verhältnis zur Welt gerät ins Wanken. Die Passion führt an die Grenzen des Sagbaren.

Wie unvergleichlich, ursprünglich und einzigartig die Gefühle auch scheinen, die den Verliebten erfassen, nichts davon ist original. Wer liebt, stammelt Liebeserklärungen nach konfektionierten Formeln. Seine Schwüre sind vorgestanzt, seine erotischen Spiele imitiert. Selbst in den Aufwallungen von Eifersucht, Missgunst, Rivalität und Treulosigkeit erliegt er einem unbewussten Nachahmungsritual. Er kopiert längst vorhandene Handlungs- und Sprachmuster, die sich im Prozess der Kultur herausbilden. Darin spiegeln sich Grundkräfte: Aggression, Sexualtrieb, Tod. Die Bilder und Zeremonien der Beziehungsaufnahme zwischen Mann und Frau sind von kultureller Bedeutung. Schon die ältesten Zeugnisse der Literatur geben Rituale wieder, in denen es um Verführung, Huldigung, Missverstehen, Ausschaltung von Rivalen, Rückversicherung der Liebe und Abschied geht. Eine Gesellschaft bildet ihre Zeichensysteme; Grundmuster und Bilder erlauben es ihr, sich über sich selbst zu verständigen – zum Beispiel mit dem Code der Liebe.

Die Literatur hüllt diese Bilder in Sprache, sie stattet die Formeln und Figuren unaufhörlich mit wuchernden Bedeutungen aus. Sie erfindet für das Spiel der Körper, der Worte und Gebärden fantastische Geschichten. Die Schriftsteller sind Kommunikatoren der Begierde. Sie sprechen über Grenzüberschreitung und Hingerissenheit, Regelsysteme und Verbote, Lebensgier und Moral: Ur-Geschichten der Menschheit, die jede Gesellschaft neu hervorbringt. Es sind die stets alten und unvergleichlichen Erzählungen über Scheitern, Schuld, Verlangen und Konflikt, die in jeder Epoche anders erzählt werden. Sie spiegeln jeweils ein Sittenbild der Zeit.

Liebe liegt auch in der zeitgenössischen Literatur im Trend. Eine Entdeckungsreise durch die Prosaproduktion der vergangenen Jahre zeigt einerseits, was immer schon war: Der moderne Mensch liebt so verzückt und tückisch, so hingerissen und lächerlich wie zu allen Zeiten. Der literarische Streifzug entdeckt andererseits, wie sich Beziehungsmuster mit der gewandelten Moral verändern, Techniken der Verführung umformen, Schamschwellen verschieben und Konflikte verlagern. Die Lebens- und Liebeskonzepte am Übergang zum 21. Jahrhundert signalisieren einen entspannten Umgang mit Intimität und Moral. Die sexuelle Revolution, die Selbstbestimmung der Frau, das Schleifen rigider Moralvorschriften, der Abbau sexueller Tabus und die Fragilität der bürgerlichen Ehe haben ihren Abdruck auch in den Geschichten der modernen Erzähler hinterlassen. Die Zeit der

Kommerzialisierung, Mediatisierung und Globalisierung ist an den Schriftstellern nicht spurlos vorübergegangen. Sie bilden in ihren Texten eine gewandelte Definition der Liebe ab. Eine Dreiecksgeschichte ist jetzt nicht selten eine Geschichte zwischen zwei liierten Männern und einer Frau, der Konflikt, der die Geschichte vorantreibt, die Selbstfindung des homosexuellen Helden. Schönheit bestimmt den Marktwert und regelt erotische Chancen. Der Körper wird erbarmungslos als Attraktivitätsfaktor im Kampf der Geschlechter eingesetzt, der sexuelle Marktpreis in soziales Kapital umgemünzt. An die Stelle von schmachtender Sehnsucht ist die Mechanik der Pornographie getreten. Die obszöne Darstellung des nackten Körpers gehört inzwischen zum literarischen Standardrepertoire von Schriftstellerinnen und Schriftstellern. Auch Sex als Hochleistungssport hat Eingang in die Literatur gefunden. Das Erotische wird nicht selten auf das Sexuelle reduziert, und das Reden über erregte Körper wird zur literarischen Animationsstrategie. Wo früher mit delikat verrätselten Anspielungen und der Kunst des Beschwörens verbotene Inhalte zur Sprache kamen, werden Texte von Autorinnen und Autoren heute von der »Pornofizierung« angesteckt. Wo einmal die Leiden am süßen Laster die Dichter umtrieben, setzen manche Schriftsteller Pornographie gezielt als Instrument der Spannungsoptimierung und der Stimulation der Leserfantasie ein. Das Mysterium der Erotik ist am Übergang zum 21. Jahrhundert verschwunden, die sexuellen Konflikte und Unzulänglichkeiten sind geblieben.

Das Buch *Liebe, Lüge, Libertinage* versteht sich als Expedition in die zeitgenössische Literatur, die zu eigenen Streifzügen verführen soll. Es besichtigt den gesellschaftlichen Umbruch auf einem Kerngebiet: der Beziehung der Geschlechter. Die acht Teile sind als in sich abgeschlossene Kapitel konzipiert und können in unterschiedlicher Reihenfolge gelesen werden. Sie beleuchten Grundmuster der Liebe und des Begehrens, welche die zeitgenössische Literatur hartnäckig umkreist: *Verführung, Verzückung; Das tückische erste Mal; Wollust, Begierde; Täuschung, Trugbild; Lüge fortissimo; Junges Mädchen, alter Mann; Pornographie, Grenzüberschreitung; Verfallsdatum.* Es sind Grunderfahrungen der Leidenschaft, wie sie in den Texten verschiedener Kulturen und Literaturen eingelagert sind, in allen Variationen wiederkehren und verblüffende Lösungen hervorrufen. Der literarische Beziehungsdiskurs verrät das gewandelte Verhältnis in der Beziehung der Geschlechter und wirft ein Licht auf die Liebes- und Beziehungskrisen in Zeiten der Konsumkultur, der Liberalisierung und der übersteigerten Anbetung von Sexualität – und er spricht über die Anstrengung der Zeitgenossen, dem Leistungsdruck der »ars erotica« gerecht zu werden.

Erster Teil
Verführung, Verzückung

Die Leere vor dem Raub

Liebe als pure Obsession

Literarische Texte spiegeln in allen Epochen die Kulturgeschichte der Verführung. Romane und Erzählungen illustrieren in plastischer Weise die enge Wechselbeziehung von politischen Machtverhältnissen, gesellschaftlichen Systemen und Sexualität. Die Schriftsteller reden über das, was gesellschaftliche Zwänge, Vorgaben und Freiheiten aus Körper und Seele ihrer Protagonisten gemacht haben. Ihr Vorteil ist es, dass sie dabei ungehindert hinter die Fassade restriktiver Konventionen leuchten und in ihren Berichten rücksichtslos den unbändigen Glückshunger, die verdrängten Wünsche, die verschwiegenen Traumwelten und die krisenhaften Begegnungen ihrer Helden darstellen können. Das Spiel der Verführung, das dokumentieren literarische Texte, ist ein Akt, der regelhaft abläuft und sich aus verschiedenen Schlüsselelementen zusammensetzt.

Ein Schlüsselelement der Verführung ist der Zustand der Leere. Es ist eine Art seelisches Vakuum, das dem »Coup de foudre« vorausgeht. Das Subjekt befindet sich in einem Warteraum. Viele Liebesromane geben in präzisen Bildern wieder, was sich dabei abspielt, der Wahrnehmung des Helden aber vorerst entzieht. Sie reflektieren den Vorgang entweder durch direkten Einbezug des Lesers in die Ereignisse oder in der nachträglichen Rekonstruktion des Ichs, das im Nachdenken Aufschluss gewinnen will über seinen Zustand. Denn das hingerissene, taumelnde Ich will begreifen, was ihm geschehen ist. Es will den Moment der Veränderung erkennen. Es will wissen, wo und warum es sein existentielles Gleichgewicht verloren hat. In der Literatur wird diese Phase mit der regelhaften Figur des »Wartens« angezeigt. In Liebesromanen lässt sie sich als feste Konstante nachweisen. Wann immer der Held wartet, signalisiert sich ein labiler Zwischenzustand, in dem noch alles möglich, aber nichts gesichert ist. Der Held verhält sich scheinbar bewegungslos, ohne sich dessen bewusst zu sein, und dieses Warten läuft auf einen »rite de passage« (Arnold van Gennep) hinaus.

Marguerite Duras: *Der Liebhaber*

Man kann diese Phase illustrieren mit dem weltweit berühmt gewordenen Liebesroman *Der Liebhaber* (1984)[1] von Marguerite Duras. Exakt, komprimiert und gleichzeitig exemplarisch beschwört die französische Schriftstellerin in ihrer Geschichte einer »Amour fou« die stillstehende Zeit herauf, die der Verzauberung vorausgeht. Protagonistin ist ein androgynes, fünfzehneinhalbjähriges Mädchen, Tochter einer französischen Kolonialistin in Vietnam. Die Mutter leitet in Sadec eine Mädchenschule. Wie jede Woche nimmt das Mädchen den Bus für Eingeborene, der es zur Mekong-Fähre bringt. Es lebt in einem staatlichen Pensionat in Saigon und besucht ein französisches Gymnasium. Die ehrgeizige Mutter will eine höhere Schule für das Mädchen, sie will, dass es schafft, was sie selbst nie erreicht hat. Die Tochter soll ein Mathematikexamen ablegen, das ihr später den Zugang zur französischen Bildungsschicht ermöglicht. Die Familie lebt in bedauernswerten Umständen. Die Mutter dämmert in ständiger Verzweiflung dahin, das Kind entdeckt in ihrem Gesicht den Wahnsinn. Der Vater wird nach Pnom-Penh versetzt und ein paar Monate später aus Gesundheitsgründen nach Frankreich repatriiert, wo er stirbt. Je mehr die Frau an Ansehen verliert, je deutlicher sie ihre gesellschaftliche Reputation schwinden sieht, desto hochfliegendere Zukunftspläne entwirft sie für die Kinder. Sie ist wahnsinnig, und sie ist ehrgeizig. Das Kind soll den Bildungsstatus der französischen Gesellschaft erreichen, der ihm ein privilegiertes bürgerliches Leben erlauben wird.

An diesem Morgen hat sie es wie immer auf den Platz ganz vorne gesetzt, der üblicherweise weißen Reisenden vorbehalten ist. Sie hat es dem Busfahrer anvertraut, um es zu schützen: vor Unglück, Feuersbrunst, Vergewaltigung, Überfall durch Piraten, einen schlimmen Unfall mit der Fähre. Die Gefahr aber – und das ist der Kunstgriff von Marguerite Duras, mit dem sie ein retardierendes Moment in den Erzählfluss der Ereignisse einbaut –, diese Gefahr kommt von unerwarteter Seite. Nicht außen lauert sie, sondern im Innern des Mädchens, und die Mutter kann es vor diesem letzten Risiko, dem Risiko der Verwandlung durch den Raub, nicht schützen. Die Veränderung der Verhältnisse bahnt sich ihren Weg mit einer Kraft, der sie nichts entgegenzusetzen hat. Später wird sich das Mädchen bewusst werden, dass der erotische Aufbruch und der Bruch mit den familiären Tabus sie gleichzeitig von der Mutter getrennt haben – für immer. Nach der ersten Liebesnacht mit dem Chinesen fragt sich das Mädchen, »woher ich die Kraft gehabt habe, mich dem von meiner Mutter verhängten Verbot zu widersetzen. Mit solcher Ruhe, mit solcher Entschiedenheit. Wie ich es fertiggebracht habe, die Idee bis zum Äußersten zu treiben«. Das Mädchen wird vom Sog der Ablösungsphase erfasst.

Bruch mit der Mutterwelt

An diesem Tag der Überfahrt geschieht das Unerwartete, das alles Bisherige im Leben des Mädchens außer Kraft setzen wird. Es geschieht still und irreversibel. Nie wieder wird das Mädchens so sein wie vorher. Es bedeutet den Abschied von der Kindheit, den Abschied von der Mutterwelt und den Abschied von allen gesellschaftlichen Zukunftsvorgaben. Das Kind wird aus allen Netzen fallen, die es bis jetzt gehalten haben. Eine fundamentale Erschütterung findet statt. Die Umbildung seiner Identität ist die Folge. Marguerite Duras findet für den inneren Wartezustand, der dieser Initiation vorausgeht, das Bild der Überquerung eines Nebenarmes des Mekong, der sich zwischen Vinhlong und Sadec durch die große Schlamm- und Reisebene des südlichen Kotschinchina zieht – eine eindringliche Vision, die gerade durch ihre Schlichtheit überdeutliche Signale setzt:

»Während dieser Reise hätte das Bild sich lösen, dem Ganzen entrissen werden können. Es hätte existieren, eine Fotografie hätte aufgenommen werden können, wie eine andere auch, anderswo, unter anderen Umständen. Aber sie ist nicht gemacht worden. Der Gegenstand war zu unbedeutend, ein Foto herauszufordern. Wer hätte schon daran denken sollen? Ein Foto hätte nur aufgenommen werden können, wäre die Bedeutung dieses Ereignisses in meinem Leben, dieser Flussüberquerung, vorauszusehen gewesen. Doch während sie stattfand, fehlte selbst das Wissen um seine Existenz. Gott allein wusste davon. Darum also existiert dieses Bild nicht. Und es konnte anders auch gar nicht sein. Es ist übersehen worden. Es ist vergessen worden. Es ist nicht losgelöst, dem Ganzen entrissen worden. Es ist gar nicht erst entstanden und verdankt diesem Mangel die Kraft, ein Absolutes zu verkörpern, sein Urheber zu sein.«

Der nachträgliche Kommentar der Erzählerin übersetzt das innere Geschehen. Keiner hat ein Bild des krisenhaften Umschlags im Leben des Mädchens gemacht, weil der Latenzzustand zuvor nicht zu erkennen war. Der Augenblick des Stillstands der Zeit und der Leere wurde auf der Lebenskarte des Mädchens nicht kartographiert, weil er verborgen vor sich ging. Kein Schnappschuss, der den schicksalsverändernden Moment aus dem ruhigen Ablauf der Ereignisse herausgerissen und ausgezeichnet hätte; denn noch fehlt jenes Wissen um diesen Augenblick, weil er noch Gott zugesprochen wird. Die Welt des Mädchens aber hat von der Flussüberquerung an ein neues Zentrum; es selbst wird zum existentiellen Zentrum eines anderen Wesens: des Fremden, den es auf der Fähre trifft. Alle Parameter im Leben der beiden Protagonisten sind von da an verschoben und konfigurieren unaufhaltsam die neue Ordnung. Der »rite de passage« hat sich ereignet.

Verführung als Hypnose

Das Mädchen und der Chinese halluzinieren innere Wunschbilder, bevor sie aufeinandertreffen. Im Rückblick erkennt es, dass in ihm von allem Anfang an »ein Platz für das Begehren war. Ich hatte mit fünfzehn ein Gesicht der Lust und kannte die Lust nicht. Dieses Gesicht war sehr deutlich. Selbst meine Mutter muss es gesehen haben. Meine Brüder sahen es. Alles begann für mich so, mit diesem sehenden, mitgenommenen Gesicht, diesen vor der Zeit umränderten Augen, vor dem Experiment.« Roland Barthes beschreibt die Liebe auf den ersten Blick als schwärmerisch gepriesene Anfangsepisode, in deren Verlauf sich das liebende Subjekt vom Bild des Liebesobjektes hingerissen (gefangengenommen und verzaubert) fühlt. Wer der Liebe auf den ersten Blick verfällt, so Barthes ironischer Kommentar, verfällt vorerst nur der Hypnose, genauso wie das Huhn des Jesuiten Athanasius Kircher.[2] Mit zusammengebundenen Flügeln schlief das Tier ein, wenn es mit den Augen einen Kreidestrich fixierte, der, wie ein Band, dicht vor seinem Schnabel entlanglief. Wenn man ihm die Flügel losband, blieb es reglos, fasziniert liegen, sich dem Besieger unterwerfend. Um es aus der Verzückung zu reißen und die Macht des Imaginären zu brechen, genügte es, ihm einen leichten Schlag auf die Flügel zu versetzen; es schüttelte sich und begann wieder zu picken.[3]

Das imaginäre Bild, das der wartende Liebesbereite in

sich trägt, wird durch eine Reihe visueller Signale aktiviert. Es sind winzige Fetische, verborgene Locksignale des Körpers, verführerische Details der Kleider, laszive Bewegungen, welche die Aufmerksamkeit des Betrachters erregen. Das Mädchen trifft den Chinesen auf der Fähre. Es steht an der Reling. Seine unpassenden Kleider kündigen durch ihre Symbolik deutlich die bevorstehende erotische Begegnung an. Zwar ist das Mädchen erst fünfzehneinhalb, aber es trägt das tief ausgeschnittene, ärmellose Kleid aus Rohseide, das es von der Mutter geliehen hat. Um die Taille hat es einen Ledergürtel gebunden. Die Füße stecken in den berüchtigten Schuhen aus Goldlamé mit den hohen Absätzen und den kleinen Verzierungen aus Strass – phallische und weiblich-erotische Signale, welche durch das Ineinander von Schuh und Fuß sexuelle Bedeutungen beinhalten. Ein bekanntes Motiv, von der Psychoanalyse mehrfach beschrieben, als archetypisches Motiv fester Bestandteil des Märchens.[4] Die Assoziation an Aschenbrödel und den Prinzen drängt sich auf.

Das Unpassende und Übertriebene im Auftritt des Mädchens ruft nach Erklärungen. Seine Kleider brechen mit allen Regeln und Konventionen. Es ist geschminkt wie eine erwachsene Frau. Über die Tokalon-Creme hat es eine Schicht fleischfarbenen Puders gelegt. Er gehört der Mutter, die ihn für Abendgesellschaften verwendet. Die Lippen sind dunkelrot, kirschfarben. Das entscheidend Zweideutige aber liegt im Hut. Die symbolische Sprache des Requisits deutet Ungereimtes, Unentschiedenes an: Signale der Kindlichkeit und des Maskulinen vermengen sich mit Indizien, die einen möglichen Verwandlungsprozess andeuten. Das Mädchen trägt einen Männerhut mit flacher Krempe, einen weichen, rosenholzfarbenen Hut mit breitem, schwarzem Band. Es fand ihn zufällig beim Händler und gab ihn nicht mehr her, weil es feststellte, dass »unter dem Männerhut die unangenehme Winzigkeit meiner Gestalt, dieser Makel der Kindheit, zu etwas anderem (geworden ist). Sie hat aufgehört, eine brutale, fatale Gegebenheit der Natur zu werden.«

Dieses Porträt ist aufschlussreicher, als es auf den ersten Blick scheinen mag. Denn keine Frau, kein junges Mädchen trägt zu dieser Zeit in der Kolonie einen solchen Hut. Der Bruch mit der aktuellen Kleidermode verrät den Übergangszustand, in dem sich das Kind befindet. Alles an diesem Auftritt des Mädchens ist zwiespältig: Es ist zugleich weiblich und männlich, puppenhaft und erwachsen, zart und dominant, narzisstisch auf sich selbst und doch auch auf ein Anderes gerichtet. Noch bewegt sich die androgyne Kindfrau mit der glitzernden Aura einer Kinderprostituierten unter einer Maske, die sie scheinbar zur Frau macht. Noch ist die Verkleidung wie eine zweite Haut. Alles deutet auf einen Prozess der Veränderung hin. Noch sind die unbekannten Regungen, die das Kind vorantreiben, nicht erkannt und nicht in ein neues Selbstbild integriert.

Lockende Sirene

Geschickt bindet Marguerite Duras dieses Standbild einer leibhaftigen Männerfantasie ein in die traditionelle Ikonographie der Verführung. Der Leser entschlüsselt den Zusammenhang, ohne nachzudenken. Sie verspiegelt das Porträt des Mädchens an der Reling mit dem Prototyp der Verführung, der Sirene. Diese wiederum referiert auf das Urbild von Schönheit und Macht: die Aphrodite. Damit ist der Frau auf der Fähre auf einen Schlag eine mythische Qualität unterlegt. Die Sirene ist Inbegriff der real gewordenen Fantasie von der überaus selbstbewussten, rein körperlichen, lockenden Frau, die unendliches Vergnügen und auch ein wenig Gefahr zu bieten hat. Sie verströmt den Geruch von Verruchtheit und Verworfenheit. Das macht die Frau auf dem Schiff für den Chinesen zum attraktiven Ziel. Mit dieser Grundausstattung bannt das Mädchen die männliche Psyche. Denn eine Sirene appelliert an das virile Aggressionspotential in einer modernen Welt, in der alles stabil ist und wenig Aussicht auf Abenteuer und Risiko besteht. Der Chinese ist reich, er ist gelangweilt und er hat einen Sinn für weibliche Ästhetik, den er in seinen glücklichen Studienjahren in Paris entdeckte und kultivierte, aber auch für die erotischen Abenteuer, die er in den Nachtlokalen der Stadt der Liebe suchte.

In vergangenen Jahrhunderten schaffte sich der Mann natürliche Ventile für die Triebe: Krieg, Abenteuer zur See, politische Intrigen. Auf dem Gebiet der Sexualität sorgten spielfreudige Mätressen und Kurtisanen für Abwechslung. Ohne solche Ventile wenden sich die Triebe nach innen und treiben im Dunkeln der Fantasie umso heftigere Blüten.[5] Kein Wunder, dass die Sirene vor allem auf rationale, triebunterdrückende Männer betäubend wirkt. In Homers *Odyssee* muss der Held Klippen umschiffen, auf denen Sirenen – fremdartige weibliche Wesen – die Seeleute durch ihren Gesang in den Tod lockten. Sie singen mit lasziven Stimmen vom Ruhm der Vergangenheit, von einem Paradies der Kindheit ohne Verantwortung, von einer Welt purer Lust. Immer wieder springen Seefahrer ins Meer, um zu ihnen zu schwimmen – und ertrinken. Immer wieder steuern verwirrte Matrosen ihr Schiff in Trance gegen den Felsen. Odysseus verschließt den Matrosen die Ohren mit Wachs und lässt sich selber an den Mast binden, damit er sowohl den verführerischen Stimmen lauschen und gleichzeitig überleben kann.[6]

Marguerite Duras spielt mit den unterlegten archetypischen Bildern. Dabei kommen alle Schlüsselelemente zusammen, welche die Fantasie anstacheln und den Hunger nach Verführung wecken: die Gefahr, das Lockende, das Fremde, die Schönheit, die Sinnlichkeit, die Kindlichkeit, die Naivität, die Unberührtheit. Die französische Schriftstellerin jongliert virtuos mit dem ganzen Repertoire traditioneller Verführungsstrategien. Sie stilisiert den Körper des Mädchens zu einem Götzenbild der Erotik. Sie staffiert es aus zur Ikone der Lust. Die Schuhe, das Kleid, das im Stil einer antiken Venus mit einem Gürtel zusammengefasst ist, das allzu tiefe Dekolleté des Mutterkleides, das die reife Frau wachruft, aber dieser Imago gleichzeitig einen Anflug von Kindersex unterschiebt, tun das Ihre. Das Kindergesicht mit Puder und kirschroten Lippen wirkt dann nur noch als verstärkender Faktor dieses Kalküls. Mit der Erschaffung dieses Gesichts weckt Marguerite Duras aber auch gezielt Assoziationen und Erinnerungen an die dominierende Sirene des 20. Jahrhunderts und stellt es in eine ikonograpische Tradition: Marilyn Monroe. Ihr Markenzeichen war ebenfalls die seltsame Mischung aus männerverschlingendem Ungeheuer und kleinem Mädchen. Die Monroe, geborene Norma Jean Mortenson, hatte einen Teil ihrer Kindheit in den Waisenhäusern von Los Angeles verbracht. Arbeit, nicht Spiele bestimmten ihre Kindheit. Ihr tiefster Wunsch war es, begehrt und geliebt zu werden, und sie tat alles, um ihre Wirkung auf Männer zu steigern. Das Gesicht, der Gang, der Look, alles war berechnet. Sie beherrschte die Kunst, laszive Schwingungen zu verbreiten, auch wenn sie nicht im Entferntesten an Sex dachte. Sie verbrachte Stunden damit, ihr Make-up zu studieren und zu perfektionieren. Ergebnis war ein weibliches Konstrukt mit der doppeldeutigen Aura von Lüsternheit und Unschuld, die nach dem männlichen Beschützer geradezu schrie.

MM wurde durch ihre erotische Selbststilisierung zur größten Ikone weiblicher Verführung des 20. Jahrhunderts. Ihr Einfluss hört auch über vierzig Jahre nach ihrem Tod nicht auf, sondern wirkt im kollektiven Bewusstsein weiter. Die Tatsache, dass Marguerite Duras' Mädchenfigur durch ihre erotische Stilisierung am Image des Stars teilweise partizipiert, mag eine der Ursachen für den durchschlagenden und weltweiten Erfolg ihres Romans sein. *Der Liebhaber* ist das erfolgreichste Buch der französischen Schriftstellerin Marguerite Duras. Sie erhielt dafür den Prix Goncourt und verkaufte über eine Million Exemplare der Originalausgabe. 1991 wurde die Geschichte von Jean-Jacques Annaud verfilmt. Das Mädchengesicht auf dem Schiff reproduziert auf eine spezielle Weise den gelebten Mythos dieses erotischen Stars. Zwar wird das Bild der Monroe nicht deckungsgleich wiedergegeben, doch die charakteristischen Merkmale des Gesichts der literarischen Figur werden in deutliche Nähe zur amerikanischen Filmdiva gerückt. Der Leser aber wird verzaubert, er erfährt lustvolle Identifikation mit dem verherrlichten Vorbild. Er vollzieht mit der geschriebenen Figur, was der Betrachter mit dem Filmstar MM exerziert: die Verschränkung der eigenen Wünsche und Fantasien mit der erotischen Ikone, die als Inbegriff weiblicher Verführungspotenz gilt. Marilyn Monroe kommentierte dieses Phänomen selbst einmal mit dem Satz: »Die Leute sahen mich immer an, als ob ich eine Art Spiegel wäre.« Elisabeth Bronfen spricht in diesem Zusammenhang von einer Projektion der eigenen Wünsche, die am Starkörper festgemacht werden: »Wir sind kraft der psychischen Übertragung, die uns an den Star bindet, davon überzeugt, einen Teil seiner Persönlichkeit zu besitzen. Sich an einem Star zu orientieren, heißt auch, dessen Image vampiristisch zu konsumieren.«[7]

Schwellenritus

In der elektrisierenden Aufmachung trifft das Mädchen auf den eleganten Mann, der in der schwarzen Limousine sitzt. Sie ist schön, und weil sie schön ist, ist sie mächtig. Sie suggeriert mit den erotischen Schlüsselreizen sofortige Verfügbarkeit und bannt den visuell gesteuerten Mann. Der Chinese ist europäisch gekleidet und trägt den hellen Tussahseidenanzug der Bankiers von Saigon. Er ist durch die Ausstrahlung des Mädchens wie betäubt. Ihre Blicke kreuzen sich.

Ohne dass ein Wort fallen würde, sind beide aus ihrem alten Leben ausgetreten und haben sich in neue Bahnen katapultiert. Zwei deutliche Signale unterstreichen an dieser Stelle, dass die Kindheit begraben wird. Das Mädchen sieht die schwarze Limousine des Chinesen mit einem Chauffeur in weißleinener Livree. »Ja«, denkt es, »es ist der große Leichenwagen meiner Bücher.« Es steht an der Reling und schaut gebannt über das Meer. »In der gewaltigen Strömung betrachte ich den letzten Augenblick meines Lebens. Die Strömung ist so stark, dass sie alles mitreißen würde. Gestein, eine Kathedrale, eine Stadt. Ein Sturm wütet im Innern der Wasserfluten. Wind, der sich widersetzt.« Die Angst vor dem Naturereignis reflektiert die Angst vor der gewaltigen Veränderung, die jetzt das Paar umtreibt. Beide fühlen unerklärliche Angst. Es ist die phasentypische Desorientierung und Furcht, welche den Schwellen- und Trennungsritus begleitet.

Später sagt er ihr, er glaube zu träumen. Er sagt, er sei Chinese, seine Familie stamme aus Nordchina, aus Fou-Chouen. Er sagt ihr, er habe in Paris gelebt und das Leben dort genossen. Seine Mutter sei tot, er das einzige Kind. Nur der Vater sei geblieben, der tatsächliche Besitzer des Geldes. Dieser sei seit zehn Jahren an die Opiumpfeife gekettet und verwalte das Geld vom Feldbett aus. Als sie in sein Auto steigt, kehrt schlagartig die merkwürdige Angst zurück – mit der schockhaften Einsicht, dass sie einander verfallen sind. Und dem Wissen, dass sie sich aus dem bisherigen Leben verabschieden und mit allen traditionellen Gesetzen und moralischen Vorgaben brechen werden. Das ist der Kampf, den beide aufnehmen. Der Mann weiß um die Rassenunterschiede und dass sein Vater einer Heirat des Sohnes mit einer kleinen weißen Prostituierten niemals zustimmen würde. Das Mädchen weiß, dass es aus dem Schatten der Mutter getreten ist und als Frau, als erotisches, begehrendes Wesen selber ihre Stelle eingenommen hat. Glück und Trauer über die radikale Richtungsänderung überschwemmen das Kind. Luzide erkennt es, dass es von jetzt an nur den eigenen Gesetzen gehorchen und den Verpflichtungen sich selbst gegenüber nicht mehr ausweichen wird.

Der Triumph des Voyeurs

Paul Nizon: *Das Jahr der Liebe*

Auch im Roman *Das Jahr der Liebe*[8] von Paul Nizon verwandelt sich der Warteraum in einen Gebärraum. Sein Held kennt allerdings von Anfang an sein Ziel; nur der Weg liegt im Dunkeln. Nicht unbewusste Regungen treiben ihn voran. Nicht fremde Gefühle erschüttern sein Selbstgefühl. Er ist in eine Zwischenwelt geraten. Den Zufluchtsort der Kindheit hat er verlassen, den Ort seiner Träume noch nicht erreicht. Das Wissen um die Dringlichkeit der Selbstwerdung treibt ihn um. Er will ein anderer werden, dieser unverstandene, aber beherrschende Wunsch quält ihn, er treibt ihn zu exzessiven Ritualen. Die Stadt soll ihn aufnehmen und ausspucken als ein innerlich Gewandelter. Was der Held sucht, ist radikale Erlösung: Erlösung aus dem Schmerz der Vereinzelung, der seine Kindheit bestimmte, Erlösung aus der Erkenntnislosigkeit. Die Sehnsucht nach dem »zur Welt kommen« ist zentrales Thema im Roman *Das Jahr der Liebe* des Schweizer Schriftstellers, der 1977 seine Heimat verließ und nach Paris umzog.

Schon früher war der Protagonist als Junge in diese Stadt gekommen, zu seiner Tante, die in der Rue Simart im 18. Bezirk, im »quartier couscous«, eine kleine Wohnung besitzt. Paris setzt sich in seiner Vorstellung als Inbegriff eines Sehnsuchtsortes fest, auch dann noch, als er als Erwachsener zurückkehrt. Jetzt flüchtet er sich in die fremde Welt zum Auftanken. Er badet lustvoll in ihren Menschenfluten. Nach dem Tod der Tante erbt er die Wohnung. Paris wird zu seiner neuen Heimat, in der er sich geborgen fühlt und gleichzeitig gefangen wie in einer riesigen Falle. Der Schriftsteller erschnüffelt, erwandert, ertastet die Weltstadt in täglichen Exkursionen, um sie sich beinahe körperlich einzuverleiben. Gleichzeitig trennt er sich von allem, was ihn mit der Schweiz verbunden hat. Seine Frau verlässt er. Bei seiner französischen Geliebten aber, die ihn durch ihre Leidenschaft lockte und vergiftete, ist er noch nicht angekommen, sie bleibt seltsam unwirklich.

Die Betäubung durch die ersehnte Liebe färbt seine Gefühle. Die unergründliche, fremde Welt fasziniert und irritiert ihn. Die Stadt wird in der Vorstellung des flanierenden Helden zu einem Warte- und Ahnungsraum. In ihr spiegeln sich die chaotischen Empfindungen des Unbehausten, der die alte Heimat verloren hat, sich im fremden Zufluchtsort aber noch immer unvertraut fühlt. Paul Nizon beschreibt mit diesem Prozess die typischen Phasen der Übergangsrituale: das Individuum verharrt nach der Ablösungsphase in einer Zwischenphase, die von desorientierten Gefühlen begleitet ist. Die alte Ordnung zerfällt. Verwirrung, Ziellosigkeit und Unrast erfassen den Helden, bevor er in der Integrationsphase zu einer neuen Ordnung findet.

Paris als Warte- und Gebärraum

Paris wird zur Zwischenwelt des Suchenden nach sich selbst. Die Erfahrung radikaler Einsamkeit und ein Gefühl extremer Verlorenheit verdichten sich im unerklärlichen Wunsch nach Wiedergeburt. Der Schriftsteller beschwört seine Not in einem beinahe rituellen Singsang: »Nimm mich an, bring mich hervor, schrie ich zur Stadt, ich schrie, weil sie taub war und sich kalt gab, jedenfalls mir gegenüber. Die Stadt schien mir jetzt oft von einer glazialen Schönheit, zum Erfrieren abweisend; sie schien mir wohl deshalb so, weil ich meine Panik in sie hineinprojizierte, Starre und Kälte waren der Reflex meiner eigenen Verfassung: dieses Fremdseins.«

Die Stadt zieht ihn an, und sie stößt ihn ab. Was ihn am unbekannten Universum anzieht, kann er sich nicht erklären. Und doch ahnt er, dass sein Benehmen jenes eines unglücklich Liebenden ist, der erhört werden will. Er fühlt sich wie ein verzweifelt Werbender, der immer von neuem zurückgewiesen wird und riskiert, mit offenen Augen an seiner vermessenen Liebe zu krepieren. Hin und her getrieben wird er. Mal vereinsamt er im Schachtelzimmer an der Rue Simart, dann wieder elektrisiert ihn der Lebensbetrieb der Metropole. Paris wird in dieser Umgebung zur Metapher des bergenden Schoßes. Sie macht dem Verlorenen ein Verschmelzungsangebot. Sie offeriert ihm die Rückkehr in den bergenden Bauch. Solange er mittendrin ist, wird ihm wohl und warm, er fühlt sich mit der Stadt vereinigt, verstört zwar durch ihre Vielgestaltigkeit, aber trotzdem beinahe symbiotisch mit ihr verbunden.

Wie im Roman von Marguerite Duras ist auch in *Das Jahr der Liebe* von Paul Nizon die Empfindung der Leere, die der Verzückung vorausgeht, mit einem diffusen Angstgefühl verknüpft. Die Helligkeit des allumfassenden Gefühls wird kontrastiert durch das Unergründliche des fremden Zustandes. Allerdings war diese Angst schon immer im Leben des Helden. Bereits als Kind fürchtete er sich vor dem Dunkelwerden. Er fühlte eine schreckliche Nachtangst. Wenn das Tageslicht schwand, wenn nichts mehr da war, kein belichteter Adressat, auch niemand, der ihn hätte unterhalten können, artete diese Angst in eine dumpfe Furcht vor dem Abgeschnittensein von allem aus. Das düstere Vereinzelungsgefühl kippte auf dem Höhepunkt in ein bodenloses Abgleiten, in den umfassenden Selbstverlust, in einen regelrechten Zerfall der Identität: »Wer bin ich? Wohin gehöre ich? Wohin könnte ich mich wünschen, wohin hoffen? Ich wusste nicht mehr, wer ich war.«

Schon früh wehrt sich der Erzähler mit ausgeklügelten Abwehrstrategien gegen die diffuse Bedrohung. Er findet heraus, wie er sich von solch bedrohlichen Gefühlen kurieren und sie triumphal in Lust aufheben kann. Sein bester Freund sagt es ihm auf den Kopf zu: Er wolle gar nicht die Klarheit, erklärt er dem Schriftsteller, was er suche, sei dieses »in Dunkelheit Gewiegtwerden.« Tatsächlich, so wirft er dem Schriftsteller vor, suche er gerade die Finsternis. In dieser Diagnose liegt gleichzeitig die Erklärung für das seltsam zersplitterte Lebensgefühl des Flaneurs – eine Mischung aus unbegriffener Angst, gesteigerter Lust und gleichzeitigem Identitätszerfall. In der Rückkehr in die Symbiose – mit der Stadt, mit der Frau –, die der Schriftsteller immer und immer wieder sucht, liegt merkwürdige Rettung. Im Einssein mit der Stadt bannt er die extreme Einsamkeit: »War ich aber zurück und wieder in der Wohnung, bei mir, dann war ich entfallen, weil dieses Allberührtsein, weil dieses Aufgehoben- und Teilsein nicht mehr herzustellen war. Nur in der flüchtigen Vereinigung war ich zugehörig und: erlöst in einer Art Liebe, erlöst vom Los der Vereinzelung. Erlöst vom Schmerz der Erkenntnislosigkeit.« In den euphorische Gefühle auslösenden Expeditionen durch fremde Straßen und Viertel, aber auch in der ungezähmten, mechanisch repetierten Verschmelzung mit den Frauen besiegt der Ich-Erzähler die Angst vor Selbstverlust. Ein großartiges Bild der Zwischenphase, in dem der Held aus dem vertrauten Kosmos geschleudert wird und sich noch nicht in der neuen Welt integrieren kann.

Verführung und Angstabwehr

Paul Nizon verblüfft den Leser seines Romans *Das Jahr der Liebe* mit der detaillierten Beschreibung hemmungsloser Eskapaden, die der Erzähler wie besessen sucht und die er in Madame Julies verschwiegenem »Maison de rendez-vous« erfährt. Sind Verzückung und Begehren also bloße Obsession des Helden, eine Form von erotischer Schrulle? Mag sein, dass sie das auch sind. Vor allem aber eröffnen die Forschungsreisen in das Frauenland eine heilende Traumwelt. Männer versinken in Nizons Roman immer wieder lustvoll in wabernde, verschlingende Frauenwelten; nicht nur, weil die üppig weiblichen Reize flüchtiges Glück versprechen, sondern auch, weil sich über diesen Umweg ihre Angst vor der Vereinzelung vergessen lässt. Die Vorstellung des weiblichen Kontinents und seiner Eroberung werden für den verirrten Schriftsteller zu einer fixen Idee und damit eins mit der »Hoffnung auf Rettung in einer Angst, die sich von irgendwo unterhalb her ins Gehirn bohrte, und an der Heftigkeit der Wunschvorstellung ermaß ich den Grad der Vereinzelung, mein Windelweh, meine Angst«. Der Grund der süchtig praktizierten sexuellen Begegnungen ist nichts anderes als eine Selbstrettung: in der Suche nach dem »einzig Trostversprechenden, ein Sich-ans-Leben-Klammern«, wenn der Held in der Absonderung seines Schachtelzimmers zu veröden oder in einem Horror vacui unterzugehen droht.

Auch in Paul Nizons Roman ist es die Schönheit, mit der die Frauen die Männer bannen und manipulieren. Die Anmut des weiblichen Körpers betäubt den Helden. Laszive Frauen entführen ihn in feminine Gegenwelten. Das erotisierte männliche Auge erliegt den Versprechungen des weiblichen Körpers nur zu gerne: »Ich habe, oft unwiderstehlich, diese Verlockung der Frau vor Augen, aber es ist eine ehrfürchtige Schönheitsverehrung, ja eine Anbetung in dieser Empfindung. Schönheit gleichzusetzen mit dem Weiblichen, der Rückenlinie, dieser Kerbe hinunter bis zum herrlich ausladenden Gesäß, und dem weichen Guss der Beine –; eine antikische, eine archaische Verehrung. Und gleich darauf das wahnsinnigste Begehren: einzutauchen in diese Herrlichkeiten. Dann sind es Obsessionen der Annäherung bis zum Zusammenlegen der Glieder, diesem Furchtablegen, und einem Konversieren mit nichts als ›den Händen am anderen Leib‹ und weiter bis zum Verschlingen, dem Schwinden der Sinne, Vergehen. Halluzinationen.«

Einmal versucht sich der Schriftsteller über diese Frauensucht Rechenschaft abzulegen und ihre Ursache zu ergründen. Wann diese beinahe dämonische Verfallenheit, die Gier nach dem weiblichen Körper angefangen hat, weiß er nicht mehr. Ob dieses Laufen nach Frauen, dieses unbedingte Begehren mit der Mutter zu tun habe oder mit dem Vater, bleibt ihm verschlossen. Nur eine Ursache erkennt er mit Sicherheit: Es habe mit dem Ausgeschlossensein zu tun, mit Einzelsein, mit Starre und Einsamkeit, mit Todesangst, mit dem Tod. Die Ursache der manischen Verzückungslust seines Helden liege daran, dass er in einem Frauenhaus aufgewachsen sei. Eine Kindheit inmitten von lauter Frauen: die Mutter, die Schwestern, Großmutter und Großtante, Dienstmädchen; später, als der Haushalt der Mutter in eine Pension umgewandelt wurde, kamen auch noch weibliche Pensionäre dazu, die ebenfalls ihren Einfluss auf das heranwachsende Kind ausübten. Darum erliegt Nizons Held den Frauen, ohne nachzudenken: Es ist der wilde Versuch, das versunkene Paradies und damit die fraglose Geborgenheit der Kindheit wiederherzustellen. Zentrum seines Universums war das Mütterliche.

Diskurs der Abwesenheit

Interessant ist in diesem Zusammenhang die Erklärung Roland Barthes' zur Sehnsucht und zu sprachlichen Episoden, welche die Abwesenheit des geliebten Wesens inszenieren. Der Diskurs über den »Abwesenden« sei immer ein weiblicher Diskurs und berge im Kern die Suche nach dem verlorenen Mütterlichen. Es gäbe unzählige Lieder, Volksweisen und Chansons, welche die Abwesenheit des Partners thematisieren. Historisch gesehen werde der Diskurs der

Abwesenheit von der Frau geführt. Die Frau sei sesshaft, der Mann aber ein Jäger und Reisender. Die Frau sei treu, denn sie warte, der Mann aber sei ein Herumtreiber (er fährt zur See, er ›reißt auf‹). Es ist die Frau, die der Abwesenheit Gestalt gibt, ihre Fiktionen ausarbeitet, denn sie hat Zeit dazu; sie webt und singt. Die Spinnerinnen, die Webstuhllieder sprächen gleichzeitig von Immobilität (durch das Surren des Spinnrades) und von der Abwesenheit (die Reiserhythmen in der Ferne, die Meeresdünungen, die Ausritte). Daraus folge, so der französische Semiotiker, dass bei jedem Mann, der die Abwesenheit des anderen ausspreche, sich Weibliches äußere: Ein Mann, der warte und darunter leide, sei auf wundersame Weise feminisiert.[9]

Dieses Erklärungsmuster deutet auch die Ursachen der unbegriffenen Gier nach Symbiose an. Denn tatsächlich verbirgt sich Sehnsucht hinter dem prahlenden, sexuell aggressiven Lebensgefühl des flanierenden Helden. Was sich als großspurig vorgeführte Eroberungsstrategie präsentiert, dient im Kern einer rituellen Inszenierung des Weggehens und Wiederkommens, dem Wechsel von Verschmelzung und Vereinzelung und damit dem Bannen von diffusen Unlustgefühlen. Eine weitere Methode der Angstvermeidung entdeckt der Erzähler im Tagtraum. Im Wollen und Wünschen der Träume fallen Dichtung und Erotik zusammen. Im kindlich tagträumerischen Fantasieren vermutet der Schriftsteller die Quelle seines Schreibtalents. Denn der sprachliche Akt und der erotische Akt, so kommentiert er, entsprängen derselben Quelle und würden mit derselben Methode ausgelöst: »Ich denke, dass es das all-erotische Lebensgefühl war, das mich in ein Tagträumen lockte und lenkte, das eine Vorstufe des Imaginierens ist und mit der Erschaffung einer zweiten, anderen Wirklichkeit zu tun hat und mit einem Doppelleben – sehr früh kannte ich auch die Scham vor der Innerlichkeit, der diese Wirklichkeit entsprang.«

Als zweiter Warteraum, der auf das Leben vorbereitet

und das Gefühl der Begierde hervorruft, entpuppt sich die Table d'hôte in der Pension der Mutter. Vor allem Colette, die neue Pensionärin, die eines Tages einzieht, behext den Pubertierenden. Er ist geradezu verrückt nach ihr. Sie hat die katzenhaftesten, faulsten, feuchtesten Augen, die er je gesehen hat, und verströmt den Geruch von Puder, Parfüm und reiner Sexualität. Ihr Gesicht wirkt durch den breiten und vollen Mund und die geschlitzten Augen absolut geschlechtlich, man musste den Eindruck gewinnen, sie komme ganz ohne Denken aus. Normalerweise sitzt sie faul in sich zusammengesunken am Tisch, halbanwesend, gedankenabwesend, nur leiblich. Dem Leser wird sofort klar, dass hier eine Frau von Kopf bis Fuß auf Liebe eingestellt ist. Die Schlüsselreize einer Madame Chauchat, die sie leibhaftig verkörpert, lassen sich detailliert dekodieren.

Diese Königin der Nacht bringt in der Tat alles mit, was männliche Verführung stimuliert: Sinnlichkeit liegt zuerst einmal in der Mehrdeutigkeit ihrer Absichten, die sich in der speziellen Mischung aus Unschuld und Erotik manifestiert. Sie zeigt sich aber auch in den Bewegungen ohne Hast und voller Anmut, die das Verlangen schüren, ohne allzu zielgerichtet zu wirken. Sie verrät sich mit dem Geruch von Parfüm und Puder, was Assoziationen an Boudoirs weckt und an ihre traditionellen Bewohnerinnen. Sie offenbart sich endgültig und eindeutig aber in Auge und Mund, die – zusammen mit dem Ohr – Symbole des weiblichen Genitals sind und auf ihre Art aufreizen.

Der Mund, Inbegriff eines Vaginalsymbols des menschlichen Körpers, wurde aus diesem Grund immer wieder von der Kunst, speziell aber von der Pop-Art, variiert und verfremdet. Auf diese Bildersprache greift Paul Nizon für die literarische Inszenierung von Verzückung und Begehren zurück. Dass der Mund von Colette voll und breit ist, signalisiert erotische Verfügbarkeit, eine Botschaft, die sofort verstanden wird. Wieder referiert der Autor auf die Ikonographie moderner Medien. Das Bild des zurückgeworfenen Kopfes mit aufgeworfenen, halb geöffneten Lippen und verschleiertem Blick gehört in Kunst, Film und Werbung längst zum erotischen Standardappell und hat sich als sexuelle Chiffre verselbstständigt. Nach Freud ist der Mund das erste Organ, das als erogene Zone auftritt und einen libidinösen Anspruch an die Seele stellt. Im Lutschen des Fingers verrät sich ein Hang zur oral-libidinösen Befriedigung.[10]

Die Traumfrau verpasst nicht ihre Wirkung auf den jungen Helden. Er stellt ihr nach und entdeckt, dass sie regen Geschlechtsverkehr pflegt. Verführung, Begehren und Initiation sind in dieser Phase angesagt. Der Held an der Schwelle zum Erwachsenen meistert die Klippe des Übergangs mit unkonventionellen und exzessiven Mitteln – ein Trennungs- und Schwellenritus. Der unerfahrene Gymnasiast sucht unter immer neuen Vorwänden die Nähe von Colette, die er tatsächlich erobert. Natürlich entwirft Paul Nizon mit diesem Tableau eine Voyeurszene, die dem männlichen Bedürfnis nach visuellen Stimuli perfekt entgegenkommt. Die Femme fatale ist kein Realtypus des Weiblichen, sondern ein fein arrangiertes erotisches Stereotyp, eine Projektion des Weiblichen im Zerrspiegel männlicher Wünsche. Colette ist aber auch keine dämonische Verführerin, sondern der Typus des teils mütterlichen, teils hurenhaften Wesens, welches die Annäherung des ergebenen Ich-Erzählers generös zulässt. Diese Frau verströmt die erotische Aura eines Aktes von Modigliani. Sie lockt mit Reizen, welche die Versuchung in Gang setzen und männliche Wünsche wecken. Dabei suggeriert der Autor gezielt eine Atmosphäre von Abenteuer, Gefahr und Verbotenem. Ein erotisches Bild, das exemplarisch die literarische Thematisierung von Verzückung und Begehren abbildet.

Die Kapitalisierung des Körpers

Verführung und Manipulation

Das literarische Muster der romantischen Verführung aus Lust und Liebe findet in der modernen Literatur aber auch sein krasses Kontrastmodell. Sämtliche positiven Aspekte von Verführung und Verzückung verkehren sich in diesem Beispiel in ihr Gegenteil. In diesem Szenario wird alles konterkariert. Es geht nicht mehr um Verführung mit dem Ziel der Annäherung, sondern einzig um Macht. Zwar funktioniert auch in diesem Beispiel die »romantische« Liebe nach den Gesetzen der Schlüsselreize. Aber sie sind kühl kalkuliert und dienen einer Strategie, die nicht Erotik, sondern Dominanz anvisiert. Mehr noch: Die Wahl der Waffen ist darauf ausgerichtet, einen Zugewinn – an Prestige, an Einfluss – zu erreichen, der sich für das eigene Leben kapitalisieren lässt. Der Körper ist nur noch Mittel zum Zweck. Er ist das Medium, mit dem die Beute erlegt und vernichtet wird. Er dient als erotisches Kapital, das ins Spiel gebracht wird, um es im entscheidenden Augenblick in soziales und ökonomisches Kapital zu konvertieren.

Dietrich Schwanitz: *Der Campus*

Eines der geistreichsten, bitterbösesten und sarkastischsten Beispiele der letzten Jahre auf diesem Feld liefert der 2004 verstorbene Dietrich Schwanitz, Professor für englische Literatur und Kultur an der Universität Hamburg. Sein Roman *Der Campus* (1995)[11] ist im universitären Milieu angesiedelt und führt in einer satirischen Versuchsanlage exemplarisch das Modell der Verführung zur Optimierung des eigenen »brand« vor. Das Verblüffende von Schwanitz' literarischem Verlockungsszenario besteht darin, dass es im gleichen Zug alle sozialen Beziehungen der Mitspieler in Frage stellt. Kein Stein bleibt auf dem anderen, kein politisch korrektes Verhalten bleibt ungeprüft, keine Sicht auf Beziehungen hat mehr Bestand – weder auf die Ehe des Helden mit der Professorengattin, noch auf die Beziehung zur Tochter, und schon gar nicht auf die wilde Liebe zur Studentin Babsi. In einer einzigen stürmischen Bewegung wird das gut vertäute bürgerliche Beziehungsnetz weggewischt. Im Licht des praktizierten sexuellen Aktes mit der Studentin erscheinen plötzlich alle Verhältnisse anders: erbärmlich, berechnend, gnadenlos. Am Ende der Geschichte sind die Masken weggerissen: Der Professor erweist sich als himmeltrauriger Verräter, die Gattin als ambitionierte Kühle und die Geliebte als erotisch Verwirrte, die intellektuelle Schwäche in erotische Stärke umwandelt.

Die satirische Grundatmosphäre bricht bereits auf den ersten Seiten durch. Der Konflikt zwischen dem Professor und seiner Gattin entzündet sich nicht an einer Lüge, sondern an der puren Wahrheit, die nicht als solche erkannt wird. Eine erzählerische Spitzfindigkeit, die sofort ahnen lässt, dass sich in dieser Geschichte alles um die eigene Achse drehen wird. Hanno Hackmann, angesehener Professor für Kultursoziologie an der Universität Hamburg, kehrt mit falscher Hose von einem Festvortrag zurück. Das Smokingteil ist nach dem öffentlichen Auftritt durch eine Ungeschicklichkeit nass geworden. In der Herrentoilette der Akademie trifft er auf Norbert, den Penner, und bittet ihn, ihm seine Hose für einen Augenblick zu leihen, bis er seine eigene unter dem Heißluftgebläse getrocknet habe. Der Penner indes geht unerwartet eigene Wege. Er schließt sich in der Kabine ein und lässt den universitären Olympier durch die geschlossene Türe wissen, dass ihm die Smokinghose wie angegossen passe, besser als die eigene, er sie also behalten und dem Professor sein Pennerstück im Tausch überlassen werde. Ein schicksalhafter Moment, der den verborgenen Konflikt entzündet und die geschönten bürgerlichen Verhältnisse sprengt. Der beschämte Professor nämlich lässt seine Gattin Gabrielle beim anschließenden Empfang stehen und kehrt auf Umwegen nach Hause zurück. Als er spätabends die Wohnung betritt, erwartet sie ihn bereits. Sie konnte nicht, wie vorgesehen, den Empfang an seiner Seite verbringen und den Gattenerfolg angemessen einkassieren. Das verzeiht sie ihm nicht. Ihm schwant nichts Gutes. Vor kurzer Zeit hat er mit der Studentin Babsi ein Verhältnis angefangen, das aus einer Reihe fortgesetzter Rückfälle besteht. Während des Vortrags sichtete er Babsi neben Gabrielle in der fünften Reihe. Ihm wurde heiß. Hatte sie seiner Frau etwas verraten? Wollte sie drohen? Hatten sich beide Frauen bereits seelenruhig verständigt? Gabrielle vermutet in der Tat, ihr Mann habe sich nach dem Vortrag zu einer Studentin abgesetzt, um mit ihr zu schlafen. Nicht unbedingt das mögliche erotische Abenteuer geht ihr nahe, sie wirft ihm vielmehr den mangelnden Sinn für das Gesellschaftliche vor. Würdelos sei er, unfähig, zu seiner Position zu stehen, und ohne Sinn für die Kreise, in denen er lebe.

Verzückung und Berechnung

Damit sind die Konflikte aufgerissen. Die radikale Heimfront, die bisher verborgen blieb, bricht unerwartet auf. Das Ehepaar hat die Demarkationslinien des barmherzigen Totschweigens überschritten. Gabrielle als legitime Gattin ist sich ihrer Sache sicher und verlangt Aufklärung. Derart zu Unrecht in die Enge getrieben, bahnt sich andererseits im Professor der angestaute Groll gegen die ehrgeizige Gattin in Form eines verbitterten Monologs seinen Weg. Wie durch einen Tunnel, an dessen Ende Gabrielle steht, sieht er seine

Frau, wie sie einmal war, vor fünfzehn Jahren, als er sie heiratete. Glücklich, strahlend. Inzwischen hat sie ihren eigenen Kurswert durch die Aktien des Wissenschaftlers aufgewertet und ihr gemeinsames Leben unter dem Statusaspekt neu geordnet. Es ist eine Art höhere Besitz- und Landnahme des Ehemannes, was sich als stiller Prozess im Laufe der Ehe ereignete. Unter unsäglichem Aufwand suchte sie ein passendes Domizil mit der richtigen Adresse. Die Villa im grünen Hamburger Villenort Ohlstedt mit feuchtem Teppichrasen, Eibenhecken, zart assortierten Blumen und einer Putte, die angeblich aus der Toskana, in Wahrheit aber aus dem Kieswerk von Bad Segeberg stammt, kündet von der eigenen Position in der gesellschaftlichen Hierarchieleiter. Wenn der Professor ein Glas Whisky im Wohnzimmer auf den Tisch stellen will, schiebt ihm Gabrielle hysterisch einen Untersatz unter – sie hat inzwischen alle Möbel durch kostbare Antiquitäten aus Kirschbaum ersetzt. Sein altes, großes Bett, Symbol der Jugend, das er geliebt hatte wie Napoleon einst Austerlitz, wurde auf den Sperrmüll gestellt.

Das galoppierende Distinktionsbedürfnis der Gattin und der aufgezwungene Identitätswechsel treiben den Professor ins innere Exil. Die gelungene Okkupation durch seine Frau macht ihn einsam – und gleichzeitig anfällig. Jetzt öffnet sich die zweite Front. Wie als Gegenprogramm zur ehelichen Usurpation zeigt sich diese andere weibliche Eroberung unter der Maske der leidenschaftlichen Verführung. Im soziologischen Seminar der Universität Hamburg, über der alten Polizeiwache, hat Hanno Hackmann sein Rückzugsrevier eingerichtet. Sein Büro liegt im vierten Stock, eine Flucht von vier Büros der Abteilung für Kultursoziologie. Ein blauer Teppich, weiße und schwarze Möbel, ein Reich gepflegter Bürosachlichkeit. An den Wänden Bücherregale mit seinen Heiligtümern, geweihte Bücher, Bücher, die zu Klassikern geworden sind. Die Kostbarkeiten mit Titeln wie *Der Diskurs der Geschlechter und die Geschichte der Liebe*, *Der adlige Heiratsmarkt und die bürgerliche Freigabe der Ehe* oder *Die Geschichte des Selbstmordes* haben alle etwas gemeinsam: Ihr Verfasser ist Hanno Hackmann. In diesen heiligen Hallen geschieht nun das Ungeheuerliche. In diese geordnete Welt bricht unvermittelt Babsi ein, die Studentin. Hackmann hatte ihre missglückte Arbeit in Grund und Boden kritisiert. Im Zustand hemmungsloser Aufgebrachtheit taucht sie bei ihm auf, beschimpft ihn, weint, bis er ihr tröstend den Arm um die Schultern legt – worauf sie sich eines Besseren besinnt, die Schuhe wegschleudert, die Beine aufs Sofa zieht und dem Professor einen höchst illegalen Kuss gibt.

Das Schicksal Hackmanns baumelt jetzt nur noch an einem Faden. Noch könnte er zurück, könnte das zweideutige Angebot diskret zurückweisen. Er könnte die abschüssige Fahrt in den erotischen Orkus vermeiden. Jedoch – er verpasst den Ausgang. Babsi steht auf, tänzelt neckisch zur Türe, schiebt den Riegel vor und führt einen regelrechten, kunstvollen Striptease vor, während Hanno in panischer Hektik einen Whisky nach dem anderen in sich hineinschüttet. Als sie ihr bebendes weißes Fleisch in unglaublicher Nacktheit vor ihm ausbreitet, ist er bereits völlig betrunken.

Opfer? Täter?

Die Falle schnappt zu. Sein Verlust an Selbstkontrolle hat – täuschend ähnlich wie im Falle einer romantischen Verführung – mit einer verschütteten, tiefen Sehnsucht, mit verdrängten Wünschen, mit inneren Bildern und mit unfreiwilligem Triebverzicht zu tun. Love is in the air – aber unter anderen Vorzeichen. Der Lehrer nämlich verheddert sich in einem Rollenkonflikt, der ihn zunehmend einschnürt. Gleichzeitig Betreuer einer schwachen Arbeit und Liebhaber zu sein, bringt ihn in Teufels Küche. Was sich als drohendes Zeichen an der Wand andeutet, heißt im Klartext »Unzucht mit Abhängigen«. Dietrich Schwanitz hat mit keiner einzigen seiner Figuren Erbarmen. Opfer- und Täterprofile schieben sich in diesem Roman laufend ineinander. Das Spiel erscheint als ein einziger Stafettenwechsel zwischen Opfer und Täter. Hanno Hackmann nämlich – zwar von der Gattin bürgerlich versklavt, von der Geliebten sexuell unterworfen – könnte sich immer noch retten. Aber es fehlt ihm an Mut. Er ist ein Feigling. Er sucht den Weg des geringsten Widerstandes. Jetzt nämlich will er Babsi loswerden. Er will Gabrielle versöhnen. Heim will er, um systemerhaltende Maßnahmen zu ergreifen. Er will Babsi in Barbara zurückverwandeln.

Um Frau Clauditz abzuschieben, denkt er sich eine tückische Strategie aus. Er wird sie bei ihrer eigenen Schwäche packen, dabei im gleichen Zug ihre Berechnung entlarven und diese am Ende triumphal gegen sie selbst wenden. Er wird ihr sagen, dass er ihre Diplomarbeit nicht betreuen kann, da ihm dies als Liebhaber unmöglich sei – wohlwissend, dass sie ihn ihrerseits auf der Stelle verstoßen wird, nur um die Arbeit zu retten. Doch der Plan geht nicht auf. Er hat nicht mit der schlauen Geistesgegenwärtigkeit seiner Studentin gerechnet. Die Schlacht fängt erst an. In der Verzweiflung über ihre bedrohlich ins Wanken geratene Prüfung läuft Babsi zur Vollform auf. Sie deklariert ihre Verführungsstrategie als legitimes Recht des schwächeren Geschlechts, das historische Machtgefälle zwischen Mann und Frau auszugleichen. Der Körper sei die einzige Sprache, die der Professor bei Frauen verstehe. Wäre sie ihm mit Geist gekommen, er hätte nur die Nase gerümpft: »Das ist die Scheiße bei euch Männern, dass ihr beides so trennt«, schleudert sie ihm ins Gesicht. Sie habe ihm schon die Schenkel zeigen müssen, um seine Aufmerksamkeit zu erregen, und das sei eine Form von Vergewaltigung. Jetzt, kühner Schachzug, dreht sie den Spieß definitiv um. Noch einmal provoziert und verführt sie den Professor mit dem Vorschlag, mit ihm Macho und Vergewaltiger zu spielen.

In der Tat trifft sie damit den letzten wunden Punkt. Der Einsatz der »basic instincts« lässt seinen Widerstand in sich zusammenbrechen und schließt den Teufelskreis von Eros und Macht. Mit der dominanten sexuellen Präsenz hat die dämonische Verführerin das Spiel für sich entschieden und den definitiven Fall des Professors aus allen Ehren und die Zerstörung seiner bürgerlichen Existenz eingeleitet.

Die Studentin weiß das instinktiv. Sie inszeniert mit schwindelerregender Sicherheit das Szenario, das diesen Regelkreis in Gang setzt. Bei Männern wirken insbesondere visuelle Reize lustauslösend. Selbst wenn sie Fantasien nachgehen, beschwören sie lebendige Bilder einzelner Körperteile und des Geschlechtsaktes. Der erotisierte Blick lässt den Hormonspiegel sofort in die Höhe schnellen.[12] Das ist aber nur die eine Seite dieses Vorgangs. Die wahre Subversion liegt in ihrem psychologischen Gehalt. Auf dem erotischen Schlachtfeld tritt die Ratio gegen den Trieb an. Mit ein paar wenigen Akzenten demonstriert Dietrich Schwanitz seinen Lesern, wie das rationale, intellektuelle und moralische Weltgebäude eines ehrenhaften Mannes von einem Moment auf den anderen zusammenfallen kann – und wie dieses Phänomen ohne viel nachzudenken hingenommen wird. Mit jedem Kugelschreiber, mit jedem Briefbeschwerer, der beim Akt mit der Studentin auf dem Schreibtisch über die Pultkante rollt, werden sämtliche Gesetze außer Kraft gesetzt, die bisher das Leben des Professors bestimmten. In diesem Kern liegt die wahre Anarchie des Vorgangs.

Feministische Sichtweise

Mit der literarischen Inszenierung des sexuellen Aktes werden aber gleichzeitig eine Reihe von Tabus gebrochen. Erstens berührt Dietrich Schwanitz mit dem *Campus*-Roman (1995) Mitte der neunziger Jahren einen heiklen Punkt in der Debatte um Emanzipation, Sexismus und Feminismus. Empörte Feministinnen sprechen von einer Immunisierungsstrategie in Bezug auf »Political Correctness«. Die Medien würden den alten, frauenfeindlichen Positionen einen neuen spektakulären Artikulationsrahmen verschaffen mit einem auflagestarken Kampf gegen einen »politisch korrekten Feminismus«. Dazu gehöre die mediale Konstruktion eines fest institutionalisierten, zensorischen, mächtigen Feminismus: »Wer nicht politisch korrekt ist, etwa vor der Großen Femi-Göttin nicht niederkniet und Multikulti nicht romantisch findet, dem droht Ausgrenzung.«[13] Gegen dieses konstruierte Feindbild würde dann aus angeblich unterlegener Position ein Verteidigungsdiskurs geführt für die sexuelle Freiheit, die Freiheit der Wissenschaften und der Kunst. Dietrich Schwanitz' polemische Darstellung des Geschlechterkampfes wurde als Exempel dieser Kampagnen gegen den feministischen Tugendterror diskutiert. Der Erfolg des modernisierten Sexismus zeige sich nicht zuletzt darin, dass seine Geschichte ihren spektakulären Charakter längst verloren habe; sie sei Teil einer Welle gegen »Political Correctness« in der Literatur, auf der Bühne und im Kino. Der Autor habe vor allem einen bravourösen Erfolg einheimsen können mit seiner zentralen Behauptung, dass unter dem Begriff Feminismus und Emanzipation jegliche persönliche und politische Interessen durchgesetzt werden könnten. Journalisten wiederum würden diese stereotypen Feindbilder und Geschlechterklischees massenhaft reproduzieren.[14]

Diese Interpretation greift insofern zu kurz, als der Autor auf eindeutige Sympathieführung verzichtet. Der Leser muss sich seine Position schon selber suchen und eine eigene Meinung bilden. Natürlich geht es um Macht und Unterwerfung mit Hilfe des sexuellen Triebs. Aber in diesem Geschlechterkampf zersplittern alle Eindeutigkeiten. Wahrheit, Schuld und Unschuld oszillieren in dem raffinierten Vexierspiel. Zwar entlarvt Dietrich Schwanitz in seinem Modell einer ungleichen Beziehung die Machtstrukturen, die den Geschlechterkampf regeln – aber auf beiden Seiten. Die männlich geprägten Signaturen der Dominanz werden keinesfalls aufrechterhalten oder stabilisiert. Hackmann nämlich ist kein Macho, der sich der Frau überlegen fühlt, sondern ein Gefangener eines gesellschaftlichen Käfigs, den er selber mitkonstruiert hat und ununterbrochen befestigt. Indem er sich von der Studentin verführen lässt und sich außerhalb der Institution und ihrer moralischen Regulative begibt, bricht er ein Tabu. Denn er bezieht durch seine Position Reputation, die er durch Vertrauen in funktionsgerechtes, moralisch korrektes und affektkontrolliertes Handeln erworben hat. Diese Reputation verliert er durch den sexuellen Akt auf dem Schreibtisch schneller, als er sie erworben hat.[15]

Aber auch die Studentin spielt nach den Regeln von Tabubruch und Skandalisierung. Die sexy Sirene arbeitet mit dem Prinzip der Verführung aus Machtgier. Sie inszeniert sich als ultimative Fantasiefigur, die dem Mann definitive Befreiung von den sozialen Gesetzen des Alltagslebens und den Fesseln seiner Ehe offerieren. Sexuell aufgeladen, wie sie sich präsentiert, stellt sie in Aussicht, den kümmerlichen Schreibtischtäter ins Reich purer Lust zu entführen. Es ist eine illusorische Sirene, weil sie gezielt mit den Reizen einer Lolita operiert, aber als Fernziel die Kontrolle der Libido ihres Opfers im Sinne hat. Gegen machistische Schuldzuweisungen wehrt sie sich mit dem in der Feminismus-Debatte geläufigen Argument, dass der »Vamp die Rache der Frauen (sei) an den Männern, die viel öfter und auf viel schlimmere Weise Frauen ausbeuten und zerstören würden«.[16]

Die Dämonie der Femme fatale

Schwanitz zeichnet in der Schreckensfigur der Studentin die ganze Tradition des Typus der Femme fatale ein, die als dämonische Verführerin und wollüstiges Machtweib durch die Literatur geistert und dem Manne schon immer gefährlich wurde. Die Vorstellung von der Frau, die Männer aussaugt und zerstört, hat eine lange Geschichte in der westlichen Kultur. Die Konturen von Frank Wedekinds Lulu und Sacher-Masochs Venus im Pelz blitzen auf, auch Heinrich Manns Künstlerin Fröhlich ist nicht weit, eine liederliche Dame, die als Barfußtänzerin zuerst die moralischen Grundfesten Professor Unrats und dann seine Stellung als Studienrat unterminierte. Die Femme fatale arbeitet immer auf den Verlust der Selbstkontrolle und das Wecken tiefer Fantasien hin. Anstatt dem Arbeitsethos zu folgen, wühlen sich diese Männer in weibliches Fleisch, was zwangsläufig ihren Untergang zur Folge hat. Bei der Femme fatale handelt es sich nicht um einen Realtypus des Weiblichen, sondern um eine wesentlich männlich geprägte Imagination des Weiblichen, um eine kollektive Fantasie, die ihre spezifische Ausprägung im 19. Jahrhundert erfährt: In der nachromantischen Literatur, im Ästhetizismus, in der Kunst des Symbolismus und des Jugendstils. Im 20. Jahrhundert wird dann der Film zum Leitmedium. Die Femme fatale wechselt ihre Gestalt, sie wird häufig zum Vamp. Sie bleibt ambivalent, denn sie ist zwar Schreckbild, übt aber auch eine Anziehung aus. Immer aber wird sie doppelt definiert: entweder »gut« (jungfräulich, tugendhaft, mütterlich) oder »böse« (Hure), und verkörpert damit die Schreckensvision der männlichen Moral: die sexuelle Frau als teuflische Naturkraft, welche die Zivilisation zerstört und die Männer zu Sklaven ihrer Gelüste macht.[17]

In diesem dritten Modell der Verführung geht es nicht mehr um einen rituellen Übergang. Vielmehr wird exemplarisch die geheimnisvolle Verwandlung von Träumen, Fantasien und Sehnsüchten in Rendite vorgeführt. Im Kern stellt dieses Modell die perfekte Pervertierung einer Ausbruchsfantasie, mehr noch: die Verwandlung einer brennenden Sehnsucht nach Glück in plumpe Macht dar. Erotik zeigt sich als

Kriegslist, Sexualität als eine Variante weiblicher Machtausübung – ob nun im Dienste eines gerechten Ausgleichs im Geschlechterkampf, bleibe dahingestellt. Dieses erotische Vexierbild funktioniert durch die elegant gehandhabte Verbindung des Lustprinzips mit dem ökonomischen Nutzen und endet mit dem Untergang. Der Vorgang spielt mit der typischen Mischung aus Lust und Abscheu, beides schon immer Ingredienzien für den Tabubruch. Und er zielt mit seinen provokativen Gesten und Bewegungen auf den Skandal, griech. skandalon, was so viel wie Anstoß, Verführung meint – oder noch konkreter: »ein aufgehängtes oder frei herabhängendes Holz, Auslösevorrichtung einer Tierfalle, losschnellendes Gerät«.[18] In dieser unangenehmen Lage endet der erotische Höhenflug des verzückten Professors. Damit ist Höhepunkt und Schluss dieser Form von Verführung erreicht, die uns Dietrich Schwanitz paradigmatisch vorführt.

Zweiter Teil
Das tückische erste Mal

Ausnahmezustand

Birgit Vanderbeke: *Alberta empfängt einen Liebhaber*

Frauen sind Expertinnen im Beurteilen des emotionalen Teils der Sexualität. Wenn es um das »erste Mal« geht, kommen widersprüchliche Gefühle ins Spiel – so krisenanfällig ist dieses Ereignis. Scheitern ist jederzeit möglich, Täuschung wahrscheinlich, das reine Glück selten. Autorinnen wussten schon immer, worum es bei diesem heiklen Spiel geht. Sie bringen in ihren Romanen die Klippen der allerersten Erfahrung zur Sprache. Während Schriftsteller die Freuden der Begierde gerne euphorisch besingen und verklären, erzählen Frauen den Einstandsakt mit realistischem Blick. Kaum jemand hat in der deutschen Literatur der letzten Jahre so lakonisch über Glanz und Elend der Initiation in die Liebe berichtet wie Birgit Vanderbeke in *Alberta empfängt einen Liebhaber* (1997)[19] und Monika Maron in *Animal triste* (1996).

Schlimm fängt es bei Birgit Vanderbeke an – und es endet auch so. Ihr Roman zeigt das erste Mal in drei Anläufen. Sie arten in ein grandioses Fiasko aus. Das Scheitern allerdings münzt die deutsche Schriftstellerin in flimmernde Komik um. Die tückischen Fallen und schnöden Missverständnisse, die hoch auflodernden Erwartungen und niederschmetternden Ergebnisse verwandelt sie zu Quellen des Lesevergnügens. Tatsächlich findet das erste Mal gar nicht statt. Die Vorbereitungshandlungen dazu sind aufwendig, die geplanten Strategien der Verführung nervenaufreibend, die Gefühle überschwänglich. Der Anlauf zum ersten Mal zieht sich durch den ganzen Roman – und scheitert kläglich.

Alberta liebt seit ihrer Jugend den Astrophysiker Nadan,

einen nüchternen Mann. Auch er liebt Alberta, die für ihn die eigenwillige Mizzebill ist, seit ihrer Jugend. Eine glühende Liebe, die allerdings von ihrem gegenseitigen »Sosein« abhängt. »Sosein« steht für ihn als Metapher für ihr Rauchen im Bett, die schlampigen Röcke, das nächtliche Husten und die Angewohnheit, sich trotzdem mit frisch gewaschenen Haaren auf den kühlen Balkon zu setzen. »Sosein« steht für sie als Metapher für das profane Gurgelgeräusch beim Zähneputzen, die Krawatte mit den grünen Elefäntchen, die Migräne beim Rotweintrinken. Die gemeinsame Geschichte ist die missratenste aller denkbaren Liebesgeschichten, nach ihrer Einschätzung von allem Anfang an und bis zum Jüngsten Tag. Alberta taxiert sie lakonisch als die Urgeschichte aller danebengegangenen Geschichten. Darum generiert sie auch immer wieder eine Folgegeschichte.

Mitte der siebziger Jahre lernten sie sich auf einem Wochenendausflug mit anderen Jugendlichen kennen. »Make love, not war« lautete die Devise. Man küsste kreuz und quer. Küssen war ein Mittel gegen den Vietnamkrieg, gegen die Imperialisten und für den Frieden. Für die Liebe boten sich dabei eine Menge Chancen. Sie ließen sie verstreichen. Erst fielen sie nachts im dunklen Wald gemeinsam in eine Grube, dann verloren sie nach Grubenfall und Hinausklettern wundersamerweise die anderen und fanden sich allein unter sternenklarem Himmel wieder. Seit jenem Kussdesaster hat Alberta dazugelernt. Sie weiß, dass ein Kussvorhaben nicht hinausgeschoben werden darf, weil der Akt später nur noch anrüchig, zweifelhaft, gar unappetitlich erscheint. Die beiden verspielen ihr Glück. Wenig später entdeckt Alberta Nadan wieder in der Grube – mit Bettina.

Die zweite Chance kommt Mitte der achtziger Jahre. Wieder verlieben sie sich und wollen nach Paris durchbrennen. Kurz vor Himmelfahrt fliehen sie. Grund ist ihre Entdeckung, dass sie sich nicht länger als fünf Minuten ohne Gefahr im gleichen Raum aufhalten können. Schon mehrfach gaben sie dieser Liebe nach – nur um sie sofort mit dem Restverstand und allen verbliebenen Kräften erneut zu bekämpfen. Ergebnis: Sie kehrte alle paar Jahre wieder, wie eine Heuschreckenplage. Also brechen sie dieses Mal mit dem Auto auf – und kommen bis Mannheim. Wieder liegt das »erste Mal« bedrohlich in der Luft und wird von beiden zäh umschwiegen. Nadan hat die dunkelblaue Krawatte mit den grünen Elefäntchen zum Durchbrennen gewählt, Alberta sitzt in ihren Wintermantel gehüllt, bei dreißig Grad, und möchte im Auto eine rauchen.

Die Komik des Scheiterns

Es ist die Diskrepanz zwischen dem Grundmuster des ersten Mals und der Unverdrossenheit des Scheiterns, die in dieser Passage Ironie erzeugt. Die Regeln sind bekannt. Initiation verläuft nach Ritualen, die der Verliebte beinahe mechanisch absolviert. Eine besondere Unterweisung in das Spiel braucht er nicht. Ziel ist das gegenseitige Erkennen und Sichfinden. Das Paar entwickelt eine Choreographie der Liebe nach bestimmten Mustern und kommt sich dabei immer näher, bis die »good vibrations« zwischen Mann und Frau spürbar werden. Die »Echo-Verständigung« wird so lange vorangetrieben, bis das Paar ins Stadium des körperlichen Einklangs findet. In dieser Etappe wird die Kommunikation über Körper, Kleider, Sinne, Sprache geführt. Der rituelle Prozess wird in unterschiedlichen Kulturen intuitiv entschlüsselt. Roland Barthes erklärt das typische körperliche Verständigungsmuster mit dem Begriff der »historischen Fantasie«[20], der den Diskurs der Liebe strukturiere. Die Vorgänge seien dabei regelhaft. Er nennt dies die »Begegnung«. Sie gehe in drei Etappen vor sich (drei Akten): »Zu Anfang, urplötzlich, die Inbesitznahme (ich bin von einem Bild hingerissen); darauf eine Folge von Begegnungen (Rendezvous,

Telefonanrufe, Briefe, kleine Reisen), in deren Verlauf ich geradezu trunken die Vollkommenheit des geliebten Wesens ›erforsche‹, das heißt die unerwartete, deckungsgleiche Annäherung eines Objektes und meines Verlangens.«[21] Das sei die Süße des Anfangs, die eigentliche Zeit der Idylle. Dieser glücklichen Zeit erwachse die Identität (ihre Abgeschlossenheit) daraus, dass sie sich gegen die »Fortsetzung« sträube. Die »Fortsetzung« nämlich sei die lange Schleifspur der Leiden, Verletzungen, Ängste, Nöte, Ressentiments, Verzweiflungen, Peinlichkeiten, Fallen, deren Beute das Ich werde. Es lebe von jetzt an unablässig unter der Drohung eines Verlustes. Die Verlustangst beziehe sich gleichzeitig auf das Ich, den anderen und die zauberhafte Begegnung, mit der sich das Paar zuvor einander zu erkennen gegeben habe.[22]

Birgit Vanderbekes Kunst zeigt sich im übermütigen Spiel mit den Erwartungen des Lesers, die sie herausfordert und mutwillig düpiert. Die Differenz zwischen der Haltung des Lesers, seinen möglichen Wünschen und der angebotenen Geschichte ist es, die Komik erzeugt. Die amourösen Akteure geben zwar vor, die Liebe zu suchen, betreiben aber nichts anderes als konsequente Illusionszerstörung. All die Liebeswünsche und sentimentalen Träume, die der Leser halbbewusst mit sich führt und auf das Paar projiziert, lösen sich in nichts auf. Das übliche Erkennungs- und Annäherungsprogramm wird konsequent karikiert. Dies illustriert sehr schön die Szene im Auto auf der Fahrt zum geplanten Liebesglück: Anstatt sich füreinander zu erwärmen, führt das Paar einen symmetrischen Schweigedialog. Vor vierzehn Jahren im Wald hat er begonnen. Jetzt wird er unermüdlich fortgesetzt. Eine Taktik des gegenseitigen In-die-Flucht-Schlagens, wo Intimität auf dem Programm stände. Wenn sie glaube, sie kriege ihn, täusche sie sich, denkt Nadan. Wenn er glaube, sie wolle ihn kriegen, täusche er sich noch deutlicher, denkt sie. Entweder kriege ich dich oder werde dich endlich los, denkt Nadan. Kriegst du mich, bist du mich los, denkt sie. – Und so geht das weiter auf der Fahrt zum Hotel. Allerdings droht auch da Gefahr und Missverständnis. Alle Nachtversuche sind bis jetzt gescheitert. Liebe zum ersten Mal mit diesem Mann in einem deutschen Hotel ein paar Kilometer ab von der Autobahn droht zum Alptraum zu werden. Und das wird es auch.

Narrative Sprechlust

Dabei persifliert Birgit Vanderbeke wieder die bekannten Kategorien des ersten Mals. In dieser Phase der Annäherung überkommt das liebende Subjekt eine Art Rausch angesichts der Begegnung mit dem möglichen Geliebten. Die reale Erscheinung wird dabei fortwährend mit dem Bild der Fantasie abgeglichen, in winzigen Prüfungssituationen wird die Deckung mit den eigenen Wünschen und Präferenzen erforscht. Jede Übereinstimmung bringt einen Pluspunkt, jede Abweichung trübt die Vorfreude. Diese Phase wird gewöhnlich von Anfällen narrativer Sprech- und verbaler Wollust begleitet. Botschaften zur eigenen Identität werden ausgetauscht. Eine Annäherung in Millimeterbewegungen.

Eines der lästigsten und zwanghaftesten Symptome der romantischen Liebe ist die unentwegte Beschäftigung mit der geliebten Person. Psychologen sprechen in diesem Zusammenhang von »intrusiven Gedanken« – was nichts anderes meint, als dass das verliebte Subjekt in einer Art Wahnsinn das geliebte Wesen in Tagträumen umkreist. Faszinierend ist dabei, dass beide Geschlechter diesem Phänomen gleichermaßen unterliegen. Keineswegs sind die sogenannt »irrationalen« Frauen ihren Sehnsüchten deutlicher ausgeliefert. Auch »rationale« Männer werden von der Tagträumerei heimgesucht, ihre Handlungsfähigkeit wird ebenfalls beträchtlich eingeschränkt. 79 Prozent der Männer und 78 Prozent der Frauen berichten laut der Studie der amerikanischen Forscherin

Helen Fisher, dass ihre Gedanken während des Unterrichts oder bei der Arbeit immer wieder zu der geliebten Person abschweifen. 47 Prozent der Frauen und Männer bestätigen, dass sie – woran sie auch immer denken – früher oder später in Gedanken bei der geliebten Person landen.[23]

Zurück zum Ende

Auch Alberta und Nadan beschäftigen sich miteinander. Während gewöhnliche Verliebte dazu neigen, winzige Details der angebeteten Person zu überzeichnen, bleiben sich die beiden an nüchterner Diagnose nichts schuldig. Sie gleichen ihre Erfahrungen ab – und kommen zu abweichenden Ergebnissen. Es ist, wie wenn sie gewöhnliche Liebende simulieren, ihre Stimmen imitieren, ihre Körpersprache kopieren, ihre Gedankengänge nachahmen würden. Zwar klopfen auch sie sämtliche Äußerungen des geliebten Wesens nach geheimen Bedeutungen ab und unterwerfen die geheimnisvollen Abbreviaturen der Liebe einer strengen Prüfung. 79 Prozent der Männer und 83 Prozent der Frauen pflegen laut der Studie von Helen Fisher das Verhalten des geliebten Wesens in Gedanken genau zu analysieren, um Anhaltspunkte für den Hitzegrad seiner Gefühle zu finden.[24] Auch Alberta und Nadan sind unentwegt miteinander beschäftigt – um mögliche Fehler rechtzeitig zu entdecken. Nadan bleibt ein Fremder, schon wegen seines gebügelten Schlafanzugs. Alberta bleibt ihm unvertraut, schon wegen ihrer spitzen Stimme. Nadan erscheint ihr einfach zu geradlinig. Alberta erscheint ihm einfach zu unberechenbar. Also lieben sie sich nicht »zum ersten Mal« im Hotel an der Autobahn. Also kommen sie niemals bis nach Paris. Also endet auch der zweite Anlauf im Desaster – zum Vergnügen des Lesers, der sich am uneigentlichen Lieben delektiert.

Der dritte Anlauf kehrt »zurück zum Start« und zielt

hierauf brüsk auf das Ende. Wieder buchstabiert Birgit Vanderbeke das Alphabet der Ausnahmesituation, um es in einer anschließenden Pirouette zu karikieren. Alberta und Nadan haben inzwischen jeder eine Familie. Alberta wohnt mit ihrer Tochter bei den Schwiegereltern von Jean-Philippe in Südfrankreich. Der endgültigen Sabotage dieser romantischen Liebe steht jetzt nichts mehr im Wege, die komische Selbstvernichtung des Paares nimmt fatal ihren Lauf. Am Ende ist Gelächter, Komik, Desillusion. Denn die ausdauernd geprüfte Leidenschaft entpuppt sich plötzlich als falsche Liebe. – Nadan ruft an und ein Abend mit Taubensuppe und gebratenem Fisch wird ausgemacht, Vorspiel zum dritten »ersten Mal«. Alberta empfängt den Liebhaber. Er outet sich als Generalspießer. Alle Illusionen zerplatzen. Sein Gesicht ist mit einem Bart zugewachsen. Küssen fällt aus. Während sie die Suppe aufsetzt, erzählt er von seiner Frau. Bei Tisch sprechen sie über den Zustand des Landes und den des Himmels, der undurchsichtig sei, sodass sich jede Sternforschung erledige. Nach dem Kaffee legt der Liebhaber verführerisch seine Hand auf die ihre. Er spricht davon, wie er seine Frau liebe, obwohl schwangere Frauen für einen Mann nicht einfach seien. Als Alberta ihre Zigarette anzündet, hat sich die Liebe erledigt.

Birgit Vanderbekes Studie über »das erste Mal« entlarvt eine Kopfliebe und eine Fantasieliebe, die der wirklichen Liebe täuschend ähnlich sieht. Sie hält dem Realitätstest nicht stand. Für den Leser ergibt sich allerdings ein amüsanter Nebeneffekt: Auf dem langen Weg der Wahrheitsfindung wird er mit den Details der weiblichen Liebesart vertraut gemacht und verliert gleichzeitig die letzten Illusionen. Die Negativrecherche über die verpasste Liaison eines ungleichen Paares liefert aufschlussreichere Erkenntnisse über die Bedingungen der gewöhnlichen Liebe, als jede gelungene Affäre sie zu bieten vermöchte.

Rätselhafte Fatalität

Monika Maron: *Animal triste*

Das beherrschen Frauen. Und das beherrscht vor allem auch die ostdeutsche Schriftstellerin Monika Maron: das Taumeln, Fallen und Hingerissensein eindringlich darzustellen. In ihrem Roman *Animal triste*[25] geht es um eine große romantische Liebe. Sie stellt sich der Erzählerin mit Absolutheit in den Weg, sodass diese nicht den geringsten Gedanken an ein Ausweichen verschwendet. Die Wissenschaftlerin aus Ostberlin bricht eines Abends im Sommer 1990 auf der Friedrichstraße zusammen und verliert für kurze Zeit das Bewusstsein. Der Ohnmachtsanfall führt ihr die eigene Vergänglichkeit vor Augen. Als sie wieder zu sich kommt, bleibt die bohrende Frage: Was hätte sie verpasst, wenn sie wirklich gestorben wäre? Die blitzhafte Einsicht, die sie wie eine Vision überfällt, ist so alt wie revolutionär: »Man kann im Leben nichts versäumen als die Liebe. Das war die Antwort, und ich muss sie, lange bevor ich den Satz aussprach, gekannt haben.«

Ein Jahr später trifft sie Franz. Die Liebe ereilt die Paläontologin, die Tiere vergangener Erdzeiten erforscht, und den Hautflüglerforscher aus Ulm unter dem Skelett des Brachiosaurus im Berliner Naturkundemuseum – einem urgeschichtlichen Raum. Die Leidenschaft, die sich zwischen der Frau und dem verheirateten Mann entwickelt, überfällt sie wie Fieber: verzehrend, verbrennend, vernichtend. Ein Gefühl ohne Halbheiten und ohne Konzessionen. Es ist eine Passion, die alles Bisherige aus den Angeln hebt. Sie lässt keine andere Wahl als rauschhaftes Glück oder den eigenen Absturz. Die Verzückung will das so. Das Aufflammen der Begierde führt zum Bruch mit allem, was das soziale und gesellschaftliche Leben der beiden bis jetzt zusammengehalten hat.

In ihrer Analyse einer Verführten zeigt sich Monika Maron als Gestalterin von lakonischer Lebensklugheit. Es geht ihr nicht um die erotischen oder sexuellen Details des Annäherungsrituals zwischen Mann und Frau. Ihre Stärke liegt in der knappen Schärfe, mit der sie das Unergründliche und Überflutende der Leidenschaft aufzeigt. Der Roman dokumentiert das Ritual der Beziehungsaufnahme zwischen Mann und Frau – mit zwei Besonderheiten: Monika Marons Heldin ist eine ältere Frau. Sie liebt einen verheirateten Mann. Ihre Geschichte ist die Geschichte eines Ehebruchs. Der Körper der Paläontologin befindet sich schon »in jenem Stadium des Verfalls, das an besonders gefährdeten Partien die beginnende Greisenhaftigkeit offenbart. Schlaffe Gesäßfalten, weiches, wellendes Fleisch am Bauch und an den Innenseiten der Oberschenkel, unter der Haut das sich in kleine Klumpen auflösende Bindegewebe. Trotzdem haftete ihm in den Konturen seine Jugend noch an und ließ bei vorteilhaften Lichtverhältnissen und bei einer Haltung, die Haut und Haar strafft, die Illusion zu, ich sei der Jugend nicht ferner als dem Alter.«

Dennoch ist es Liebe auf den ersten Blick. Dennoch ist es Leidenschaft, die beide aus dem Dämmerzustand ihres konventionellen Lebens reißt und in eine fremdartige Stimmung versetzt. Die Paläontologin erlebt den Einbruch der Liebe als Zwang, dem sie sich weder widersetzen kann noch will. Es sei gleichgültig, sagt sie, ob sie sich den Kopf zerbreche, wie sie in diese Verfassung geraten konnte. »Ich weiß noch nicht einmal, ob Liebe einbricht oder ausbricht. Manchmal glaube ich, sie bricht in uns ein wie ein anderes Wesen, das uns monatelang, sogar jahrelang umlauert, bis wir irgendwann, von Erinnerungen oder Träumen heimgesucht, sehnsüchtig unsere Poren öffnen, durch die es in Sekunden eindringt und sich mit allem mischt, was unsere Haut umschließt.« Ein Schlüsselsatz. Er deckt die emotionale Grunderfahrung des »ersten Mals« auf. Roland Barthes weist darauf hin, dass die regelhafte Anfangsepisode sich in der Sprache seit langem als Gleichwertigkeit von Krieg und Liebe niedergeschlagen hat. Wann immer ein Subjekt der Liebe »verfalle«, lebe etwas von dieser archaischen Zeit wieder auf, in der die Männer die Frauen entführen mussten, um die Exogamie zu gewährleisten.[26]

Im modernen Mythos der romantischen Liebe werde der »Räuber« aber nicht selber aktiv. Er wolle nichts, tue nichts, sei reglos. Das geraubte Objekt sei das eigentliche Subjekt des Raubes. Das Objekt des Fanges werde zum Subjekt der Liebe.[27] Diese Konzeption einer willenlosen, beinahe somnambulen Eroberung beschreibt treffsicher, was sich in Monika Marons Roman *Animal triste* abspielt. Das Denken der Paläontologin umkreist suchend die Ursache des irritierenden Gefühls, dem sie sich aber doch nicht zu entziehen vermag. Nur eines ist sicher: dass sie gegen den Raub des eigenen Ichs und gegen die irrlichternden Gefühle nicht ankommt. Die Liebe, so ist die Frau überzeugt, hat sich schon lange auf ihre Befreiung vorbereitet: »Seit ich mir die eine Frage gestellt und darauf eine Antwort gegeben hatte, seit ich wusste, dass man im Leben nichts versäumen kann als die Liebe, muss sie an ihrem Fluchtweg gearbeitet haben. Als ich Franz zum ersten Mal traf, war sie frei. Ich kann mich nicht erinnern, in der Sache mit Franz auch nur das Geringste entschieden zu haben. Nicht, dass ich es mir verboten hätte, aber es gab nichts zu entscheiden, weil von der ersten Minute an alles entschieden war.«

Verschweigungsformel

Bemerkenswert ist nun, wie Monika Maron dem Leser den Zusammenfall der romantischen Liebe, die rätselhafte

Fatalität des Vorgangs und das Beleben schon vorgegebener, im Unbewussten eingelagerter archaischer Strukturen deutlich macht. Es geschieht im Laufe der ersten Liebesnacht, die keineswegs detailliert beschrieben, sondern durch eine Verschweigungsformel angedeutet wird. Der Schlüssel zur Liebe des »ersten Mals« liegt nicht in einem wollüstigen Akt und auch nicht in der gierigen Eroberung, sondern nur in einer winzigen Geste. Damit gelingt Monika Maron ein imponierendes Bild – eindrücklich und das Geheimnisvolle des Vorgangs wahrend. Eine winzige Geste, die alles beinhaltet. Franz fährt der Wissenschaftlerin mit dem Fingerrücken über die Wange, und in dieser sekundenschnellen Bewegung teilt sich das Unsagbare mit, vermittelt sich der unergründliche Kode der Liebe. Gleichzeitig bindet Monika Maron das Geschehen zeichenhaft zurück an seine archaischen Wurzeln. Denn unversehens erinnert sich die Ich-Erzählerin daran, wie sie als Kind den Brachiosaurus berührte, dieses mysteriöse, urzeitliche Skelett. Jedes Mal, wenn das Mädchen den kalten, versteinerten Zeh berührte, zuckte es zurück, fasziniert und erschreckt durch diesen uralten Zeugen des Lebens. Mit diesem assoziativen Trick bringt Monika Maron alle Ebenen zusammen: die psychische Energie, die sich aus archaischen Wurzeln nährt, die Entdeckung einer uralten Erfahrungswelt in der Kindheit, die wiederbelebt wird, und den erotisierten weiblichen Körper, der gleichzeitig zur Projektionsfläche vergessener Erfahrungen wird. Damit öffnen sich neue Bedeutungsräume.

Mit der Berührung ist der »hortus conclusus« zeichenhaft geöffnet. Obwohl die Wissenschaftlerin sich vorgenommen hatte, sich der körperlichen Liebe, »der Lust und dem Schrecken solcher Offenbarung nie wieder auszusetzen«, lösen sich ihre Bedenken in Luft auf. Von allen Männern, die sie je liebte, ist Franz der einzige, vor dem sie sich nicht fürchtet: »Anders ist es gar nicht zu erklären, dass ich, obwohl ich nicht mehr jung war, meine Scheu vor fremdem Männerfleisch überwand und eines Tages, plötzlich, meinen nackten Körper, dessen allmähliches Vergehen ich seit Jahren mit Rührung und Anteilnahme beobachtete, neben den nackten Körper von Franz legte.« Weiter enthüllt sie das Geheimnis des »ersten Mals« nicht. Liegend, im Arm des Geliebten ruhend, löscht die Frau jetzt Stück um Stück der eigenen Vergangenheit aus: die zwanzigjährige Ehe mit einem durchschnittlichen Mann; die Kindheit in der DDR mit dem ungeliebten Vater; die Erinnerung an die frivole Mutter, die dem Mädchen die Lust am eigenen Körper vorzeitig austreibt; die Erinnerung an die Folgen eines Krieges, den eine »nationale, nämlich deutsche Gangsterbande begonnen und verloren« hatte. *Animal triste* zelebriert das »erste Mal« als Bruch einer Frau mit Zeit, Geschichte und allen Bindungen. Die tiefgreifende Verwandlung der Heldin wird zwar teilweise reflektiert. Der Akt der Beziehungsaufnahme zeigt sich aber als suggestives Spiel von Blicken, Bewegungen und Berührungen. Monika Marons Porträt einer leidenschaftlichen Frau ist gerade darum authentisch. Sie verzichtet darauf, die romantische Liebe als pathetische Aufwallung vorzuführen, sondern zeigt sie als Feier wiederentdeckter Sinnlichkeit.

Hanns-Josef Ortheil: *Die große Liebe*

Aufschlussreich ist an dieser Stelle ein Blick auf das Gegenbeispiel eines Autors. Aus der Gegenüberstellung beider Texte ergibt sich eine Differenz in der Wahrnehmung weiblichen und männlichen Erlebens. Auch Hanns-Josef Ortheil entwirft in seinem Roman *Die große Liebe* (2003)[28] ein analoges Liebesmodell, dessen Grundriss in vielen Punkten mit dem Entwurf Monika Marons korrespondiert. Der Schriftsteller schildert die glühende Liebe zwischen einem ebenfalls nicht mehr ganz jungen deutschen Fernsehjournalisten, der an der Adria für einen Film über das Meer recherchiert, und der schönen Dottoressa Franca, Meeresbiologin und Leiterin des örtlichen Forschungsinstituts. In beiden Geschichten steht das Beziehungsverhalten von Intellektuellen zur Diskussion. Auch Ortheils Protagonisten haben bereits ein kompliziertes Leben hinter sich. Der Redakteur hat sich nach langjähriger Verbindung von einer Journalistenkollegin getrennt, weil ihr Liebesleben routiniert geworden war. Franca aber ist mit dem erfolgreichen Meeresbiologen Gianni Alberti verlobt, der bald das berühmte Institut in Ancona übernehmen wird – aus Sicht der italienischen Heiratstradition ist sie in festen Händen. Der Fernsehjournalist hatte sich die Jahre zuvor vorgenommen, um die Liebe einen großen Bogen zu machen, er hatte das Verliebtsein satt. Beim Anblick der Dottoressa legt er zu seiner eigenen Verblüffung die alte Zurückhaltung ab, sie erscheint ihm sogar sinnlos und lächerlich. Als der Journalist die Frau mit den langen blonden Haaren und dem schlichten Kleid zum ersten Mal trifft, ist in erschreckender, irrationaler Weise sofort alles entschieden. Der Mann, unvermittelt von der erotischen Aura der Frau getroffen, kann nicht anders – aber warum er nicht anders kann, bleibt ihm verschlossen. »Was geht hier vor, dachte ich nur, als müsste mir ein gutes Wort dazu einfallen, und dann kam ich auf *Verzücktheit*, plötzlich drehte sich dieses altmodische Wort in meinem Kopf, *sie ist verzückt, und sie macht mich verzückt*, dachte ich.«

Ortheil operiert erzähltechnisch ähnlich wie Monika Maron: Die metaphorische Ebene verweist auf eine tieferliegende Prädisposition. Mann und Frau beschäftigen sich rein wissenschaftlich mit dem Meer – traditionell Ort des Unbewussten und der unkontrollierten Triebwelt. Die Meeresbiologin und der Fernsehredakteur erforschen aus je anderen Motiven beide das Wasser, ein Element, das als Symbol aller unbewussten Energie gilt. Wasser ist ambivalent, es kann Leben spenden oder zerstörerisch überfluten. Das Meer beherbergt rätselhaft verführerische weibliche Wesen, Undinen und Melusinen, Nixen und Nymphen: Verkörperungen des Urweiblichen, das dem Mann mit seiner Zauberkraft gefährlich werden kann. Auch Hanns-Josef Ortheils Figuren entdecken die Liebe auf rätselhafte Weise: ohne zu wissen, wie es dazu gekommen ist. Während Monika Marons entzückte Frauenfigur sich dem plötzlichen Gefühl nicht entzieht und das Irrationale des Vorgangs ohne nachzudenken akzeptiert, will Ortheils Held es wissen. Er will verstehen und aufschlüsseln, was sich dem logischen Zugang des Verstandes entzieht – selbstverständlich ohne dass er dabei zu einem tauglichen Ergebnis käme. Hilfloseste Aktion auf diesem Feld ist die zufällige Begegnung unter den Arkaden. Der Journalist entdeckt die Frau und zoomt heimlich das Gesicht der Dottoressa heran, um ihr möglichst nahe zu kommen. Ein ohnmächtiger Versuch, das Gelände zu kartographieren, das sich vor seinen Augen öffnet und das er betreten wird, ohne zu wissen, wohin der Weg führt. Mit der optischen Vermessung will der durch die Liebe Irritierte das Unfassbare bannen und rational in den Griff bekommen.

Objektivierung eines ozeanischen Gefühls

Die beiden Beispiele dokumentieren ein ähnliches Liebesmodell, zeigen aber eklatante Unterschiede im Umgang mit dem Phänomen. Der hilflose Versuch der Objektivierung eines ozeanischen Gefühls bei Ortheil verrät eine völlig unterschiedliche emotionale Disposition. Sein Held will wissen, warum er von der Frau magisch angezogen wird und warum er sie beim Spaziergang entlang des Meeres berühren und umarmen will, obwohl er sie doch noch gar nicht kennt. Monika Marons Heldin erkennt dagegen von allem Anfang an die Vergeblichkeit solcher Bemühungen. Während die Paläontologin sich ohne großes Aufheben in den emotionalen Aufruhr fügt, benennt und definiert Ortheils Fernsehjournalist den Fall pathetisch als einen Fall von »großer Liebe«, ohne die Frau noch richtig zu kennen. Dem »ersten Mal« gehen ausschweifende Spekulationen über ihre möglichen sexuellen Präferenzen voraus. Er beobachtet die Dottoressa, quält sich mit Vermutungen über ihre sinnlichen Qualitäten, taxiert mögliche Rivalen nach ihrem Gefahrenpotential und registriert jedes ihrer erotischen Signale. Es ist dann allerdings sie, die das Treffen herbeiführt.

Ortheils Schilderung des ersten Mals steht im krassen Gegensatz zum lakonischen Verschweigungsgestus von Monika Maron. Er präsentiert uns ein ausschweifendes, freundliches, gesprächiges Resümee des »ersten Mals«, das alles ausspricht und den Leser ohne Geheimnisse und Nachdenklichkeiten zurücklässt. Zwei unterschiedliche Konzepte der erzählten Liebe zeigen sich hier, zwei gegensätzliche Entwürfe der literarischen Gestaltung des »ersten Mals«. Verführung geschieht bei Monika Maron als lautlose Offenbarung von Wünschen, Gesten und Fantasien. Das erotische Spiel bleibt verborgen – eine paradoxe Inszenierung von Nacktheit und Geheimnis. Anders Hanns-Josef Ortheil. Er macht nicht das Unsichtbare sichtbar, sondern die Enthüllung des Verhüllten geschieht in einer einzigen Bewegung. Er präsentiert dem Leser ohne Zögern die Nacktheit der Körper und verwehrt ihm so eigene Imagination.

Die komische Hochzeitsreise

Gabriel García Márquez:
Die Liebe in den Zeiten der Cholera

Eines der kühnsten, überbordendsten und fantastischsten Beispiele der Weltliteratur, welches das Alphabet des »ersten Mals« durchbuchstabiert, findet sich im Roman *Die Liebe in den Zeiten der Cholera* (deutsch 1987) von Gabriel García Márquez. Der kolumbianische Schriftsteller nähert sich der delikaten Angelegenheit gleichzeitig exzessiv und zart, kraftstrotzend und sanft. Die Szenerie auf dem wild schwankenden Schiff, mit dem das vermählte Paar zur Hochzeitsreise nach Europa aufgebrochen ist, gehört zum Sinnlichsten, was die Literatur zu bieten hat – so fantastisch und komisch sind ihre Bilder. Márquez weist sich in der Beschreibung des sexuellen Initiationsaktes als ein Autor von ungebändigter Imaginationskraft aus, der seine Geschichte gleichzeitig mit einem beinahe überreizten Gespür für das Komisch-Groteske vorantreibt. Dass wir allzu lange mitleiden und mitfiebern und mitgenießen, lässt er allerdings nicht zu. Kaum treiben wir gedankenverloren auf der Welle seiner farbigen Bilder, reißt er uns mit brüsker Distanzierungsbewegung aus der Versunkenheit. Ohne vorherige Warnung kippt er die ganze schöne Liebe unvermittelt ins unglaublich Absurde und zerrt damit die verborgenen Rückseiten des scheinbar ruhigen Glücks ans Tageslicht.

Wie alles begann zwischen der schönen Fermina Daza und dem kultivierten, in Frankreich ausgebildeten, aus einer Patrizierfamilie stammenden Arzt Juvenal Urbino, der zu den reichsten und begehrtesten Junggesellen der Gegend zählt, ist bereits eine grandiose Geschichte für sich. Sie entwickelt sich um alle möglichen Ecken herum. Die Geschichte ist gleichzeitig süß und lächerlich, weil beide von Natur aus radikale Charaktere sind, so eigenwillig in ihren Überlegungen und unfassbar in ihren Empfindungen, dass ein geradliniger Verlauf völlig undenkbar wäre. Beide sind ebenso stur wie heißblütig, ebenso hochfahrend wie dünnhäutig, ebenso stolz wie leidenschaftlich. Diese explosive Mischung der Charaktere bestimmt von Anfang an die Umstände. Die bildhübsche Tochter eines spanischen Viehhändlers, der sich ihren sozialen Aufstieg in den Kopf gesetzt hat, wird schon längere Zeit von Florentino Ariza umschwärmt. Er hat sich in die Schöne verliebt. Er schickt ihr unzählige, tief empfundene Briefe, um sie von seinen Gefühlen zu überzeugen. Allein Herkunft und Armut des jungen Mannes vermögen den ehrgeizigen Vater nicht umzustimmen. Er sabotiert die Beziehung seiner Tochter zu dem schüchternen Telegraphisten und unterbindet sie mit ebenso autoritären wie diabolischen Methoden.

Störrische Verweigerung

Mit achtundzwanzig Jahren ist Doktor Juvenal Urbino inzwischen in die Stadt zurückgekehrt. Er absolvierte in Paris weiterführende Studien zu Medizin und Chirurgie und liefert, sobald er wieder Festland betreten hat, schlagende Beweise, dass er dabei keine Minute verlor. Er kommt eleganter zurück, als er gegangen ist, selbstbeherrschter, und es gibt kaum einen, der so souverän in seiner Wissenschaft wirkt und gleichzeitig besser nach der modernen Musik tanzen und auf dem Klavier improvisieren kann. Die Mädchen der Stadt aus seinen Kreisen losen untereinander bereits aus, welcher er zufallen soll – da erliegt ausgerechnet er, der sich den besseren Töchtern lange Zeit als verlockend und unerreichbar präsentierte, sozusagen im Zustand der höheren Gnade, umstandslos den plebejischen Reizen der Viehhändlerstochter.

Wie das? Durch merkwürdigste Unwägbarkeiten des Lebens. Er selbst behauptet später gerne, dass diese Liebe die Folge einer Fehldiagnose war. In der Tat war Juvenal Urbino mit seinen ganzen Kräften auf die Abwehr der Cholera konzentriert. Aufgeklärt, wie er durch seine Bildung aus Europa ist, nimmt er den Kampf gegen die gefährlichen sanitären Bedingungen in seiner Heimatstadt auf, die für die Seuche verantwortlich sind. Kraft seiner Reputation appelliert er an die obersten Instanzen, die spanischen Kloaken zuzuschütten, für reines Wasser zu sorgen und für die Armen einen Pflichtkurs zum Latrinenbau zu erwirken. Sein Einsatz gegen die tödliche Gefahr wird zu einer regelrechten Obsession.

Da ruft ihn eines Tages der Viehhändler in sein Haus, weil seine Tochter erkrankt ist. Die Szene bedeutet eine Art ironischer Auftakt zur späteren Liebesnacht auf dem stürmischen Meer, allerdings mit umgekehrten Vorzeichen. Beide verweigern sich trotzig. Die Anziehung äußert sich vorerst unter der Maske heftiger Abwehr. Doktor Juvenal Urbino erzählt hinterher gerne, dass er keinerlei Gefühlsregung verspürte, als er die Frau kennenlernte, mit der er bis zum Tage seines Todes zusammen war. Der junge Arzt, so ließ sich Fermina Daza ihrerseits spöttisch vernehmen, habe auf sie wie ein Pedant gewirkt, unfähig, jemanden außer sich selbst zu lieben. In der Tat ist Urbino mit der Angst vor dem Ausbruch der Pest vollauf beschäftigt. Später erinnert er sich an nichts außer an das spitzenbesetzte hellblaue Nachthemd, an die fiebrigen Augen, an das lange, offene Haar über den Schultern. Allerdings stellt er nur eine harmlose Krankheit fest. Drei Tage später ist Fermina Daza geheilt.

Und wieder kommt es zu einer Begegnung, die jetzt bereits alle Qualitäten eines Stierkampfes ausweist. Wie dort wird auch in dieser Arena die sexuell-triebhafte Beute durch gezielte Züge gereizt, mit dem Ziel, sie zu erobern und zu besiegen. Und wie dort wehrt sich die solcherart Verfolgte und Eingekesselte unbändig gegen die Angriffe und ein allfälliges

Unterliegen. Schauplatz ist erneut das Haus des Viehhändlers Lorenzo Daza. Völlig unerwartet nämlich taucht der Arzt ein paar Tage später vor dem Fenster der Schönen auf, die gerade mit ein paar Freundinnen im Nähzimmer ist und Malunterricht nimmt. Dieses Mal ist sie zu einem erotischen Star herausgeputzt. Alles an ihr atmet Frische. Sie trägt einen Volantrock, der bis zum Boden reicht, ihr Kopf ist geschmückt mit einem Stirnreif, von dem ein Stein mit unbestimmter Farbe bis auf die Stirn herabhängt. Dem Arzt fällt sofort auf, dass sie wie zu einem Fest angezogen ist – ein diskreter Schachzug des Autors, um dem Leser die erotische Disposition seiner Heldin mitzuteilen. Durchs Fenster lässt sich das Mädchen vom Arzt den Puls fühlen, die Zunge herausziehen, den Hals mit einem Aluminiumspatel untersuchen, das Augenlid herunterziehen – wenn auch äußerst widerborstig. Sie hat den Arzt nicht gerufen, mehr noch, sie hatte nicht im Sinne, ihn je wiederzusehen. Sie sehe aus wie eine »frisch erblühte Rose«, so lautet die doppeldeutige Diagnose des Doktors. Er gibt sich leutselig, zitiert falsch den heiligen Thomas, wonach alles Gute seinen Ursprung im Heiligen Geist habe. Musik sei wichtig für die Gesundheit, meint er und fragt sie übergangslos, ob sie Musik liebe.

Eine Schlüsselfrage, denn Musik ist dem Doktor so wichtig, dass die Erkundigung nach ihr eine magische Formel bedeutet, mit der er Freundschaft anbietet. Das aber versteht das trotzige Mädchen nicht. Es glaubt, der Arzt wolle sie provozieren, nimmt es als Spott. Zudem lachen jetzt die Freundinnen hämisch hinter ihren Malrahmen, sodass Fermina Daza wutentbrannt das Fenster zuschlägt. Der abgewiesene Arzt steht perplex vor den Spitzengardinen und will sich eben entfernen, als die donnernde Stimme Lorenzo Dazas ertönt, der alles beobachtet hat und Urbino bittet zu bleiben. Unbeherrscht brüllt er seine Tochter an, sie solle sich entschuldigen, woran diese nicht im Traum denkt. Die Vermittlungsversuche des Arztes, die ungeduldigen Forderungen des Vaters, die halb flehenden, halb trotzigen Ausflüchte der Tochter: alles beweist, dass jetzt ein Kampf in der erotischen Arena entbrannt ist, welcher die Stimmung aufs Äußerste auflädt. Als der maximale Erhitzungsgrad erreicht ist, entschuldigt sich Fermina Daza, inzwischen bleich vor Wut, mit einer ironisch parodierten Geste. Sie schiebt den rechten Fuß vor, während sie den Rock mit den Fingerspitzen anhebt und einen theatralischen Knicks vor dem Arzt macht: ein Ritual, das mit dem Heben des Rockes, diesem Symbol der enthüllten Weiblichkeit, und mit dem Fuß seine unterschwellig sexuelle Bedeutung nicht verleugnen kann. Der Knicks aber, so ironisch er auch angedeutet wird, nimmt den kommenden Erfolg beim Erlegen der erotischen Beute voraus.

Kleidermasken

Was sich abspielt, ist die Vorbereitung auf »das erste Mal«, und der Regisseur dieses Spiels, Gabriel García Márquez, zeigt sich als Meister seiner Mittel. Er operiert mit dem Einsatz weniger, zeichenhaft aufgeladener Requisiten. Denn Kleider sind ein uraltes Element der Kommunikation, die präzise Informationen über die Identität des Trägers vermitteln, über Geschlecht, Alter, sozioökonomischen Status, Beziehungen zum anderen Geschlecht, Haltungen des Trägers, Interessen, Werte und seine unbewussten Bedürfnisse, kurz, die über seine Persönlichkeit informieren. Diese Botschaft dekodiert der Leser ohne nachzudenken, weil er selbst über einen bestimmten Grundstock von konventionalisierten und sedimentierten Kleidererfahrungen verfügt, der jetzt reflexartig aufgerufen wird. Er entschlüsselt Kommunikation mittels Kleiderzeichen zwischen dem Arzt und dem Mädchen. Es geht um die »Selbstinszenierung«, und es geht um das ambivalente Spiel von »Verbot und Begehren«.[29] Die »Selbstinszenierung« mit Hilfe der Kleider umfasst nicht nur die Hülle, sondern greift auch auf das Innere einer Person über. Zwischen Kleid und Mensch findet ein Verschmelzungsprozess statt, der die Selbstwahrnehmung steuert. Weil der Mensch sich mit seinen Kleidern als identisch erlebt, erweitert sich auch die Tast- und Körperempfindung über den Leib hinaus. Oft ist dann das Kleid und nicht mehr die Haut die Körpergrenze. Diese Ausweitung des Empfindens über den Körper hinaus gipfelt in einem neuen »Kleider-Ich«.[30] Es findet also ein Prozess der psychophysischen Umkehrung statt: Nicht bloß die Seele drückt sich leiblich aus, sondern auch Veränderungen des Körpers (durch Kleidung) wirken sich umgekehrt nach innen aus.[31] Die Kleidung weckt bei den Mitmenschen bestimmte Erwartungen, zu denen sich der Träger verhalten muss. Meist versucht er, die durch seine Kleidung implizierte Haltung auch wirklich einzunehmen.

Was heißt das nun für den Auftakt zur ersten sexuellen Begegnung zwischen Doktor Juvenal Urbino und Fermina Daza? Trotz zerstreuter Disposition hat er sich ihre erotische Identität bereits während der ersten Begegnung eingeprägt. Er nimmt alle Informationen auf, die Fermina zu einer begehrenswerten Frau machen und ihre verborgene Bereitwilligkeit signalisieren, die sich hinter der Ablehnung verbirgt: das zarte Nachthemd, das den Körper intimer zeigt als irgendein konventionelles Kleidungsstück; die fiebrigen »Belladonna-Augen« und das offene Haar – lockendes feminines Signal. Alles andere fällt durch sein Wahrnehmungsraster. Darum war der Doktor so verwirrt nach der ersten Begegnung. Darum kehrt er wie ferngesteuert zurück. Stendhal übrigens, der in seiner Analyse der Liebe alle Stufen ihrer Entstehung studierte, plädierte dafür, dass sich die Frau in dieser Phase, der Phase der Hoffnung, dem Mann hingeben sollte, um des größtmöglichen physischen Genusses willen: »Selbst bei den zurückhaltendsten Frauen glänzen die Augen im Augenblick der Hoffnung; die Leidenschaft ist so stark, die Lust so lebhaft, dass auffallende Zeichen sie verraten.«[32]

Schönheit im Wartestatus

Beim zweiten Wiedersehen ist Fermina Daza bereits im Zustand des »Wartens« – eine erotische Schönheit. Kein Zufall, dass der Doktor eine »frisch erblühte Rose« diagnostiziert – ein Symbol, das seit der Antike für Wiedergeburt und die über den Tod hinausreichende Liebe steht, später aber auch zum Symbol der irdischen Liebe wird. Zur »Selbstinszenierung«, der verborgenen Darstellung der eigenen Identität und der eigenen Wünsche, kommt jetzt aber noch das Spiel von »Verbot und Begehren«. Die ambivalente Haltung von Verhüllen und Enthüllen ist den Kleidern regelrecht eingeschrieben. Kleider sollen schützen – vor Blicken, Berührungen, Gefühlen –, sie sind Garant für die Sittsamkeit. Andererseits unterstreichen gerade die Kleider die verführerischen Konturen des Körpers und laden ihn zu einem begehrten Blickfang auf. Wo ein Verbot vorliegt, versteckt sich nämlich auch ein Begehren.[33] Das Kleiderverhalten des Menschen ist insofern ambivalent, als daran Gefühle und Triebe beteiligt sind. Im Unbewussten liegt ein bestimmtes Begehren vor, dem im Bewussten mit entsprechenden gesellschaftlichen Regeln des Verhaltens entgegengewirkt wird.[34]

Das Balancieren zwischen Verbot und Begehren fällt schon während der ersten Begegnung auf. Der Arzt kommt dem Mädchen näher, als dies in einer konventionellen Begegnung schicklich wäre, wenn auch nur aus medizinischen Gründen. Beim zweiten Treffen aber ist das Mädchen »wie zu einem Fest« angezogen, obwohl es nur Malstunden nimmt, und seine prächtigen Kleider deuten das Begehren an, ohne es zu enthüllen. Dass die Dynamik von Verbot und Begehren das Geschehen bestimmt, wird spätestens dann klar, als Fermina Daza vor dem Arzt spielerisch den Rock hebt und den Fuß zeigt – ein Verweis auf die spätere Initiation.

Dies alles ist die zeichenhafte Inszenierung des »ersten

Mals«, die wenig später fiebrige Realität wird. Außergewöhnlich an diesem literarischen Laboratorium der Initiation in die Liebe ist, dass sie ohne Liebe geschieht. Zwischen dem Doktor und dem Mädchen züngelt nicht die romantische Passion. Ihre Verbindung ist das Ergebnis rationaler Überlegungen, die vom ehrgeizigen Vater gesteuert, vom Doktor unterstützt und von der Viehhändlerstochter nach sorgfältigem Abwägen zahlreicher Vor- und Nachteile stillschweigend akzeptiert wird. Ganz im Gegensatz zur modernen Gesellschaft, wo die Liebe und also auch die Sexualität für die eigene Selbstverwirklichung als unverzichtbar erscheinen, gründet in Gabriel García Márquez' Roman die Beziehung auf einem traditionellen Konzept. In konservativen Gesellschaften blieb für die Wahl des Einzelnen und seine Suche nach der eigenen Identität wenig Raum. Nur kleine Eliten konnten sich den Luxus der Selbstverwirklichung leisten. Die sogenannte »Liebe« besiegelte weniger die Leidenschaft zwischen zwei Individuen, sondern diente in erster Linie der Verbindung zwischen zwei Clans oder Familien. Ziel war es, über die Heirat ökonomische Sicherheit und Arbeitskraft für die Familiendynastie hinzuzugewinnen, durch Nachkommenschaft den Besitzstand zu sichern und – wenn es sich um privilegierte Schichten handelte – Vermögen und Ansehen zu vermehren.[35]

In diesem Sinne bringt der Viehhändler das Kapital der schönen Tochter auf den Markt und kommt auch zum Ziel. Das konventionelle literarische Liebesmodell kontrastiert allerdings mit dem romantischen Liebesentwurf einer Birgit Vanderbeke, einer Monika Maron oder eines Hanns-Josef Ortheil, in dem es um die Verwirklichung leidenschaftlicher, aber eventuell unvernünftiger Liebe geht – notfalls in Konfrontation mit Konvention und Sachzwängen. Dieses Muster gehört sozusagen zur Standardausstattung der zeitgenössischen Literatur über die Liebe.

Liebe ohne Liebe

Ganz anders bei Gabriel García Márquez. Das Erstaunliche seines Romans *Die Liebe in den Zeiten der Cholera*[36] ist nun, dass sich zwar alle Beteiligten ihrer Lage vollkommen bewusst sind, dass daraus aber weder für die Sexualität noch für die Gefühle ein Nachteil entsteht. Mehr noch: seine Beschreibung des »ersten Mals« zeugt von frappierendem psychologischem Scharfsinn, ironischer Leichtigkeit und gelassener Ernsthaftigkeit, die sich von anderen Liebeskonzepten abheben. »Ihm war wohl bewusst«, so sinniert Doktor Juvenal Urbino in der Hochzeitsnacht, »dass er sie nicht liebte. Er hatte sie geheiratet, weil ihm ihr stolzes Wesen gefiel, ihre Ernsthaftigkeit, ihre Kraft, und eine Prise Eitelkeit war auch bei ihm im Spiel gewesen, doch während sie ihn nun zum ersten Mal küsste, überzeugte er sich davon, dass nichts sie daran hinderte, eine gute Liebe zu entwickeln. In jener ersten Nacht, in der sie bis zum Morgengrauen über alles sprachen, sprachen sie darüber lange nicht, und sie sollten niemals darüber sprechen. Aber auf lange Sicht hin hatte keiner von beiden sich geirrt.«

Bis es so weit ist, muss allerdings eine Reihe von Hindernissen überwunden werden. Die Angst vor der Hochzeitsreise hat Fermina Daza mehr zu schaffen gemacht als der gesellschaftliche Skandal, der wegen ihrer Eheschließung mit einem Galan entstanden ist. Trotz des Zaubers eigener Initiationsriten, denen sie sich, zum Teil unter Anleitung ihrer Cousinen, bereits selbst, mit gelösten Haaren auf dem Badezimmerboden ausgestreckt, hingegeben hatte, vergeht die Nacht in Erwartung des Entsetzlichen. Aber weder in dieser ersten Nacht noch sonst jemals in ihrem sehr langen Eheleben finden die barbarischen Handlungen statt, die Fermina Daza befürchtet. Nach einer heftigen Seekrankheit in der ersten und zwei weiteren Nächten, in denen sie sehr viel sprechen, sodass sie sich schon vertraut wie alte Freunde fühlen, macht der Doktor der Frau den Vorschlag, die Nachthemden anzuziehen, was ihr nur natürlich erscheint. Allerdings geht sie ins Bad, um sich auszukleiden, löscht das Licht in der Kabine und verstopft auch noch alle Türritzen mit Lappen, damit sie sich in vollkommener Dunkelheit ins Bett legen kann. Es sei immerhin das erste Mal, sagt sie dem Doktor gut gelaunt, dass sie mit einem Unbekannten schlafe. Da Urbino sofort spürt, dass sie wie ein kleines, verängstigtes Tier neben ihn schlüpft, kaschiert er seine Absichten in der vierten Nacht als amüsante, aufregende medizinische Lehrstunde, während er sich Millimeter um Millimeter auf das fremde Terrain vorwagt, ihre Widerstände unterwandert und sich das Vertrauen ihres Körpers erobert.

Seine Therapie ist eine Mischung aus Ablenkung, wissenschaftlicher Erläuterung, Suggestion und Hypnose; denn leise flüsternd erzählt er vom Liebesleben in Paris, von den französischen Liebespärchen, wie sie sich auf der Straße und auf den blühenden Terrassen der Cafés küssen und wie sie sich im Stehen an den Seinequais lieben, ohne von jemandem gestört zu werden – und dabei schiebt er langsam ihr Nachthemd hoch, strategisch Schritt um Schritt planend; sie lauert derweil im Dunkeln und überlegt, aus welcher Richtung der nächste Zug käme. Als er ihre Brust berührt und sie erschreckt und gleichzeitig elektrisiert zurückzuckt, beruhigt sie der Arzt mit dem Hinweis, dass er diesen Körperteil ja bereits kenne. Auf diese Weise besänftigt, eignet sie sich nun ihrerseits jede Stelle seines Körpers mit nervöser Neugier und beinahe wissenschaftlichem Interesse an, bis sie endlich – mit zusammengebissenen Zähnen, um über die eigene Tollheit nicht lachen zu müssen, und sich der Jungfrau Maria empfehlend – das Tier ihrer Neugier zu greifen bekommt – und auch sofort wieder fallen lässt mit dem schnöden Satz: »Ich habe nie begriffen, wie dieser Apparat gebaut ist.« Das Mädchen ist außerdem der Meinung, dass zu viel Überflüssiges daran sei, was ihn insofern verblüfft, als dies das Thema seiner Dissertation war: »Vom Vorteil einer Vereinfachung des menschlichen Organismus«. Denn dieser erschien ihm schon immer veraltet, mit vielen sinnlosen und verdoppelten Funktionen, die zu anderen Zeiten für das Menschengeschlecht unabdingbar gewesen waren – was sie wiederum amüsiert und zum Lachen bringt.

Projektion, Simulation und Wunscherfüllungsfantasie

Was sich hier exemplarisch für die Entwicklung der Liebe im modernen Roman anzeigt, ist die Tatsache, dass die Liebe sich keineswegs mit dem Körper zufriedengibt, sondern zu ihrer Realisierung in hohem Maße auf die Fantasie angewiesen ist. Die Strategie des gleichzeitigen Beruhigens und Aufreizens des Doktors führt nur dank einer Parallelaktion zum Erfolg: das Stimulieren der Imagination. Liebe entsteht dort, wo Konstruktion, Projektion, Erfindung und Entwurf möglich sind. Man liebt tatsächlich nicht den anderen, sondern das, was man aus ihm erschaffen hat. Es ist die eigene Schöpfung, in der die stillgelegten Wünsche aktiviert, die inneren Bilder belebt, die sedimentierten sexuellen Erfahrungen an die Oberfläche geholt und die verwunschenen Träume mit dem fremden Körper inszeniert werden. Eine Mischung aus Projektion und Wunscherfüllung, die mit Hilfe des subversiven Potentials der Fantasie in die Tat umgesetzt wird. Faszinierend ist zudem die präzise Intuition, mit der Gabriel García Márquez in seiner Geschichte den männlichen und weiblichen Eigentümlichkeiten der Sexualität vollauf Rechnung trägt.

Frauen und Männer werden bekanntlich durch unterschiedliche Dinge aktiviert. Bei Männern spielen visuelle Reize eine wichtige Rolle. Das lernten sie von den Affen. Die Primatenvorfahren lebten mindestens dreißig Millionen Jahre auf den Bäumen. Um nicht herunterzufallen und um reife Früchte zu erkennen, brauchten sie in erster Linie gute Augen und erst in zweiter Linie einen ausgeprägten Geruchssinn. Das führte dazu, dass ganze Hirnareale der Wahrnehmung visueller Reize dienten. Die Menschen erbten diese Fähigkeiten. Ihre visuellen Wahrnehmungsnetze sind hervorragend mit den anderen Sinnen und mit dem Fühlen und Denken verknüpft. Achtzig Prozent der Erkenntnisse über die Umwelt werden mit Hilfe der Augen gewonnen.[37] Doktor Urbino verfolgt denn auch behutsam, aber in der Sache zielstrebig sein Ziel, den Körper der Frau zu betrachten.

Dass der Doktor sie mit dem Erzählen erotischer Reminiszenzen entflammen und mit dem Ausmalen von Pariser Szenen entzücken kann, entspricht auf der anderen Seite dem weiblichen Erregungsmuster. Frauen fühlen sich eher durch zärtliche Worte, romantische Vorstellungen oder Liebesfilme und Romane erregt. Ihre sexuellen Fantasien werden von Geschichten ausgelöst, in die sie sich freudig hineinfantasieren. Ihre Vorstellungen beinhalten meist mehr Zärtlichkeit, Verbundenheitsgefühle und Sex mit vertrauten Partnern, als das bei den Männern der Fall ist.[38] Mit seinem subtilen Vorgehen hat der Doktor sein Spiel gewonnen. Denn kaum brennt das Licht, greift sich Fermina Daza ohne Ziererei das Objekt der Begierde und äußert sich zusammenfassend folgendermaßen: »Es muss schon sehr hässlich sein, um hässlicher als das der Frauen zu sein.« Als sie den Hafen von La Rochelle schließlich erreichen, sind sie ein Liebespaar.

Das Unwahrscheinliche, was sich in dieser Kernpassage des Romans ereignet, ist die Geburt der Liebe aus der Nicht-Liebe, und nicht nur das: Sie entwickelt sich virtuoser, einfallsreicher und witziger, als es die konventionelle romantische Leidenschaft unter Umständen vermöchte. Mit dieser Konstruktion steht Gabriel García Márquez quer zur Brandung konventioneller moderner Liebesromane, und das macht gerade die fremdartige Faszination seiner Geschichte aus. Wir könnten in Bezug auf die Ursachen dieses ungewöhnlichen Modells jetzt zuallererst hormonell argumentieren. Denn neueste Forschungen auf dem Gebiet der Sexualforschung haben sich der Frage nach der Ursache der seltsamen Anziehungskraft zwischen den Geschlechtern immer wieder gestellt und sind zu entsprechend unromantischen Resultaten gekommen. Die amerikanische Anthropologin Helen Fisher, Professorin an der Rutgers-Universität in New York und weltweit bekannteste Liebesexpertin, rät ihren Single-Studenten, die sich verlieben wollen, in die Welt hinauszugehen und das Paarungsspiel zu spielen, aber keinesfalls »mit jemandem ins Bett (zu gehen), den ihr nicht wirklich leiden könnt. Ihr könntet euch verlieben.«[39] Die Gründe, das haben ihre Forschungen bewiesen, sind hormoneller Natur: »Der Trick, sich zu verlieben, ist, das Dopamin-System in Schwung zu bringen. Wer einen möglichen Partner entdeckt hat, muss neue, spannende oder sogar gefährliche Dinge mit ihm unternehmen. Auch Intimität und Sex erhöhen den Dopamin-Spiegel im Gehirn, weil Testosteron die Produktion von Dopamin ankurbelt.«[40]

Es gibt aber auch die psychologisch-anthropologische Erklärung. »Doch ebendas, eine Art Riss durch das Selbst, auf dass der andere es durchdringe – das ist die Liebe.«[41] Die Definition des italienischen Psychoanalytikers Galimberti leuchtet ein und scheint gerade hier angebracht. Die beiden Protagonisten in *Die Liebe in den Zeiten der Cholera* sprengten tollkühn das eigene System, indem sie sich verführen, hinreißen und verzücken lassen. Ergebnis ist eine Entgrenzung des eigenen Selbst. Es ist ein Ausnahmezustand der Seele, dem sie sich plötzlich mutwillig überlassen haben. Jetzt spaltet ein Riss ihre festgefügte Existenz, sodass beide Wesen aus ihrem verkapselten, selbstgenügsamen Kosmos herausgeschleudert werden. Die Geburt eines neuen Ichs geschieht. »Es war unmöglich auszumachen, ob es Europa oder die Liebe gewesen war, die sie verändert hatte, da sie das eine wie das andere zur gleichen

Zeit erlebt hatten. Beide Ehepartner waren von Grund auf anders geworden, nicht nur zueinander, sondern zu aller Welt.«

Die Aktivierung des Glückszentrums

Wie tiefgreifend der innere Wandel ist, signalisieren wiederum die Kleider. Fermina Daza, die sich stets gegen das Diktat der Mode aufgelehnt hat, bringt sechs Schrankkoffer mit Kleidern für alle Jahreszeiten von der Hochzeitsreise mit: extravagante Kostüme, Requisiten der Weiblichkeit. Etwas ist geschehen, und diese Metamorphose lässt sich am veränderten Äußeren ablesen. Deutlichere Zeichen könnten nicht gesetzt werden, um die verwandelte Identität von Fermina Daza abzubilden. Die Signatur der Kleider verrät die Gefühlslage der Frau. Alles an ihrem Körper kündet triumphal vom entzündeten Feuer, von der vibrierenden Weiblichkeit, von der erotischen Rolle, die sie von jetzt an zu spielen gedenkt. Aus der Optik der Forschung klingen solche Wandlungen allerdings lakonischer. Die »Liebe« wirkt wie ein Antidepressivum, sie aktiviert das Glückszentrum und schaltet Hirnregionen aus, die mit negativen Gefühlen, Angst und Aggressionen einhergehen:[42] alles logische Voraussetzungen zur inneren Wandlung. Die von der Liebe Infizierten verspüren einen ungeheuren Energieschub – auch das, nach den Erhebungen von Helen Fisher, durchaus statistisches Durchschnittsverhalten.[43] Für Fermina Daza und Juvenal Urbino jedenfalls sind die Weichen nach der Rückkehr aus Europa neu gestellt. Während die Frau für alle sichtbar in eine neue, die feminine Rolle hineinwächst, bricht der Doktor intellektuell zu unbekannten Ufern auf, indem er ihm bis jetzt fremde, unerforschte Gebiete aus Literatur, Musik und Wissenschaft betritt. »Sie waren mit einer neuen Vorstellung vom Leben zurückgekehrt, voll beladen mit Neuem aus der Alten Welt und bereit, den Ton anzugeben.«

Dritter Teil
Wollust, Begierde

Die neuen Selbstbilder nach 68

Die neue Freizügigkeit

Die freizügige Darstellung von Wollust und Begierde in der zeitgenössischen Literatur, die Konstruktion des »unmoralischen Bildes« als stimulierendes Motiv, der kalkulierte Einsatz erotischer Phantasmen als Motor und Störfall der Handlung ist nicht ohne einen Blick auf die tiefgreifenden kultursoziologischen Verschiebungen zu verstehen, die sich seit den sechziger Jahren ereigneten. Wollust und Begierde sind nicht nur ästhetische Stimuli des Romans, mit denen die Schriftsteller immer neu experimentieren und ihre Leser verführen. Liebe und Sexualität tragen auch die Masken der jeweiligen Epochen – die Masken des Begehrens machen die Metamorphosen der Sinnlichkeit im Laufe der Geschichte erst sichtbar.[44] Zwei Kraftströme prägen dabei entscheidend die Selbstdefinition der Kinder der Kriegsgeneration: der Angriff auf die Autorität und die sexuelle Revolution. Während die Eltern mit dem Wiederaufbau und dem Aufholen der verlorenen Jahre beschäftigt sind, wendet sich die jüngere Generation von den stromlinienförmigen, einzig gewinn- und leistungsorientierten Vorbildern ab. Was der Markt und die Industriegesellschaft bieten, kann viele Jugendliche emotional nicht befriedigen. Sie fordern Aufklärung und Wahrheit, Entlarvung von Selbstbetrug und Vorurteilen. Die Freiheitsparolen, die den Kalten Krieg rechtfertigten, haben sich in ihren Augen abgenutzt.

Eine der Hauptursachen der kulturellen Turbulenzen ist die Doppelung von totalem Überfluss und der Entdeckung der eigenen Entbehrlichkeit. Die Kinder gehen jetzt eigene Wege und schaffen sich selbstdefinierte Identitäten.[45] Hippies und Beatniks ersetzen die strammen konservativen Vorbilder, Großereignisse der Popkultur bannen das Interesse der Jugendlichen. Die ersten Hippies, die sich Mitte der sechziger Jahre im Stadtviertel Haight-Ashbury von San Francisco und im East Village von New York versammeln, wollen Hass und Feindschaft durch Liebe und Verständnis ersetzen. Sie nennen sich »Blumenkinder« und propagieren die freie Liebe. Sie sind zugleich antibürgerlich und pazifistisch. Sie protestieren gegen Klassenunterschiede, rassistische Vorurteile, Leistungsgesellschaft, Unterdrückung und Krieg. Die Hippiebewegung dehnt sich nach Europa aus und etabliert sich in London, Amsterdam und Südfrankreich. Befreiung des Denkens wird allerdings nicht nur in der Proklamation von Gewaltlosigkeit und individueller Freiheit gesucht, LSD und Haschisch sollen auch das Bewusstsein erweitern, verspielte, vergammelte und extravagante Kleidung unterstreichen andererseits die Abgrenzung zum Establishment.

Freie Liebe heißt das Programm der Stunde. Sie wird durch eine bahnbrechende Erfindung ermöglicht: Die Pille, das orale Verhütungsmittel, das die Amerikaner 1956 erfanden, kommt im Laufe der sechziger Jahre ohne Beschränkung auch in Europa in den Handel. Sie bietet sicheren Schutz vor einer unerwünschten Schwangerschaft und führt damit zu einem Paradigmenwechsel in der Beziehung der Geschlechter. Für die Sexualität bricht eine neue Zeit an. Die Erfindung der Pille markiert einen gesellschaftlichen und psychologischen Wendepunkt, der über Jahrhunderte nicht denkbar gewesen wäre.[46] Der Wegfall von Ängsten und Konsequenzen verändert Moral und Normen und provoziert eine neue Wahrnehmung der Sexualität. Die sexuelle Revolution beginnt und damit das Schleifen überkommener Zwänge und Verbote. Erotische Spielfreude, noch bis vor kurzem ausschließlich in verschwiegenen Bezirken ausgelebt, wird plötzlich selbstverständlich. Der Report des Biologen Alfred Charles Kinsey oder die Untersuchungen der Sexualwissenschaftler Master und Johnson räumen mit vielen Vorurteilen auf. Zeitschriften wie »Cosmopolitan« entwickeln sich zu Vorreitern der veränderten weiblichen Sexualität. Sie entwerfen neue Spielregeln für brave und schlimme Mädchen, die ihre erotische Identität selber bestimmen wollen.[47] Nancy Friday steuert eine Sammlung weiblicher Fantasien bei mit ihrem Buch *Die sexuellen Phantasien der Frauen* (1973), in denen diese Sex nach ganz anderen als den traditionellen Imaginationen genießen. Das Bild der anständigen, unterwürfigen Frau wird ein für alle Mal über den Haufen geworfen. 1972 erscheint der Ratgeber *The Joy of Sex* von Alex Comfort, der mit seinen Rezepten für den befreiten Geschlechtsverkehr die altmodischen Ehehandbücher ersetzt. Helen Gurley Brown schockiert 1962 die Öffentlichkeit mit ihrem Bestseller *Sex und ledige Mädchen*, in dem sie kühn verkündet, dass hübsche Mädchen nun einmal Affären hätten, aber im Allgemeinen nicht daran sterben.[48]

Neue Spielregeln für brave und böse Mädchen

Die sexuelle Revolution ufert in der Pornobewegung aus, die hauptsächlich durch den Film transportiert wird. Auch auf diesem Terrain verändert sich die Wahrnehmung der Sexualität. Die Pornographie hat bisher von der Darstellung allzeit bereiter Frauen gelebt. In den siebziger und achtziger Jahren kommt eine neue Komponente dazu: Plötzlich stehen im Zentrum Frauen, die aktiv ihre Lust ausleben, anstatt nur auf die Bedürfnisse der Männer einzugehen. In *Deep Throat* (1972), einem der ersten Pornofilme, die ein Massenpublikum erreichen, geht es vor allem um die Suche einer Frau nach sexueller Lust. Auch das Publikum verändert sich, das Pornofilme und -videos konsumiert. Die drei großen Pornofilme des Jahres 1972 – *Deep Throat, Behind the Green Door* und *The Devil in Miss Jones* – laufen nicht mehr in Schmuddelkinos, sondern in großen Lichtspielhäusern der Stadtzentren. Die neuen Märkte und die neuen Kundinnen – nach Schätzungen werden bis zu vierzig Prozent der jährlich entliehenen hundert Millionen Pornofilme von Frauen ausgeliehen – verlangen nach modifizierten Rezepten und nach Experimenten mit dem traditionellen Männerporno. Marilyn Chambers, die auf dem Filmfestival von Cannes ihr Debüt in *Behind the Green Door* gibt, verkörpert in *Insatiable I* (1981) und *Insatiable II* (1984) die fröhliche Nymphomanin. Das ist exemplarisch für die veränderten Muster sexueller Identität der Frauen. In beiden Filmen spielt sie ein temperamentvolles, selbstbewusstes Topmodel, das über einen reichen sexuellen Appetit verfügt und die Initiative ergreift, wann immer es Lust dazu verspürt. Mit dieser Darstellung vollzieht sich der Systemwechsel: Die Frau ist nicht mehr passives Lustobjekt – sie wird selbst zur Akteurin.[49]

Erotische Phantasmen als Motor der Handlung

Der fundamentale Wandel in der privaten und öffentlichen Wahrnehmung genitaler Lust, den die sexuelle Revolution auslöst, erfasst auch die Literatur. Der Angriff auf die bürgerliche Doppelmoral, der Wandel der traditionellen Geschlechterrollen, das Erlernen neuer sexueller Techniken, die Infragestellung der Dominanz des Mannes, die erotische Selbstdefinition der Frauen, das freizügige Ausleben erotischer Begierden und die offene Darstellung der Lüsternheit, all das hinterlässt deutliche Spuren in den literarischen Texten der Zeit. Amerikanische Autoren wie Philipp Roth und John Updike werden zu Vorreitern der geschriebenen Lust und Liebe, und ihre europäischen Kollegen stehen ihnen schon bald in nichts nach. Dass es gerade die angelsächsischen Schriftsteller sind, die auf dem Feld der literarischen Darstellung von Sexualität voranstürmen, hat weniger mit ihrer liberalen, aufklärerischen Grunddisposition zu tun – im Gegenteil. Dieses Vorpreschen ist wohl eher als Reaktion auf die unter dem Einfluss des Puritanismus besonders rigide sexuelle Repression zurückzuführen und die dadurch gesteigerte Lust am Schleifen moralischer Barrieren. Aktuelle Romane zeigen mitunter harte pornographische Passagen. Die Autoren inszenieren den Geschlechtsakt und bereichern ihre Charaktere mit erotischen Bildern, manchmal ohne dass diese im Text funktional werden und ohne wesentliche Aspekte hinzuzufügen. Oft scheint es um nichts anderes als um die Illustration der menschlichen Triebnatur zu gehen. Der niederländische Autor Leon de Winter bringt diesen Sachverhalt lapidar auf den Punkt. Die Grundlage sowohl der Erotik als auch der Pornographie sei, im Betrachter den Wunsch zum Kopierverhalten auszulösen. Es sei schön, wenn die erotischen Passagen in einem Roman eine Bedeutung hätten, es sei aber auch schön, sie zu lesen und die Erregung der Figuren zu teilen: »Diese Passagen bewegen sich an der Grenze zur Pornographie, deren Bedeutung auf der Hand liegt: Pornographie ruft zum Bumsen auf.«[50] Auf dem Papier allerdings funktioniere, so Leon de Winter, die Darstellung von Sexualität anders als im Bild. Man könne als Autor nichts sichtbar machen und nichts enthüllen. Keine andere Waffe als jene der Sprache stehe dem Autor zur Verfügung, und diese könne nur heraufbeschwören, suggerieren, verweisen.

Gegenbewegung: Michel Houellebecq

Es scheint besonders reizvoll, als Vorgeschmack auf die sexuelle Ausschweifung, die in der Folge der sexuellen Revolution auch in der Literatur entfesselt wurde, einen deutlichen Kontrapunkt zu beleuchten. Der französische Schriftsteller Michel Houellebecq veröffentlicht 1994 in einem kleinen Pariser Verlag seinen Erstling *Ausweitung der Kampfzone.*[51]

Sein antiliberales Manifest signalisiert bereits die Gegenbewegung zur Freizügigkeit, wobei diese sich in seinen Büchern vielfach gebrochen zeigt. Anfangs nur auf Mund-zu-Mund-Propaganda angewiesen, wird dieses Debüt schon bald zu einem durchschlagenden Erfolg. Ausgerechnet auf dem Höhepunkt der sexuellen Befreiungswelle liefert Michel Houellebecq eine lakonische und zynische Abrechnung mit den selbstbestimmten Formen sexueller Beziehungen, die nur noch von den Gesetzen des Marktes bestimmt würden. Er demonstriert, was übrig bleibt, wenn nicht mehr Menschen einander begegnen, sondern nur noch erregte Körper sich berühren. Es ist eine Abrechnung mit 68 und der Liberalisierung der Gesellschaft, die als Folge der Studentenrevolte begann, ein zynisches Pamphlet gegen die erbarmungslose Herrschaft der Marktgesetze in der Beziehung zwischen Mann und Frau. Nach Michel Houellebecq stellt der Sex ein zweites Differenzierungssystem dar, das vom Geld völlig unabhängig ist. Es funktioniere auf mindestens ebenso unbarmherzige Weise. Die Wirkungen dieser Systeme seien völlig gleichartig: »Wie der Wirtschaftsliberalismus – und aus analogen Gründen – erzeugt der sexuelle Liberalismus Phänomene absoluter Pauperisierung. Manche haben täglich Geschlechtsverkehr; andere fünf- oder sechsmal in ihrem Leben oder überhaupt nie. Manche treiben es mit hundert Frauen, andere mit keiner. Das nennt man ›Marktgesetz‹«.

In einem liberalen Wirtschaftssystem häuften einige wenige beträchtliche Reichtümer an, andere verkämen im Elend. In einem liberalisierten Sexualsystem hätten einige ein abwechslungsreiches Geschlechtsleben, andere seien auf Masturbation und Einsamkeit beschränkt. »Der Wirtschaftsliberalismus«, so Michel Houellebecq, »ist die erweiterte Kampfzone, das heißt, er gilt für alle Altersstufen und Gesellschaftsklassen. Ebenso bedeutet der sexuelle Liberalismus die Ausweitung der Kampfzone, ihre Ausdehnung auf alle Altersstufen und Gesellschaftsklassen.« Houellebecqs internationaler Erfolg zeigt eines ganz deutlich: Er trifft einen wunden Punkt im veränderten Gesellschaftssystem. So schlicht seine literarischen Mittel im Detail oft sind, so apodiktisch er seine Thesen verkündet, so eindimensional seine antimodernen Einwände gelegentlich geäußert werden, er setzt der Flut der befreiten erotischen Selbstwahrnehmungs- und Selbstzelebrierungsliteratur einen unerwarteten Widerstand entgegen. In Houellebecqs Werk bleibt vom französischen »toujours l'amour« nur noch die Hypertrophie der Sexualität. Auf der Rückseite der »condition érotique«, die er vorführt, leuchtet die »condition humaine« der Epoche auf – die seelische Erosion des Abendlandes, die ihre Individuen im intimsten Kern trifft.[52] Michel Houellebecqs Romane funktionieren wie ein Vergrößerungsspiegel, der die zeitgenössischen Krankheiten – Egoismus, Narzissmus, Einsamkeit – herausstellt und verzerrt. *Die Ausweitung der Kampfzone* wurde mit dem »Grand Prix national des lettres« sowie dem »Prix Flore« für den besten Erstlingsroman ausgezeichnet. Nach den heftigen Debatten um seinen zweiten Roman *Elementarteilchen*, der im Herbst 1998 in Frankreich und ein Jahr darauf in Deutschland erscheint, etabliert sich Michel Houellebecq definitiv als Kultautor. *Elementarteilchen* besetzt monatelang Platz eins der französischen Bestenlisten.

Ausweitung der Kampfzone

Faszinierend ist nun, zurückzuverfolgen, was den Antrieb zu dieser harschen Attacke auf den sexuellen Liberalismus provozierte. Ganz im Gegensatz zur traditionellen Hermeneutik reklamiert Michel Houellebecq für seine Texte die weitgehende Deckungsgleichheit von »Autor-Ich« und »Erzähler-Ich«. Alles sei zutiefst autobiographisch gemeint und aus dem eigenen Erleben heraus zu erklären. Im Erstling *Ausweitung der Kampfzone* beschreibt er diese Poetik des Authentischen so: »Die folgenden Seiten bilden einen Roman. Ich verstehe darunter eine Abfolge von kleinen Geschichten, deren Held ich bin. Es ist wirklich nicht eine Entscheidung für einen autobiographischen Stil; so oder so bleibt mir keine andere Wahl. Wenn ich nicht aufschreibe, was ich gesehen habe, werde ich ebenso leiden – vielleicht sogar ein wenig mehr.«

Elementarteilchen schildert das tieftraurige Leben der beiden Brüder Bruno und Michel, die geboren werden als Kinder eines reichen Schönheitschirurgen und einer egoistischen, lieblosen Mutter, die sich im Zuge von 68 wechselnden Liebhabern zuwendet. Sie fordert für sich ein selbstbestimmtes Leben, begibt sich später in eine Sekte der Promiskuität und verrät und verlässt um diesen Preis die eigenen Kinder. Nach der Trennung der Eltern werden die Söhne zur Großmutter und, als diese stirbt, ins Internat abgeschoben, wo es zu Quälereien kommt. Die Halbbrüder nehmen unter diesen Umständen seelischen Schaden. In *Elementarteilchen* werden die Eltern so beschrieben: »Das Paar führte damals das, was man später eine ›moderne Ehe‹ nennen sollte, und es war eher Janines Unaufmerksamkeit zuzuschreiben, dass sie ein Kind von ihrem Mann erwartete. [...] Bruno wurde im März 1956 geboren. Die mühselige Pflege, die das Aufziehen eines kleinen Kindes erfordert, erschien dem Paar sehr bald unvereinbar mit ihrem Ideal der persönlichen Freiheit, und so wurde Bruno 1958 in gegenseitigem Einvernehmen zu seinen Großeltern mütterlicherseits nach Algier geschickt. Zu diesem Zeitpunkt war Janine erneut schwanger; doch diesmal war Marc Djerzinski der Vater.«

Michel Houellebecq lässt in Interviews zu seinem Leben keinen Zweifel daran, dass er wenig Kontakt zu seinen Eltern hatte. Den Vater habe er gefürchtet, für seine auf Hippie-Pfaden wandelnde Mutter nur Hass und Verachtung empfunden.[53] Sein zweiter Roman gibt sich zwar vordergründig als Entwicklungsroman aus, ist aber in Wahrheit eine Art Lebensprotokoll, das mit soziologischen Parolen, essayistischen Einschüben und tagebuchartigen Einsprengseln durchsetzt ist. Es gipfelt in Kampf- und Anklagethesen gegen die sexuelle Gesellschaft, welche die Menschen in tiefe Einsamkeit und Verbitterung stoße: »Gefühle wie Liebe, Zärtlichkeit und Brüderlichkeit waren weitgehend verschwunden; in ihren zwischenmenschlichen Beziehungen erwiesen sich seine Zeitgenossen sehr häufig als gleichgültig oder sogar grausam.« Die sexuelle Befreiung, ursprünglich als Triumph über die autoritäre Gesellschaft gefeiert, kippt in den Augen des französischen Schriftstellers in die Destruktion des Einzelnen und hat eine tiefe seelische Vereinzelung zur Folge. Das Quälende dieses radikalen Erzählprogramms bringt Thomas Steinfeld auf den Punkt: »Die *Elementarteilchen* sind nicht nur ein Buch des Hasses, sondern auch eines der Verzweiflung, ein Buch, das absichtlich alle poetischen Standards unterläuft, weil es dem Leser so nahe wie möglich an Auge und Ohr rücken will. In Michel Houellebecq ist die französische Tradition des ›poète maudit‹ auf einem späten, nicht mehr erwarteten Höhepunkt angekommen. Er will unangenehm sein. Selten ist einem Dichter ein solches Vorhaben besser gelungen.«[54]

Verschobene Schamschwellen

In Michel Houellebecqs Abrechnung gibt es ein irritierendes Paradox. Zwar führt er eine ironische Attacke gegen den Wandel der Sexualmoral, die mechanistisch ausgelebte Lust, die verschobenen Grenzen aller Normen, die Triebwünsche, die in der Welt des Sexkapitalismus einerseits pausenlos geweckt, andererseits aber nur surrogatartig befriedigt würden. Seine eigenen Bücher sind jedoch mit lakonisch geschilderten obszönen Szenen durchsetzt. Der französische Schriftsteller kommentiert und verurteilt die sexbesessene Zeit, um im gleichen Atemzug mit ihren pornographischen

Abziehbildern das Interesse des Lesers zu locken. Bruno, die Figur im Zentrum, dröhnt sein zehrendes Einsamkeitsgefühl und die verschwommene Identität mit Sessions in Swinger-Clubs zu, die er mit seiner Partnerin Christine suchtartig frequentiert. Wie manisch er seinen Obsessionen auch nachgibt, wirkliche Befriedigung findet er nur in der Distanz, beim Beobachten zärtlicher Frauen: »Bruno (war) an solchen Orten im Grunde völlig fehl am Platz. Dennoch war er glücklich, dass ihm mehr Mösen und Münder zur Verfügung standen, als er je zu träumen gewagt hätte; und dafür fühlte er sich Christine zu Dank verpflichtet. Die angenehmsten Augenblicke waren für ihn jene, in denen sie andere Frauen streichelte.« Der Widerspruch im Innern seiner Figur zeigt sich in der Gleichzeitigkeit von Obsession und Entlarvung, von Ausgeliefertsein und Diagnose. Denn welche Art von Liebe im Swinger-Club praktiziert wird, darüber macht sich Bruno nicht die geringsten Illusionen: »Die Entwertung geistiger und moralischer Verführungskriterien zugunsten rein körperlicher Kriterien führte dazu, dass die Stammgäste der Swinger-Clubs nach und nach zu einem leicht modifizierten System übergingen, das man als Phantasma der offiziellen Kultur betrachten konnte: das an Sade orientierte System.« In einem solchen System sei die Wahrnehmung einzig auf sexuelle Merkmale und Empfindungen sowie auf die körperliche Attraktivität reduziert.

Es sind ebenso drastische wie unterkühlte, routinierte wie melancholische Augenblicke, in denen sich der autistisch gewordene Protagonist der Begierde überlässt – in Wahrheit aber auf das Vergessen der Einsamkeit aus ist. Das Obszöne vermengt sich dabei übergangslos mit der Verzweiflung, die Erregung mit dem Zynismus, die Gier mit der Banalität. In diesen Passagen zeigt sich die aufklärerische Absicht des Autors, sein Versuch, mit den Lebensläufen der zwei Brüder das »Ende der alten Ordnung« zu illustrieren und dabei seine Verachtung für den Fin-de-siècle-Materialismus zu deklarieren. Nicht so sehr als Geschichtenerzähler versteht sich der französische Schriftsteller, sondern als soziales Barometer, das die Umbrüche und Verwerfungen der liberalen Gesellschaft diagnostiziert. Er sieht sich als Beobachter, der Zeugnis ablegt über die geistige Situation der Menschen zum Zeitpunkt der Entstehung des Romans – oder wie Romain Leick in seinem Text über den Roman *Die Möglichkeiten einer Insel* (2005) treffend formulierte, als »ein Balzac light der zeitgenössischen menschlichen Komödie«.[55]

Die Ausstattung der zeitgenössischen Literatur mit lasziven Szenen hat aber darüber hinaus einen simplen Grund: Wer liest, will etwas über sich erfahren. Schon vor der Psychologie, der Soziologie und der Verhaltensforschung analysierten Schriftsteller in ihren Texten erotische Beziehungsstrukturen und führten ihre Erkenntnisse dem Leser anhand exemplarischer Planspiele vor. Sie stocherten in den Emotionen der Protagonisten, lagen auf der Lauer nach verbotenen Empfindungen und ekstatischen Gefühlen, demonstrierten anhand von »Tableaux vivants«, wie sich die Menschen in Irrtümern verstrickten, in Leidenschaften verloren, in Fallen stürzten und aus eigener Kraft wieder aus dem Sumpf zogen. Vor den Augen neugieriger Leser krabbelten schon immer allerlei entflammte oder gedemütigte Helden aus den Abgründen ihrer amourösen Verirrungen und katapultierten sich erneut in den Zustand des Glücks. Literatur ist in allen Epochen auch ein Medium der Seelenbeobachtung. Sie hat den entscheidenden Vorteil, dass sie unter der Oberfläche gesellschaftlicher Übereinkünfte operieren kann. Denkverbote gehen sie nichts an. Kunst interessiert sich nicht für das, was erlaubt ist, sondern dafür, was der Fall ist. Ihr Untersuchungsrevier liegt hinter der Schamschwelle des Verschwiegenen. Ihre Methode ist direkt, ihr Vorgehen gezielt, ihr Denken unzensiert und ihre Ergebnisse sind anarchisch. Darin liegt die Leistung der Literatur.

Kein Wunder, dass sich viele Schriftsteller auch als erotische Experten qualifizierten. Sie wollen wissen, was Mann und Frau miteinander tun, wenn sie nur noch sie selbst sind. Sie beobachten, was passiert, wenn erregte Menschen aus ihren Rollen fallen. Natürlich lauern dabei auch Gefahren: jene der Verklärung genauso wie die der Dämonisierung. Die Liebe ist einer der ältesten und häufigsten Stoffe von Kunst und Literatur. Es liegt auf der Hand, dass die Darstellung der Sexualität zu den Urmotiven gehört, die das Individuum immer neu umtreiben. Wenn der Mensch seine Menschwerdung als Loslösung vom Tierreich empfinde – und alle Indizien sprächen dafür –, sei es nur natürlich, dass er das, was ihn am stärksten mit dem Tierreich verbinde, zu entanimalisieren versuche, meint der Literaturwissenschaftler Hans-Dieter Gelfert. Der sexuelle Akt führe zu Handlungen, die sich vom tierischen Akt wenig unterscheiden. Alles, was dem Akt vorausgehe, lasse sich durch kultivierte Erotik »neutralisieren«, der Akt selber aber müsse durch ein Verbot von der menschlichen Sphäre getrennt werden: »Das ist die einfachste und plausibelste Erklärung dafür, dass die menschliche Kultur eine umfangreiche und höchst elaborierte Erotik hervorgebracht hat, während sie den körperlichen Akt als solchen mit einem Tabu belegte.«[56] Im Laufe der kulturellen Entwicklung aber ist in Kunst und Literatur der verschwiegene Bereich immer kleiner geworden. Das Geheimnis ist durch den Schleier der Kunst ersetzt worden. Mit Metaphern, Anspielungen und Vergleichen dürfen die Schriftsteller vom Verbotenen reden.

Allerdings ging dieser Systemwechsel nicht ohne Lärm vor sich. Immer wieder überspringen Schriftsteller mutwillig die moralische Schranke der freizügigen Darstellung sexueller Begierde und werden als Pornographen stigmatisiert. Spektakuläre Prozesse sprechen von Protest und Beseitigung der Denkverbote. In Amerika ist es die Gerichtsverhandlung gegen James Joyce und sein Buch *Ulysses*, die 1933 damit endet, dass der Richter das Verbot aufhebt mit der Begründung, das Buch rufe im verständigen Leser keine sexuelle Stimulation hervor. In England wird die viktorianische Prüderie im Jahre 1959 nach dem Prozess gegen D. H. Lawrence' Roman *Lady Chatterley's Lover* überwunden. Auch da wird das Verbot mit der Begründung der künstlerischen Qualität fallengelassen. In Deutschland kommt es im Laufe der sechziger Jahre zu einer Reihe von Prozessen, unter anderem gegen John Clelands Roman *Fanny Hill*. Das Argument der Kunst über jenes der Pornographie setzt sich ebenfalls durch. Die drohende Prozesslawine wird schließlich durch einen Entscheid des Bundesgerichtshofes gestoppt, der sich in einem Grundsatzurteil dafür ausspricht, dass die Freiheit der Kunst ein hohes Rechtsgut sei. Pornographie könne nur dann eingeschränkt oder verboten werden, wenn ihr der Kunstcharakter abgesprochen werden müsse. Darüber entscheide aber nicht das allgemeine Sittlichkeitsgefühl, sondern das verständige Urteil derer, die mit Literatur Umgang hätten.[57]

Glücksgewinn

Bodo Kirchhoff: *Wo das Meer beginnt*

Als einer der Spezialisten der Begierde in der aktuellen deutschen Literatur entpuppt sich der Schriftsteller Bodo Kirchhoff. Das Erotische in all seinen Schattierungen und Abschweifungen ist von Anfang an Thema seiner Bücher. In den achtziger Jahren wird er deshalb oft als Erotomane abgestempelt. Schnell einmal gilt er als literarischer Sachverständiger für das Rotlichtmilieu. Bereits in seiner ersten Prosaarbeit, der Novelle *Ohne Eifer, ohne Zorn* (1979) vertreibt sich die Hauptfigur Branzger die Zeit gerne mit Telefongesprächen mit weiblichen Kontaktpersonen sowie mit Body-Building, Schreiben und Masturbation. In seinem zwei Jahre später erscheinenden Prosatext *Die Einsamkeit der Haut* (1981) taucht Branzger erneut auf und wird rücksichtslos beobachtet. Wieder kreist sein Denken um die Körper von Prostituierten, die er studiert und bis ins kleinste Detail beschreibt. Er besucht Kneipen und Peep-Shows und wird nach diesen Selbstfindungsritualen wieder auf seinen eigenen Körper zurückgeworfen, der sich im dreigeteilten Spiegel mit Unendlichkeitseffekt bricht.

Gut fünfundzwanzig Jahre später gelingt Bodo Kirchhoff mit dem Roman *Wo das Meer beginnt* (2004)[58] die schwerelos ausbalancierte Darstellung von Sexualität, Zärtlichkeit und Gewalt. Und schon ist Branzger wieder da. Das Zentrum seines Denkens dreht sich um Liebe, Begehren und ungezügelte Gier. »Wo das Meer beginnt« bezeichnet einen magischen Ort an der portugiesischen Küste, wo das Land endet und das weite Wasser beginnt. Kirchhoff meint es metaphorisch. Es ist ein bezwingend schönes Bild für die Liebe: »Sie ist der

Ort, an dem wir den Boden unter den Füßen verlieren und von den Wellen getragen werden, die uns im nächsten Moment zu verschlingen drohen. Auch den Abgrund in Kauf zu nehmen, das ist eine der Einsichten, die der philanthropische Egomane Branzger vermitteln will – wenn es sein muss, mit Gewalt.«[59] Drei Liebesgeschichten überkreuzen sich in diesem Roman und werden kunstvoll ineinander verwoben. Der alte Lehrer Branzger liebt Viktor, seinen ehemaligen Schüler. Ihre tastenden Gespräche über die Erotik und ihre Abgründe ziehen sich über Wochen dahin und schnüren den Roman wie mit einem Netz zusammen. Liebe in ihrer übersteigerten Form, die sich über Grenzen hinwegsetzt, ist ihr Thema, und es kristallisiert sich in zwei Episoden heraus. Viktor, der inzwischen dreißigjährige Ich-Erzähler, weiht seinen Lehrer in die Geschichte seiner Schülerliebe zu der schönen Schülerin Tizia ein. Auf der Klassenreise nach Lissabon hatte er sich in sie verliebt, was wenig später in ein Drama ausartete. Der alte Branzger wiederum liebt nicht nur seinen Schüler, sondern trauert der Theaterlehrerin Kressnitz nach, mit der er eine leidenschaftliche Affäre hatte. Das sind die beiden Pole des Textes, in denen sich das Grundthema kristallisiert.

Erwartungslust des Lesers

Bodo Kirchhoff zeigt sich in der Darstellung der Begierde als perfekter Regisseur, der die Neugier des Lesers auf raffinierte Weise anstachelt. Nie erfährt dieser die ganze Geschichte zwischen Tizia und Viktor. Sie wird im Gespräch zwischen Lehrer und Schüler stückweise erinnert, manchmal fast träumerisch enthüllt und sofort wieder verhüllt. So spielt der Schriftsteller virtuos mit dem Lusterlebnis des Lesers, der an den Emotionen der Protagonisten teilhaben möchte. Wie sieht die dramaturgische Strategie aus? Der Autor hebt das Erregungsniveau und schürt die Erwartungslust des Lesers, das Absenken der Spannung wiederum aktiviert seine Befriedigungslust. Tizia und Viktor werden in einen Strudel wilder Emotionen gerissen, die aus der Kontrolle geraten. Aber die Neugierde des Lesers ist lange zuvor geweckt. Das entscheidende Gespräch zwischen den beiden findet im Bus während eines Ausflugs statt. »Noch lange vor der Stunde im Keller – während des Ausflugs von Lissabon an ein Kap – hatte sie mich so weit, dass ich ihr sagte, ich sei auf *sie* neugierig, wobei ich unter dieser Neugierde etwas völlig anderes verstand. Ich wollte wissen, *wie* sie war, und zwar im Bett: Wie ein so kluges, wohlerzogenes Mädchen seinen ganzen Verstand und alle Erziehung über Bord wirft, um sich gehenzulassen, Wörter auf den Lippen, die sie sonst kaum zu denken wagt. Und nichts hätte damals lustvoller sein können als die scheinbare Abwesenheit jeglicher Lust bei ihr, der ich jede Form von Lust zutraute. Bei diesem Ausflug hatte sie neben mir im Bus gesessen, reglos, als hätte sie kein Geschlecht, und ich flüsterte ihr zu, dass sie mich verrückt mache, im Kopf und woanders, aber vor allem woanders, und sie sagte, du reduzierst mich, und ich erwiderte, nein, es sei wie bei der Bruchrechnung, ich würde nur kürzen, das Resultat sei dasselbe, immer noch Tizia, aber im Bett. Ich sei einfach scheißneugierig, flüsterte ich, anstatt ihr zu sagen, ich hätte Lust auf sie, mea culpa, auch wenn die Scheißneugier gar nicht so weit entfernt ist von der verdammten Lust.«

Die Affäre eskaliert allerdings schon wenig später, symbolischerweise im Heizungskeller der Schule, einem Ort, mit dem man ohne nachzudenken das Dunkle, das schwül Verbotene, das triebhaft Untergründige assoziiert. Nach der Probe zu einer Schüleraufführung von Shakespeares *Sommernachtstraum* findet die Liebesszene zwischen Pyramus und Thisbe im Heizungskeller des Hölderlin-Gymnasiums eine Fortsetzung. Viktor und Tizia fallen aufeinander zu. Der Hausmeister wird durch Geräusche aufgescheucht, die er nicht einordnen kann und deren genaue Bestimmung er lieber dem

Lehrerkollegium überlässt, das er während der Geburtstagsfeier der Direktorin im benachbarten Restaurant alarmiert. Als Tizia und ihre Mutter am anderen Tag bei der Schulleitung eine Vergewaltigung anzeigen und den Schulverweis des Ministersohnes fordern, stehen die Lehrer vor einem kniffligen Problem. Wem sollen sie glauben? Viktor oder Tizia? Gewalt oder Liebe? Macht oder Verführung? Dass Bodo Kirchhoff ein gewiefter Kompositeur ist, der mit seinen formalen Mitteln umzugehen weiß, zeigt sich in dieser Passage. Er zögert die Auflösung des Rätsels hinaus, mehr noch: Es wird nie wirklich aufgelöst. Im Gegenzug dazu eröffnet er einen Raum der Suggestion, in dem alles möglich scheint.

Der Lehrerkonvent strengt in seiner Sitzung eine Indiziensammlung mit anschließendem Urteil an, kommt aber zu keinem eindeutigen Ergebnis. Bruchstücke dessen, was sich wirklich im Keller abspielte, erfahren wir aus dem Gespräch zwischen Viktor und seinem Lehrer, der vom Schüler Jahre später die volle Wahrheit fordert. Aber was ist die Wahrheit? Klar wird, dass die beiden sich beim Licht zweiter Kerzen näher kamen. Klar wird auch, dass Musik zu hören war, eine Art Wiegenlied. Und klar ist, dass Tizia geweint hat. Branzger will es genau wissen. Er zwingt seinem Schüler das Unmögliche ab, nämlich sich zu erinnern und über seine Gefühle zu sprechen. Schließlich gesteht dieser im Verhör durch den alten Lehrer, er habe gewusst, dass Tizia schluchzte: »›Und das hast du gesehen‹«, fragt ihn Branzger. »›Gespürt. Meine Hand war auf ihrem Mund, die Tränen liefen mir über die Finger.‹ ›Daraus schließe ich, die Tatsache der Schwerkraft einbezogen, dass du auf ihrem Rücken gelegen hast.‹ ›Ja, aber nur vorübergehend.‹«

Schwierige Wahrheit

Während Branzger dem Schüler die Wahrheit entlockt und ihn durch eigene Selbstoffenbarungen in einen Strudel der Geständnisse reißt, ist das behutsame Erforschen, Abwägen und Beurteilen dem Lehrerkollegium vorbehalten. Worüber verhandelt und zu Gericht gesessen wird, ist allerdings nichts Geringeres als die widersprüchlichen Gesetze der Leidenschaft und das gleitende Terrain der Begierde, wo der feste Boden endet und der Sog des Meeres beginnt. Wo Gewalt anfängt, wenn zwei sich lieben, fragt die Kressnitz laut in den Sitzungsraum hinaus und macht damit nach all den unbeantworteten Fragen wieder ein neues Fass auf. Die Lehrer wollen sich bei ihrer Suche nach der Wahrheit erst einmal über Begriffe verständigen. Ob die beiden überhaupt ein Pärchen waren, ob sie miteinander gingen? Was das heiße, miteinander zu gehen? Ob da einer nur ein bisschen liebe und der andere mehr? Und wo die Vergewaltigung anfange, wenn einer den anderen mehr liebe? Dass es Zustände gäbe, wo die Liebe auch Not sei, gaben sie zu Protokoll.

So geht das hin und her, allerdings ohne dass die Lehrer zu einem brauchbaren Urteil kämen. Im Gegenteil, sie sind, je länger das Gespräch dauert, desto verwirrter und verlieren sich im Gestrüpp der Widersprüche. Inmitten des Durcheinanders spricht jetzt die Kressnitz den entscheidenden Schlüsselsatz: »›Die wollten es wissen, und sie haben es erfahren!‹ – Das rief sie mit erstickter Stimme, und ausgerechnet die Cordes hakte nach: Was die zwei denn erfahren hätten? Und da kam ich der Kressnitz, die sich wieder hingesetzt hatte und ihre Beine festhielt, zu Hilfe: Dass Sex kein Streichelzoo sei. Darüber heftiges Murmeln, Widerspruch, Kopfschütteln, aber auch leise Zustimmung, besonders von Blum, und nach dieser Woge Totenstille.« So geht es noch eine Weile hin und her auf der Suche nach handfesten Beweisen. Von Spermaspuren und blauen Flecken ist die Rede und dass erst dies richtige Beweise wären – und die fehlten offensichtlich. Eine Frau, ruft Studienrätin Stubenrauch jetzt in die Runde, die vergewaltigt worden sei, dusche hinterher, bis ihr die Haut runterfalle. – Gemeinplätze werden ins Gefecht geworfen – ob ein hübsches Mädchen vielleicht selber schuld sei, wenn man es im Keller überfalle – und sofort wieder verworfen. Indizien werden gefunden, aber keine harten Fakten. Opfer und Täter sind nicht genau auszumachen. Eine einzige Wahrheit gibt es offenbar nicht, es gibt nur mehrere Wahrheiten. Also gibt es auch kein Urteil – ein Abgrund öffnet sich.

Aufregend an dieser Verhandlung eines heiklen Falles ist, dass Bodo Kirchhoff alle Eindeutigkeiten umschifft und den Leser auf unsicheren Boden führt. Er soll zusehen und sich seine eigene Meinung bilden. Das Problem, das er ungeniert beleuchtet, gehört zwar aufs Terrain des gesellschaftlich Verschwiegenen, ist aber aktuell und weit verbreitet. Das belegen Forschungen und Statistiken. »Verabredungsvergewaltigungen«, also Vergewaltigungen, die nach einem gemeinsam verbrachten Abend vorkommen, so schreibt der Anthropologe und Ethologe Karl Grammer in seiner Untersuchung zum Paarverhalten, seien häufiger, als man denke. Untersuchungen unter Universitätsstudenten zeigten, dass zumindest einer von vier Studenten entweder ein Opfer von Gewalt geworden war oder sich selbst gewalttätig verhalten habe.[60] Es gäbe eine gewisse gesellschaftliche Akzeptanz von Gewalt bei Verabredungen, die aber nicht für Vergewaltigungen durch Fremde gälte.

Ein Faktor für die Eskalation sei die in der Flirtphase typische Zweideutigkeit. Zwischen instrumentellem Gebrauch von Erreichbarkeitssignalen und männlichen Tendenzen zu Dominanz und Aggression scheine eine Grauzone zu liegen, die nicht einfach so zu erhellen sei. Aggressionskontrolle sei demnach auch eines der wichtigsten Mittel des Flirts. Allerdings, so Grammer, seien Männer nicht einfach Opfer ihrer

Physiologie, sie seien aufgrund ihrer kognitiven Leistungsfähigkeit durchaus in der Lage, moralische Entscheidungen zu treffen.[61] Zwischen Sexualität und Aggression gäbe es allerdings nur eine sehr dünne Wand, da beide Geschlechter entsprechende Fantasien produzierten – wobei Untersuchungen zeigen, dass Frauen dabei, ganz im Gegensatz zu Männern, keine Schmerzfantasien suchen.[62]

Bodo Kirchhoffs Erörterung eines prekären Falles zeigt den gesellschaftlichen Paradigmenwechsel ganz deutlich, der sich ebenso in der Literatur vollzogen hat. Das Beurteilungsraster für Anstößiges verändert sich nach der sexuellen Revolution grundsätzlich. Zu Anfang des 21. Jahrhunderts können auch heikle und ambivalente Komponenten von Wollust und Begierde thematisiert werden, ohne dass dies besonderes Aufsehen erregen würde. Ein kleiner Seitenblick auf den Film zeigt, wie sehr die Akzeptanz für das Suggerieren provozierender sexueller Inhalte gewachsen ist. Noch 1972 wurde Bernardo Bertoluccis Film *Der letzte Tango in Paris* in hohem Maße als skandalös empfunden und rief die Zensoren auf den Plan. Sie sprachen von obszönem Inhalt, der das sittliche Empfinden beleidige, niedere Libido-Instinkte anspreche und sich mit obsessiver Selbstgefälligkeit präsentiere. Marlon Brando (Paul) und Maria Schneider (Jeanne) spielen ein Paar, das sich während dreier Tage in einem anonymen, verwinkelten Pariser Appartement nur zu einem einzigen Zweck trifft: entpersonalisierter Sex, entgrenztes Begehren – eine Erotik des Unverstellten. Damals war das ein Bruch mit den Konventionen und versetzte eine ganze Generation von Zuschauern in Schauder.

Die Rezeption von Bodo Kirchhoffs Buch belegt deutlich den Wandel. Niemand nahm Anstoß. Faszinierend ist allerdings weniger das Thema des sexuellen Aktes als die Leistung der Literatur, ein zwiespältiges Problem mit der notwendigen Differenziertheit zu reflektieren. Kirchhoffs Darstellung erlaubt es dem Leser, auch die abgespaltenen, verleugneten und verdrängten Komponenten der Sexualität zu überdenken. Er sieht immer beides zusammen und zur gleichen Zeit: die Vernunft und die Willkür der Sinnlichkeit, das Verbot und die Lust der Übertretung, die Moral und den Trieb, der alles außer Kraft setzen will. Damit leistet der Schriftsteller mehr, als es jeder Moralist mit erhobenem Zeigefinger zu leisten imstande wäre. Er liefert dem Leser einen unmittelbareren Erkenntnisgewinn zu den Zusammenhängen von Identität und Sexualität, als jede rationale Analyse dies vermag. Kirchhoffs Roman spielt im Kernbereich der menschlichen Existenz. Schon Foucault sah im Willen zum Erfahren der Wahrheit über die Lust den Schlüssel zur Wahrheit über die eigene Identität: »Um zu wissen, wer du bist, musst du wissen, was mit deinem Sex los ist. Stets war der Sex der Knotenpunkt, an dem sich gleichzeitig die Geschichte unserer Spezies und unsere ›Wahrheit‹ als menschliches Subjekt verknüpften.«[63]

Ars amandi

Wie sehr es dem Schriftsteller gelingt, die nie ganz fassbaren sexuellen Grundkräfte auszuleuchten, die den Menschen beherrschen, zeigt auch der Kontrapunkt der Szene im Heizungskeller. Jetzt wird die Schule der Liebe aus der Sicht des alten Branzger weitergeführt. Wieder erfährt man nur durch den Filter der stockenden Konfessionen zwischen dem Lehrer und dem Schüler die Details der Affäre zwischen ihm und der schönen, verschlossenen Theaterlehrerin. Im Laufe des zögernden Zwiegesprächs werden die Bruchstücke der Liebesnacht in Lissabon ans Tageslicht gehoben. Die Idee mit der ersten gemeinsamen Nacht in der Pension oberhalb des Bahnhofs kommt von Kristine. Sie schlägt Branzger während des Ausflugs unvermittelt vor, eine Absteige zu suchen, wo es keine Schüler gäbe. »Wir waren verrückt nacheinander, die Kressnitz und ich«, gesteht der Lehrer dem Schüler. Den ganzen Tag über mussten sie sich zusammennehmen, zuerst im Museum, dann auf der Exkursion zum »Cabo da Roca, dem westlichsten Punkt unseres Kontinents, ein dem Meer zugeneigtes Plateau, hoch über der Brandung, die mit langem Anlauf gegen den Fels rollt, ein immer dem Wind ausgesetztes Stück Land, unberührt trotz eines Leuchtturmes, der einfach dort hingehört.« Ein zeichenhafter Grenzpunkt, den sie überschreiten und dabei alles hinter sich lassen. Am Kap scheint die Sonne, »auf eine Inschrift, die wie gemacht war für uns – Das ist die Stelle, wo das Land aufhört und das Meer beginnt –, klarer kann man es nicht sagen, an dieser Grenze verlief unser Glück.«

Als sie endlich in dem billigen Zimmer stehen, ratlos, glücklich wie zwei Verirrte, die sich im Wald verlaufen haben, fällt ihnen kein einziges Wort ein. Kristine öffnet das Fenster, und jetzt fallen die Rollen von ihnen ab. Und wieder geht es Kirchhoff nur vordergründig um den Körper. In Wahrheit geht es um viel mehr: um den Triumph des Lebenstriebes über den Todestrieb, um den Sieg der Liebe über die Zerstörung: »Wer noch jung ist und nichts weiß, sieht im Sex die simpelste Antwort auf das Komplizierteste des Lebens, aber einer wie ich antwortet damit höchst kompliziert auf das Einfache des Todes, in beiden Fällen auch die frechste Antwort, deshalb fühlen wir uns ja so gut.« Es ist allerdings ein Spiel, das aufs Ganze geht. Kirchhoff umkreist mit aller Deutlichkeit und Diskretion die Verschränkung des Animalischen mit dem Sinnlichen. Die beiden überschreiten eine Grenze, ihr Ziel ist das reine Glück.

Die Einsicht, dass mit der Wollust archaische Kräfte ins Spiel kommen, gehört längst zum Allgemeingut von Kulturgeschichte und Sexualpsychologie. Der Soziologe Rüdiger Lautmann schreibt in seinem Buch über *Die Pornographie des Begehrens*, dass aggressive Elemente, die ins Sexuelle hineinspielen, nicht zwingend als jenseits der Norm betrachtet werden können: »Die Allgegenwart des Konflikthaften in den menschlichen Beziehungen macht vor dem scheinbar bloß Zärtlichen nicht Halt. Liebe ist nicht bloß Harmonie, und Erotik nicht stets das Friedfertige. In der Sexualität geht gar nichts ohne ein Quentchen Aggression.«[64]

Im Abwerfen der bürgerlichen Masken, im kopflosen Sich-Treibenlassen der Körper zeigt sich zwar der Kontrollverlust, der das Paar ergriffen hat. Aber dieser Vorgang ist nur eine Vorleistung zum Glück, und Kirchhoff zögert nicht, immer wieder darauf zu insistieren in seiner »Ars amandi«, die er dem Roman einschreibt. Branzger und die Theaterlehrerin wollen das Ganze. Sie wollen sich in einen anderen Aggregatszustand katapultieren.

Kirchhoffs Bild des sexuellen Aktes beschreibt unumwunden das Pendeln zwischen Selbstvergessen und Glücksgewinn. Darin liegt seine wahre Leistung. Mit Hilfe der wollüstigen Illustrationen instruiert er den Leser, was dabei zu gewinnen ist: das Ideal eines Menschen, der Sucht und Sehnsucht zulässt. Die Rückbindung des Animalischen an das Seelische. Der Akt der Entäußerung läuft auf den Wiedergewinn des Kindlichen, des Schöpferischen und des Erfinderischen hinaus – die Urquellen des Lebens, die in einer entzauberten, nützlichkeitsfixierten Welt gekappt wurden. Seine Figuren sind zwar gefallene Engel. Sie haben ihre Eindeutigkeit verloren, aber im gleichen Zug ihre Instinktsicherheit zurückgewonnen. Das sind die Wurzeln des entrückten Zustandes, in den Branzger und die Kressnitz im schäbigen Hotelzimmer beim Bahnhof fallen. Beide gleiten auf luxuriöse Weise und ohne diesen bewusst herbeizuführen in einen undefinierbaren Zwischenzustand. Dort richten sie sich ein.

Das weibliche Gegenprogramm

Zeruya Shalev: *Liebesleben*

Den exakten Gegenpol zur Thematisierung von Begierde und Obsession aus männlicher Optik bildet der Roman *Liebesleben* (deutsch 2001)[65] der israelischen Schriftstellerin Zeruya Shalev. Die Geschichte einer »Amour fou« zwischen einer jungen, verheirateten Frau und einem rätselhaften, tyrannischen Einzelgänger umkreist im Kern den gleichen Stoff. *Liebesleben* schlägt 1997 alle Rekorde. Mit der provozierenden Story über Leidenschaft und Abhängigkeit katapultiert sich die Jerusalemer Autorin, die Bibelwissenschaften studiert und als Verlagslektorin gearbeitet hat, auf Anhieb in die internationalen Bestsellerlisten. Der Roman einer drastischen »éducation sentimentale« wird auf dem deutschen Markt eine Million Mal verkauft und in zwanzig Sprachen übersetzt. Die Leserinnen in Deutschland, so kommentiert Zeruya Shalev einmal den Erfolg, hätten sich in ihrem Roman in ihren verdrängten, abgespaltenen Aspekten wiedererkannt. Die Kritiker übertrumpfen sich beim Erscheinen des Buches gegenseitig mit Begeisterungsäußerungen. Marcel Reich-Ranicki hält den Roman »für das beste Buch, das ich je gelesen habe«. Man lobt die schamlose Intimität der erotischen Darstellungen sowie den Exzess des Begehrens und der Selbstaufgabe. Man preist die Radikalität, in der Mann und Frau zur Sache kommen. Man bejubelt den Furor der Erregungssprache, die den Leser widerstandslos in seinen Strudel reiße. Man vermerkt eine kaum beschreibbare Mischung aus hysterischer Exaltiertheit und Präzision der Sprache. Es gibt aber auch kühlere Stimmen. Sie sprechen abwechslungsweise von Schwülstigkeiten, Kitsch, saftiger Pornographie und banaler Trivialität.

Die Psychostudie *Liebesleben* beschreibt präzise den Moment, in dem eine Frau ihr ruhiges, bürgerliches, geordnetes Leben verlässt und einem älteren Mann verfällt. Die Ich-Erzählerin Ja'ara Korman ist hübsch, hat einen netten Mann, eine schöne Wohnung in der Stadt und eine Stelle an der Universität. Durch Zufall begegnet sie in einem Modegeschäft Arie, einem alten Freund ihres Vaters. Wie traumwandlerisch sucht sie eine Beziehung zu ihm, wie ferngesteuert unterwirft sie sich seinem Willen. Der sexuell ebenso satte wie kaputte Mann führt sie zum zweiten Mal in die Liebe ein – in eine Beziehung von Hörigkeit und Unterwerfung. Jetzt brechen alle Dämme. Das bürgerliche Leben von Ja'ara stürzt lautlos in sich zusammen. Sie verlässt ihren Mann. Immer wieder treibt es sie auf den verworfenen Geliebten zu.

Die vordergründig hemmungslose Sexualität, die in *Liebesleben* vorgeführt wird, ist allerdings nur fingierendes Deckprogramm für einen Entwicklungsprozess, der jetzt einsetzt. Ja'ara ist zwar verheiratet, steht aber auf merkwürdige Weise zwischen Kindsein und Erwachsenheit. Sie ist in sich selbst verkapselt. Jetzt sprengt sie alle Grenzen. Im Laufe der erotischen Eskapaden wird sie aus allem hinausgetrieben, was bis dahin Hort der Geborgenheit war. Ihrem Mann entfremdet sie sich, ihren Vater sieht sie mit distanzierten Augen, ihre beherrschende Mutter setzt sie als Instanz außer Kraft, ihre Universitätskarriere verspielt sie wie unter Zwang. So aufsehenerregend die Darstellung von Wollust und Begierde in diesem Roman auch ist, die Rituale der sexuellen Initiation, die Zeruya Shalev hemmungslos beschreibt, sind keineswegs Selbstzweck. Die grellen Bilder dienen dem verschwiegenen Programm, das den kämpferischen Weg einer Frau zu sich selbst und zu ihrer Identität abbildet, der mit wilder Entschlossenheit vorantrieben wird. Nach der zweiten Geburt findet sich die Bibelwissenschaftlerin im blassen Notlicht der

Universitätsbibliothek wieder, das Buch der Bücher vor sich und den Weg frei in ein unbekanntes Leben.

Anspielungen und Klartext

Zeruya Shalevs Roman *Liebesleben* steht exemplarisch für den Fall der erotischen Tabus in der modernen Literatur. Sie arbeitet nicht mehr mit diskreten Anspielungen und verschlüsselten Verweisen, bei denen sich der Leser seine Sache denken kann. Die Schriftstellerin redet Klartext. Überraschend daran ist, dass die israelische Autorin mit ihrer robusten sexuellen Fantasie männliche Autoren problemlos überholt. Ihre Imaginationen sind von äußerster Präzision, ihre Beschreibungen von Körpern und sexuellen Vorgängen von beinahe pathetischer Anschaulichkeit – Eigenschaften, die man traditionellerweise der männlichen Fantasieproduktion zuschreibt. Insofern steht *Liebesleben* als Modell für die neue erotische Selbstdefinition der Frau, die sich am Ende des 20. Jahrhunderts auch in die Literatur einschreibt. Die Eingangsszene des Romans demonstriert exemplarisch, was den Leser in Bezug auf den Umgang mit der Lust erwartet. Ja'ara Korman entdeckt in einem Schaufenster ein sexy weinrotes Kleid, das sich eng über die vollen Plastikbrüste und die hoch aufgerichteten Brustwarzen der Schaufensterpuppe zieht. Quer durch deren lange Beine sieht sie im Ladeninnern plötzlich einen älteren Mann, der vor dem Spiegel herumstolziert wie ein alterndes Männermodell. Es ist Arie, und als Ja'ara den Laden betritt, ist sie auch schon verloren.

Sie probiert das Kleid in seiner Kabine an. Seine alte Hose, die dort hängt, lockt und fesselt sie. Sie greift sie, beschnüffelt sie, wühlt in der Tasche mit den vielen Schlüsseln. Anstatt das Kleid anzuprobieren, streift sie seine Hose über. Jetzt drängt Arie in die Kabine, stößt die Frau an die Wand, die mit nackten Füßen dasteht und wieder in ihre eigenen Sachen schlüpfen will. Langsam zieht er sein Hemd aus, Knopf um Knopf, wobei ein scharfer Geruch von seinen glatten Achselhöhlen ausgeht, der komprimierte Geruch von verbrannten Tannennadeln. Seine dicken, durstigen Lippen öffnen sich und ohne den Blick von Ja'ara abzuwenden, ergreift er ihre Hand. Dass Ja'ara sich die Telefonnummer des Mannes merkt, als er diese der Kassiererin diktiert, ist das eine; das andere ist, dass sie ihn am anderen Tag wie in Trance in seiner eleganten Wohnung aufsucht. Er trägt das neue Hemd und die neue Hose, doch ausgerechnet sie betonte sein Alter, »er wirkte plötzlich alt, älter als mein Vater, mit diesen scharfen Falten auf den Wangen und der Stirn, Falten, die aussahen wie Narben, und den Haaren, die eigentlich eher weiß waren als silbergrau und eher dünn als dicht«, – und trotzdem ist Ja'ara wie gefangen.

Er empfängt sie dumpf, ungnädig, ironisch, und als sie, jetzt völlig durcheinander, wieder gehen will, hält er sie zurück mit dem spottenden Hinweis, dass sie bekommen könne, wofür sie gekommen sei. Jetzt geschieht Initiation, allerdings auf ungestüme Weise. Als sie an der Tür steht, dreht er sie brüsk um, »und die ganze Zeit, gleichgültig, mit roher Stimme und ohne Fragezeichen, verkündete er, gut für dich, gut für dich, verkündete es nicht eigentlich mir, sondern dem Haus, laut, als würde es in ein geheimes Protokoll eingetragen, gut für dich, gut für dich, gut für dich.«

Bild- und Traummaschinen

Nun wäre es allzu naiv, anzunehmen, Zeruya Shalev wüsste nicht ganz genau, was sie tut, wenn sie solche Passagen schreibt. Natürlich ist *Liebesleben* unter anderem auch eine Sammlung von »Stellen«, die als erotische Bild- und Traummaschinen funktionieren. Das ist bis ins Detail kalkuliert. Denn diese Schriftstellerin will unterhalten, und mit inszenierten Szenen und machtvoller Suggestion setzt sie die Fantasieproduktion des Lesers in Gang. In der geschickten Verteilung dieser suggestiven Passagen über das ganze Buch hin erweist sie sich als eine raffinierte Dramaturgin, welche die Spannung anhebt, hinauszögert, abbremst und dann doch immer wieder anheizt. Erotik funktioniert also auch als rein funktionelles Instrument, um eine exakt berechnete Wirkung zu erreichen. Natürlich schreckt diese Autorin auch vor dem einen oder anderen trivialen Einfall nicht zurück. Indem manche der erotischen Szenen in satten Farben leuchten, verbal überinstrumentiert sind und erst noch alles ausgesprochen wird, rückt der Text ab und zu in die Nähe des Trivialen.

Nur: dabei bleibt es nicht. Die wirkliche Kunst in Shalevs Darstellung der Begierde liegt in der Stimmung von beinahe grotesker Ironie, die über den sexuellen Begegnungen liegt. Ja'ara verfällt dem Mann zwar auf der Stelle, aber nicht ohne gleichzeitig mit messerscharfem Verstand zu analysieren, was vorgeht. Das ist ungewöhnlich und literarisch meisterhaft gemacht. Während der Leser noch die hochfahrende Selbstherrlichkeit des machistischen Mannes beobachtet, während er noch zusieht, wie die Frau dem dominanten Charme des selbstgewissen Verführers erliegt, rapportiert uns die Ich-Erzählerin bereits lakonisch, was sie sieht und welche Distanzierungsimpulse in ihrem Innern ausgelöst werden. Diese Diskrepanz ist von überwältigender Komik. Wer würde sich nicht amüsieren angesichts der großspurig heruntergebeteten Litanei »gut für dich, gut für dich, gut für dich«! Der Widerspruch zwischen der nüchternen Einschätzung des Sachverhaltes und diesem trotz allem – vielleicht sogar gegen den eigenen Willen – Genießen-müssen, dieser spannungsgeladene Antagonismus signalisiert die Meisterschaft von Shalevs psychologischer Studie. Es gibt kaum eine erotische Passage im Roman *Liebesleben*, die nicht ins Groteske kippt, es gibt keinen Genuss ohne ironisches Gelächter.

Zeruya Shalev transportiert mit dem Verfahren ein authentisches weibliches Gefühl, nämlich die Gleichzeitigkeit von Sucht, maliziöser Reserviertheit und kopflosem Genuss. Das ist im Kern die Magie ihrer Inszenierungen. Mit den überreizten Bildern des Aktes überschreitet sie eine weitere Grenze. Sie bewegt sich rücksichtslos auf dem Terrain des »Noch-nicht-ganz-Verbotenen« und des »Nicht-mehr-ganz-Erlaubten«. Sie richtet sich ein in der Grauzone zwischen dem Mainstream des Geduldeten oder sogar Erwünschten und der Peripherie des Verbotenen – allerdings ohne sich auf die eine oder andere Seite zu schlagen. Die Definition des moralisch Verwerflichen in der juristischen Auseinandersetzung und in der moralischen Kritik drehte sich noch immer um die Formel des »Selbstzweckhaften«. Sex ist paradoxerweise immer dann »böse«, wenn er nichts anderes ist als Sex.[66] Genau auf diesem Feld aber spielt sich der Akt der Wollust zwischen Arie und Ja'ara ab. Sie weiß es selbst. Denn als sie da so an der Türe steht, ausgeliefert, konstatiert sie den Sachverhalt illusionslos: »Nur mit Mühe gelang es mir, das Gesicht zu ihm zu drehen, mein Hals war steif von der Diskrepanz zwischen der offensichtlich intimen Situation und der absoluten Fremdheit zwischen uns, eine Diskrepanz, die nun, hinterher, nichts Anziehendes hatte [...]«. Zeruya Shalev liefert mit *Liebesleben* eine neue Variante weiblicher Begierde. Allerdings repräsentiert ihr Buch alles andere als vordergründige erotische Frauenliteratur. Dieser wirre Traum von Besessenheit, Selbstdestruktion und Neuerschaffung signalisiert einen Wandel in der weiblichen Darstellung der Begierde. Die Überschreitung ist dabei nicht Selbstzweck, sondern ein Faktor im unerbittlichen Prozess des neuen Selbstentwurfs.

Vierter Teil
Täuschung, Trugbild

Die Störungsanfälligkeit der Liebe

Projektion und Selbsttäuschung

Das Auseinanderbrechen des Geliebtenbildes gehört zu den Grundfiguren der Literatur. Wenn es um die Entlarvung des amourösen Trugbildes geht, laufen auch zeitgenössische Schriftsteller zur Hochform auf. Sie präsentieren immer neue, immer verblüffendere Beispiele – so irritierend scheint das Phänomen im Leben zu sein und so ertragreich als Material für die Literatur. Der Held liebt, aber seine Liebe beruht auf Projektion und Selbsttäuschung. Die Desillusionierung kann schleichend einsetzen oder explosionsartig die Verhältnisse sprengen, sie kann durch zufällige Entdeckung ausgelöst werden, durch Intrige provoziert oder durch rational beschlossenen Willen zum Wissen eingeleitet werden. Immer geht diesem Bewusstwerdungsprozess aber eine verstörende Phase voraus, in der ein Verliebter im Dunkeln tappt und keinen Ausweg findet. Aber tappt er tatsächlich im Dunkeln? Das Missverständnis beruht im Kern auf einem verdeckten Machtverhältnis, das beide Beteiligten aus unterschiedlichen Motiven ignorieren wollen. Ein nur scheinbar Verzückter verstellt sich, um zu seinem Ziel zu kommen, wobei dieses Ziel unterschiedlich definiert sein kann und gewöhnlich mit wechselnder Energie verfolgt wird. Der hinters Licht Geführte aber will zuerst einmal sich selbst betrügen. Er verschließt sich gegen die Wahrheit. Er blendet mit aller Kraft störende Signale aus. Ohne Zweifel erliegt er einer gewissen unbewussten Lust an der Selbsttäuschung. Nicht, dass er völlig blind wäre. Aber er bewegt sich wie traumwandlerisch in einer Grauzone von Nichtwissenwollen, Nichtwissenkönnen und übersteigerter Idealisierung. Beide Seiten arbeiten einander aus unterschiedlichen Motiven in die Hand.

Eines bleibt sich dabei immer gleich: Mit der Verstellung installiert der mit gezinkten Karten spielende »Liebende« eine kaum wahrnehmbare Form von Herrschaftsverhältnis. Er behält zu jedem Zeitpunkt die Kontrolle. Er denkt nicht daran, seine wahren Motive aufzudecken, sondern genießt still den Nutzen. Nur ihm ist vollständig bewusst, dass nicht geliebt, sondern gespielt wird, – und zwar nach Regeln, die er selbst bestimmt. Die Dauer seiner Herrschaft hängt allerdings wesentlich von der inneren Zustimmung des Beherrschten ab. Obwohl der Indifferente ein Experte der Verschleierung ist, könnte seine Macht jederzeit durch ein einziges Wort des Düpierten aufgehoben werden – dann nämlich, wenn dieser die unangenehme Realität durchschaut und anerkennt. Nun hat der maskierte Protagonist aber alles Interesse, seine wahren Absichten zu verschleiern und aus der Geheimhaltung seiner wirklichen Gefühle Kapital zu schlagen. Dazu geht er noch einen Schritt weiter: Wer Macht behalten und gleichzeitig akzeptiert, sogar geliebt werden will, muss selbst die Macht maskieren. Er muss egoistisch handeln, aber Altruismus vortäuschen. Dominanz darf nicht als solche erscheinen, instrumentelles Verhalten muss kaschiert werden. Alle Gesten, Gebärden und Signale der Liebe werden zu diesem Zweck mehrdeutig kodiert, damit sie jederzeit mehrdeutig interpretiert werden können. Ziel ist die Aufrechterhaltung eines oszillierenden Trugbildes.

Urs Widmer: *Der Geliebte der Mutter*

Eines der packendsten Fallbeispiele der neueren Literatur liefert dazu Urs Widmer in seinem Roman *Der Geliebte der Mutter* (2000).[67] Der Prozess von Täuschung, Trugbild und Verhängnis kann in der Geschichte des Schweizer Schriftstellers exemplarisch studiert werden. Fesselnd ist sein Exempel eines Trugbildes schon darum, weil er die aktive und doch unverschuldete Beteiligung der Betrogenen analysiert, ihren Ursachen nachgeht und auf Schuldzuweisungen verzichtet. Alles nimmt in diesem Roman unaufhaltsam seinen fatalen Lauf – bis hin zum katastrophalen Ende, dem Selbstmord der Mutter. Die Geliebte des Dirigenten und Mutter des Erzählers ist von Anfang an fixiert auf ein Idealbild, dem sie das eigene Leben weiht. Dieses Wunschbild baut sie immer rigoroser aus. Sie verschönert und perfektioniert es mit allen Mitteln. Schließlich verselbstständigt sich das leuchtende Porträt zum Fetisch, der künstlich mit Bedeutung aufgeladen wird. Komplett abgelöst vom realen Objekt der Begierde, wird nur noch das Abziehbild eines genialischen, kapriziösen und dabei scheinbar mit allen Vorzügen ausgestatteten Geliebten verehrt. Dieser aber ist tatsächlich ein egomanischer Selbstbewunderer, der sich an der naiven Liebe der Mutter launisch ergötzt, aber alles und jeden seinen übersteigerten musikalischen Ambitionen unterwirft.

Der Roman setzt ein mit dem Tod des »Geliebten der Mutter« – und der Leser erkennt in seinen Zügen schon bald die Konturen des weltberühmten Dirigenten Paul Sacher. Urs Widmer zielt mit diesem Personen-Arrangement unterschwellig, kaum wahrnehmbar und doch nicht zu leugnen, auf einen gewissen Skandalisierungseffekt – aber das tut weiter nicht viel zur Sache. Denn der Schriftsteller schafft letztlich doch eine Kunstfigur, indem er reale Daten und Fakten aus der Biographie des Dirigenten mit fiktionalen Elementen überblendet. In der Rückschau erzählt der Sohn von seiner Mutter, die den Musiker ein Leben lang liebte, unbemerkt von ihm, unbemerkt von jedermann. Er heißt Edwin, ein mausarmer, hochbegabter, aufstrebender Dirigent. In Basel gründet er sein erstes Ensemble, das »Junge Orchester«. Bald ist sein kometenhafter Aufstieg nicht mehr zu bremsen. Die Mutter verkörpert das perfekte Gegenstück: Sie ist reich, verwöhnt, eine strahlende Schönheit – wird aber vom versteinerten Vater unterdrückt. Sie lebt mit ihm in einem prächtigen Haus und versorgt ihn. Ihre Mutter ist früh gestorben. Der Vater wurde einst als intelligentes Kind eines Säumers aus Domodossola ans Polytechnikum geschickt. Bald schafft er es bis zum Vizedirektor einer Maschinenfabrik – ein rasanter Aufstieg, der ihm zu Kopfe steigt. Auf dem Höhepunkt des Erfolges schwimmt er im Geld. Sein Kind erzieht er unnachgiebig, mit einer Mischung aus sturer Prinzipienreiterei und verbohrter bürgerlicher Anstandsdressur.

Der harte Vater, die tote Mutter, das arme Kind: das Grundmuster ruft archetypische Muster auf, die wir aus dem Märchen kennen. Bereits anhand dieser Signale ahnt der Leser den unheilvollen Verlauf, den die Geschichte nehmen könnte. Die Proben des »Jungen Orchesters« sind unerbittlich. Edwin ist so streng, dass die Musiker, die Frauen vor allem, schon am dritten Tag völlig begeistert von ihm sind. Nach dem Konzert pflegt man in der Bayerischen Bierhalle ausgelassen und überschwänglich zu feiern. Auch die Mutter ist jeweils dabei, mit ihrer Freundin, der Cellistin. Immer sitzt sie unten am Tisch. Nie spricht sie mit dem Dirigenten. Aber nach dem siebenten, achten Konzert setzt er sich plötzlich zu ihr. Er habe sie beobachtet, eröffnet er ihr, sie sei ihm schon am ersten Abend aufgefallen. Seine Erkundigungen über sie seien günstig ausgefallen. Das Orchester brauche Organisation und er frage sie, ob sie dessen Herz und Hirn werden wolle, Mädchen für alles. Über einen Lohn spricht er nicht.

Von diesem Augenblick an ist die Frau verloren, für den Rest des Lebens. Das Ereignis markiert eine fundamentale Zäsur in der Biographie der Mutter. Der dominante Zyniker streckt die Fänge nach seinem Opfer aus. Er verleibt sich die willfährige Frau unter dem Vorwand der »Liebe« ein, und so bald wird sie sich aus seinem Machtbezirk nicht wieder entfernen können. Ganz sanft zuerst und dann immer schneller, gleitet sie in die weibliche Doppelfalle von Erotik und Arbeit, Leidenschaft und Ausbeutung, Verklärung und Unterwerfung. In Paris, nach dem ersten Gastspiel des Orchesters, wird sie seine Geliebte – nicht ohne vorher die Rechnung für Getränke und Speisen des »Jungen Orchesters« beglichen zu haben, die so hoch ist, dass ihr die Blässe ins Gesicht steigt. Aber: Er ist der Richtige. Glaubt sie. Denn sie ist verliebt. Dann stirbt der Vater. Am 26. Oktober 1929 schlägt er die Zeitung auf und realisiert, dass er sein ganzes Geld verloren hat. Da bricht er zusammen.

Wie durch ein Vergrößerungsglas beobachtet der Leser in diesen Passagen die dramatischen Vorgänge: die entscheidende Wende im Leben der Tochter und auch in der Dramaturgie des Romans. Der Sturz des Vaters und die Usurpation der Frau durch den Vaterstellvertreter, die Implosion des väterlichen Über-Ichs und die Einverleibung durch den machtbesessenen Dirigenten: beides fällt beinahe deckungsgleich zusammen. Als Folge des Aktes der unfreundlichen Inbesitznahme verkehren sich die Verhältnisse blitzschnell in ihr Gegenteil. Das geht lautlos vor sich und ist doch ein existentieller Krisenpunkt im Leben der Frau. Von jetzt an steigt der Dirigent nur noch nach oben, der soziale und psychische Fall der Frau aber ist nicht mehr zu bremsen. Die Fehler, die am Ende des langen Prozesses zum Kollaps der Frau führen, infizierten allerdings von Anfang an das System der Beziehung. Sie liegen auf der soziologischen Ebene.

Konstruktion der »Fassade«

Jede Annäherung zwischen einem potentiellen Paar setzt ein mit einer hochkomplizierten gegenseitigen Selbstdarstellung. Übernimmt ein Akteur eine soziale Rolle, konstruiert er mit einer Reihe kodifizierter Äußerungen eine bestimmte Fassade. Das gilt für Berufsrollen genauso wie für die Rolle der Liebenden. Als »Fassade« versteht man das standardisierte Ausdrucksrepertoire, das ein Individuum zur Demonstration der eigenen Identität benutzt. Es umfasst die szenischen Komponenten, also Requisiten und Kulissen, vor denen sich die Handlungen abspielen. Damit ist nicht nur das gesellschaftliche »Bühnenbild« gemeint, vor dem die Annäherung von Mann und Frau stattfindet, sondern auch andere Ausdrucksmittel wie Kleidung, Gestik, Alter, Informationen zum Körper und zu den eigenen Gewohnheiten, mit denen jeder sich dem anderen »darstellt«. Dieser individuelle Kode wird im Rückgriff auf kulturelle Vorgaben realisiert, auf der Grundlage eines vordefinierten Ausdrucksrepertoires. Der Kode erfüllt seinen Zweck in mehreren Hinsichten: Er dient nicht nur als Selbstentwurf, sondern auch als Beurteilungsmaßstab. Ziel ist das gegenseitige »Erkennen«.[68] Dieser Prozess läuft zwischen der Frau und dem Dirigenten schief. Sie offenbart leichten Herzens, wer sie ist, er täuscht Zuneigung vor, um sich erotisch zu delektieren. Sie ist vertrauensselig bis zur Selbstauflösung, er berechnet kühl die Rendite, die ihm aus ihrem bedingungslosen Abrackern für seine berufliche Karriere erwächst. Sie befolgt intuitiv die Aufrichtigkeits- und Ehrlichkeitsregeln, die für Zweierbeziehungen kulturell vorgegeben sind,[69] er täuscht sie, indem er immer nur einen Teil seines privaten Alltags und rein gar nichts über seine Motivationen preisgibt. Sie befolgt den ritualisierten Kode der Annäherung zwischen Liebenden, er benutzt ihn nur als oberflächliches Täuschungsmanöver, um sich den vollen Handlungsspielraum zu sichern.

Selbstdarstellung und Kontaktaufnahme mit dem Ziel der Paarbildung verlaufen nie ohne leichte Störung der Interaktion und mit einer Tendenz zur Verklärung und Idealisierung des Gegenübers. Ganz klar, dass damit die Gefahr groß ist, die Grenze zur Täuschung und schließlich zum Trugbild relativ schnell zu überschreiten. In allen Formen von Idealisierung werden unliebsame Eigenschaften, unangenehme

Handlungsweisen, dubiose Motive und störende Sachverhalte mehr oder weniger bewusst ausgeklammert, um einem »reinen« Bild begegnen zu können. Idealisierung kommt zumindest partiell einem Akt von Verheimlichen und Fälschen gleich. Dies gilt ganz besonders für die positive Idealisierung. Die Mutter ist durch ihre autoritätsgläubige Prägung während der Kindheit geradezu prädestiniert, den Dirigenten in einem möglichst günstigen Licht sehen zu wollen. Ihre Anbetungsbereitschaft ist unermesslich, ihre Unterwerfungssucht grenzenlos. Es bedarf nur noch eines minimalen Auslöserimpulses, um den Mechanismus zu zünden. Was ihr in der Figur des Dirigenten begegnet, kennt sie in den Grundstrukturen schon seit der Kindheit – ein Vaterdouble. Der Dirigent ist eine leicht modifizierte Fassung des alten Vatergottes. Ein selbstsüchtiges Gegenüber mit einem Hang zu Ich-Vergrößerung und Imponiergehabe, dem sie ohne nachzudenken alle eigenen Bedürfnisse unterordnet. Es scheint nur so, als ob die Mutter mit dieser Liebe eine neue Ära im eigenen Leben eröffnen würde. In der Realität betritt sie ein altes Feld und verschreibt sich dem längst bekannten, nur leicht maskierten väterlichen »Über-Helden«. Verhängnisvoll wirkt sich aus, dass sie es durch diese Konstellation zum zweiten Mal verpasst, eine eigene Identität zu entwickeln.

Man darf dabei nicht übersehen, dass zu diesem Akt der Unterwerfung ein sekundärer Lustgewinn dazukommt. Oder sollte man es eher so nennen: ein verzweifelter Versuch der defizitären Frau, ihre Gefühle von Unvollständigkeit und Bedeutungslosigkeit als Frau auszugleichen. Mit dem idealisierten Fetischbild kompensiert die Mutter auf einen Schlag alle Versagungen, die sie erleiden musste, und alle Mängel, die sie als erwachsene Frau scheinbar von anderen Frauen trennt, weil sie sich im Zusammenleben mit dem harschen Vater ihrer Weiblichkeit niemals versichern konnte. Urs Widmers psychologische Zeichnung der Frauenfigur ist vollkommen präzise, so ausgeklügelt, dass man die winzigen Signale und diskreten Textstellen leicht überlesen könnte. Die Frau fühlt sich neben dem Vater absolut bedeutungsentleert, sinnentleert, wie ein Nichts. Wenn die Tochter mit dem Vater und einem Gast wie eine Bedienstete am Tisch sitzt, wäre sie oft am liebsten in Tränen ausgebrochen. Aber das durfte sie nicht; weinen wäre das Verbotenste, was man sich in diesem rigiden Haushalt vorstellen konnte. »Der Vater weinte nie, da war sie sich sicher. Der Großvater hatte gewiss nie geweint, der Urgroßvater schon gar nicht. Diese Starken! – Sie schaute nun oft ziellos vor sich hin, in irgendeine Ferne. Sie wusste dann unabweislich, dass sie ein Nichts war, niemand, wie Luft oder eher noch, jeden störend, ein kotartiges Etwas, das weggewischt gehörte mit einem Scheuerlappen.«

Verklärter Superheld

Urs Widmer wird noch deutlicher. Er zeigt den verhängnisvollen Prozess, der sich aus dem Gefühl der eigenen Bedeutungslosigkeit entwickelt und im Laufe der Zeit in eine eigentliche Unterwerfungswut ausartet. Ein gefährliches Selbstauslöschungsphantasma. Eine verhängnisvolle Selbstbestrafungs- und Vernichtungssucht. Er nennt es die »eigene Art« der Mutter, die kein Mensch akzeptieren konnte. »Wenn sie dann doch wieder in einer Ecke stand, groß und klein in einem, die Fäuste ballte, dann herrschte sie nicht mehr, sondern unterwarf sich nun. Wem auch immer, warum auch immer. Sie sah dann wieder in sich, sich selber in sich, wie ehedem. Sie kniete aber jetzt vor den Schuhen eines Königs oder Mörders, riesig hohen Stiefeln, von denen sie Kleine nur die Kappen sah, die Schnürsenkel allenfalls [...]. Sie wischte sie sauber, diese Riesenschuhe, wischte und putzte, leckte, sah endlich demütig nach oben bis hinauf zum unter der Sonne schwebenden Königsgesicht, dessen Bart ihr entgegenhing. [...] Sofort, noch während sie den Kopf nach oben wandte, mit den zarten Händen weiter die Schuhe wischte, wusste sie – sie wusste es! –, dass es verboten war, schrecklich verboten, das Erhabene zu sehen, und dass der Herr ihr Verbrechen bemerkt hatte. Schon traten diese Schuhe zu, traten sie ins Gesicht oder in den Unterleib. Aber sie blieb stumm, denn vor dem König tat man keinen Laut.«

Kein Wunder, dass unter diesen Voraussetzungen der Dirigent in den Augen der Mutter zur verklärten Ikone avanciert. Diese bezieht ihre affektive Wirkungskraft gerade daraus, dass sie zwischen realer Person und künstlicher Figur oszilliert. Der fatale Pakt, den die zurückgesetzte Mutter mit dem bewunderten Fetisch eingeht, heißt: Indem ich mich dir völlig unterwerfe, nehme ich an deinem Glanz teil. Indem sich die Mutter im Trugbild des Dirigenten auflöst, versucht sie im gleichen Zug, sich einen Teil seiner Persönlichkeit einzuverleiben und das eigene, scheinbar defizitäre Ich damit auszustaffieren. Indem sie ihr ganzes Leben auf den Superhelden bezieht und sich an ihm orientiert, will sie sein positives Image vampiristisch konsumieren und einen Teil seiner Berühmtheit auf die eigenen Mühlräder lenken. Opfer- und Täterrollen sind in diesem Spiel folglich relativ, mehr noch: sie verschwimmen ineinander. Dem Auseinanderbrechen des Geliebtenbildes geht ein Akt der sorgfältigen Konstruktion eines Heldenbildes voraus. Die Materialien zum Aufbau des Götzenbildes heißen: Täuschung, Halbwahrheiten, Lebenslügen und eine beschädigte Selbstwahrnehmung.

Es kommt, wie es kommen muss. Mit dem Aufstieg des Dirigenten zeigen sich auch die irritierenden Züge seines unwahrhaftigen Charakters. Verrat und Treulosigkeit offenbaren auf einen Schlag die Gefühlsregungen eines versteinerten Herzens. Während der soziale Sturz der durch den Tod des Vaters verarmten Frau in rasender Geschwindigkeit einsetzt, klettert Edwin von Erfolg zu Erfolg. Sichtbares Signal von Höhepunkt und Umschlag der fatalen Entwicklung ist der Zimmertausch: Edwin bietet der Mutter sein Zimmer an, das er gerade gegen eine Wohnung mit Balkon und Blick auf das Wasser getauscht hat. Während sie ums Überleben kämpft, taucht er ab. Warum sie ihn nicht mehr sieht, weiß sie nicht. Als er zurückkommt, liebt er sie wieder, allerdings anders als in Paris. »Er gab Befehle. Er tauchte unerwartet in dem Zimmer auf, das eben noch seines gewesen war und in dem nun die Mutter wohnte. Da stand er dann, lächelte, drückte seine Zigarette auf dem Nachttisch aus und herrschte die Mutter aufs Bett. Er wusste nun, wie er lieben wollte, und die Mutter liebte ihn so, wie er es wollte. Sie genoss es aber, es war nicht so, dass sie seine strenge Kraft nicht gemocht hätte. Selten blieb er lange, nie eigentlich. Er zog die Hose an und ging, mit schmalen Lippen, grußlos.«

Die Mutter arbeitet weiter in seinem Dienst. Sie gleitet in ein komplettes Abhängigkeitsverhältnis. Mit der gewährten sexuellen Verfügbarkeit begeht sie einen weiteren kapitalen Fehler, einen Fehler übrigens, auf den die Eheratgeber der vierziger und fünfziger Jahre die Frauen eindringlich hinweisen. Die Warnung ist gar in die Tugendlehre der Zeit eingegangen – aber die Mutter schlägt alle Vorgaben in den Wind. Wie auf einer wattierten Wolke schwebt sie. Täuschungen und Idealisierungen in der Aufbauphase einer Beziehung, heißt es in diesen Anleitungen zum weiblichen Wohlverhalten, würden von Männern gerne strategisch mit dem alleinigen Ziel des sexuellen Genusses eingesetzt. Die Vorspiegelung einer Verbindlichkeit habe keinen anderen Zweck als lockere sexuelle Aktivität. Die Frau »müsse die Ernsthaftigkeit seines Bemühens prüfen; auch diene das Sich-Zieren der Wertschätzung der Persönlichkeit und ihrer Tugend in den Augen des Mannes und verhindere, dass der Mann darin nur ein vorübergehendes Amüsement erblicke.«[70]

Die Mutter verhält sich gegen den Zeitgeist, liberal – oder auch nur naiv. Als sie schwanger wird, befiehlt Edwin die Abtreibung. Dann heiratet er plötzlich: Geld, gesellschaftliches Prestige, bürgerliche Anerkennung. Die Nachricht trifft die Mutter wie ein Blitz, außer ihr scheinen es alle gewusst zu haben. Edwins Gattin ist die Alleinerbin einer Maschinenfabrik. »Edwin zog in jenes Gut über dem See, wo er nun zwischen alten und neuen Meistern residierte. Seine Frau liebte Bilder – Vermeer war ihr Liebling, und sie hatte tatsächlich einen – und sammelte mit kühner Klugheit zeitgenössische Maler. Sie besaß mehr Picassos und Matisses als alle Schweizer Museen zusammen, und erst noch die besten. Aber auch einheimische Meister: Gubler, Auberjonois, Valloton, Camenisch. – Edwin, in all der Pracht, blühte auf. Er und seine Frau jagten sich lachend durch die Zimmerfluchten, bis sie sich ihm im Wintergarten ergab. [...] Edwin hatte vorher kein Wort zur Mutter gesagt, irgendwie hatte sich die Gelegenheit nie ergeben. Und dann war es sowieso zu spät.«

Die Zerstörung des Trugbildes

Das Zusammenbrechen des Trugbildes ist das eine, die zähe Realitätsresistenz der Frau das andere. Der hohe Kunstverstand des Schriftstellers Urs Widmer verrät sich in der komplexen, ambivalenten Zeichnung des Trugbildes und in der Analyse des verstörenden Umgangs des Paares miteinander. Nicht die perfekte Lügenhaftigkeit des Dirigenten führt zum Zusammenbruch der Frau, sondern nur sein schlaues Manipulieren der Wirklichkeit. Er lügt nicht, vielmehr agiert er geschickt auf dem Feld der Halbwahrheiten. Er deckt der Frau nicht sein ganzes übriges Leben auf, sondern einen sorgfältig ausgewählten Ausschnitt, der sie ihm gerade so viel näher bringt, wie er es braucht. Seine Strategie besteht darin, mit Auslassungen, mit Mehrdeutigkeiten, mit irreführenden Implikationen sowie mit Mischungen aus Wahrem und Falschem zu operieren – ein Verfahren, das perfekt zum Aufbau eines Trugbildes geeignet ist und von der willfährigen Frau nur allzu gerne akzeptiert wird.

Das reale Zusammenbrechen der Frau zieht sich dann über Jahrzehnte hin. Sie wendet sich langsam, aber beständig von der Realität ab. Nicht, dass sie jetzt, als alle Signale auf Katastrophe stehen, ihr Trugbild aufgeben würde. Sie hält eisern an den Selbsttäuschungsmanövern fest, die sie allerdings verfeinert. Auch sie heiratet kurze Zeit darauf, gibt ihre Arbeit bei Edwin auf, zieht in ein Haus vor den Stadtrand und bekommt ein Kind, den Erzähler. Das Trugbild des Geliebten aber bewahrt sie im gläsernen Schrein auf, geweihte Reliquie, auf die sie ihr ganzes restliches Leben bezieht: »Irgendeinmal aber hatte sie ihren Text gefunden, und der war: Edwin, Edwin, Edwin, Edwin. Jede Faser des Körpers der Mutter rief nach Edwin. Bald sangen alle Vögel Edwin, und die Wasser glucksten seinen Namen. Der Wind flüsterte ihn, die Sonne brannte ihn in ihre Haut. [...] Edwin, stets nur Edwin, und natürlich flüsterte sie die geliebten Silben auch, wenn sie Kartoffeln schälte oder im Bett ihrer Ehe auf Schlaf hoffte.« Damit ist der Zustand der Agonie erreicht. Das Traumbild hat sich vom realen Vorbild völlig abgelöst, aber im Bewusstsein der Mutter für immer eingraviert. Sie ist in eine unheilbare Sucht geraten, der sie nicht mehr entkommen wird. Sie lebt wie im Traum, jederzeit bereit, sich in ein fantasiertes Universum abzusetzen, sich allem zu entziehen. In dieser Schattenwelt regieren andere Gesetze. Die Imagination hat die frustrierende Wirklichkeit abgelöst und komplett ersetzt.

Da die Liebe grundsätzlich ein übersteigerter Gefühlszustand an der Grenze zwischen Realität und Virtualität ist, erwächst auf diesem Feld auch die bedeutendste Gefahr der unkontrollierten Konstruktion von Trugbildern. Schon Niklas Luhmann weist in seiner Untersuchung der *Liebe als Passion* eindringlich darauf hin, dass das Medium Liebe in einem gewissen Sinne kein Gefühl, sondern ein Kode sei, nach dessen Regeln man Gefühle ausdrücken, bilden, simulieren, anderen unterstellen und sich mit all diesen Aktionen auf die Konsequenzen einstellen könne, die eine entsprechende Realisierung dieser Kommunikation mit sich bringe. Bereits im 17. Jahrhundert hätten die Akteure der Passion ein geschärftes Bewusstsein darüber gehabt, dass es um ein Verhaltensmodell gehe, das gespielt werde und das einem vor Augen stehe, bevor man sich einschiffe, um die Liebe zu suchen. Die Liebe bewegt sich gewissermaßen erst im Leergang und ist auf ein generalisiertes Suchmuster eingerichtet, das die Selektion erleichtert, einer gefühlsmäßig vertieften Erfüllung aber auch in die Quere kommen kann: »Es ist die im Kode verankerte Bedeutungssteigerung, die das Lernen des Liebens, die Interpretation der Anzeichen und die Mitteilung kleiner Zeichen für große Gefühle ermöglicht; und es ist der Kode, der Differenz erfahrbar werden lässt und die Nichterfüllung mitexaltiert.«[71]

Die Störungsanfälligkeit der Liebe durch falsch verstandene oder interpretierte Zeichen ist folglich besonders hoch, die Errichtung von Trugbildern vor allem in der Anfangsphase wahrscheinlich. Denn in der Semantik des Mediums Liebe findet man diese Funktion nicht formuliert, sondern symbolisiert. Es werde, so Luhmann, nicht vorgeschrieben, wie man als Liebender seine Privatwelt gegen die öffentliche Meinung zu beglaubigen habe, aber die Liebe werde mit Symbolen beschrieben, die ausdrückten, dass dies geschieht, wenn man liebt. Das Leitsymbol, das die Themenstruktur des Mediums Liebe organisiere, heiße zunächst »Passion«, »und Passion drückt aus, dass man etwas erleidet, woran man nichts ändern und wofür man keine Rechenschaft geben kann. Andere Bilder mit zum Teil sehr alter Tradition haben den gleichen Symbolwert – so wenn man sagt, Liebe sei eine Art Krankheit; Liebe sei Wahnsinn, folie à deux, Liebe lege in Ketten. In weiteren Wendungen heißt es: Liebe sei ein Mysterium, sei ein Wunder, lasse sich nicht erklären und nicht begründen usw. All dies verweist auf ein Ausscheren aus der normalen sozialen Kontrolle, das aber von der Gesellschaft nach Art einer Krankheit toleriert und mit der Zuweisung einer Sonderrolle honoriert werden muss«.[72]

Anamnese des Trugbildes

Gabriel García Márquez:
Die Liebe in den Zeiten der Cholera

Ein tückisches Fallbeispiel von Täuschung, Trugbild, Herzensleid und Wiederauferstehung der Liebe präsentiert Gabriel García Márquez in dem bereits erwähnten Roman *Die Liebe in den Zeiten der Cholera*.[73] Die als Kontrast zur Kerngeschichte der bürgerlichen Verbindung der Viehhändlerstochter Fermina Daza mit dem wohlsituierten Arzt Juvenal Urbino angelegte Nebengeschichte trägt alle Insignien einer Amour fou: Sie kommt auf der Grundlage eines Trugbildes zustande. Allerdings mit einem entscheidenden Unterschied, der nicht minder spektakulär ist: Im Falle von Fermina Daza und Florentino Ariza kommt es im hohen Alter zu einem Wiederaufflammen der in früher Jugend verbotenen Leidenschaft und zu einem Happy End.

Die Anamnese des Trugbildes fördert in diesem Fall alle klassischen Ingredienzien der gestörten Kommunikation, der Fehlinterpretation von Zeichen, der verklärten Wahrnehmung und der krassen Idealisierung zutage – alles signifikant für das System der Leidenschaft. Allerdings wird bei Márquez gerade die Störung des Kodes zum Katalysator eines hochwitzigen, an funkelnder Ironie und überbordendem Einfallsreichtum kaum zu überbietenden Redens über die Liebe. Dieses fulminante Sprechen treibt den verwunderten Leser über fünfhundert Seiten hin ständig voran und schlägt seine Fantasie vollkommen in Bann. Die Sache ist die: Ausgerechnet bei der Beerdigung des toten Gatten, des vornehmen Arztes Juvenal Urbino, taucht nach Jahrzehnten der Abwesenheit der feurige Brief-Schwärmer aus Jugendzeiten wieder auf.

Es ist der aus einfachen Verhältnissen stammende Florentino Ariza. Sein ganzes Leben hat er als simpler Angestellter einer Schifffahrtsgesellschaft verbracht – und mit dem Warten auf die verlorene Geliebte. Die schöne Dame, welche sich inzwischen in der erlauchten Gesellschaft des aus Patrizierkreisen stammenden Gatten verfeinert und die Regeln dieses Umfeldes vollkommen verinnerlicht hat, dachte allerdings keine Sekunde lang mehr an ihn. Sie hat ihn längst aus ihrem Leben gelöscht. Noch schlimmer: Sie ist sich der Tragweite des Dramas, das sie mit kaum achtzehn Jahren bei ihrem glühenden Verehrer ausgelöst hatte, in keiner Weise bewusst.

So ist sie nicht wenig erstaunt, als plötzlich Florentino Ariza im Salon inmitten der Trauergäste auftaucht und gleich zur Sache kommt. Noch bevor sie ihm für den Besuch danken kann, legt er sich die Hand, die den Hut hielt, auf die Seite des Herzens und lässt tief bewegt und würdevoll den Abszess aufplatzen, der ihn am Leben gehalten hat. Auf diese Gelegenheit habe er über ein halbes Jahrhundert gewartet, teilt er der verdutzten Frau mit, um ihr erneut ewige Treue und stete Liebe zu schwören. Nachdem Fermina Daza – entgeistert ob der Kühnheit dieses Antrags in Gegenwart der noch warmen Leiche ihres Mannes – sich von der ersten Überraschung erholt hat, beantwortet sie die Offerte kurz und bündig: »Hau ab«, zischt sie ihm zu. »Und lass dich nicht wieder blicken, solange du lebst. [...] Und ich hoffe, das dauert nicht mehr lang.« Zum ersten Mal, seit sie ihre Unschuld verloren hat, schläft sie in der folgenden Nacht alleine auf der linken Seite ihres Ehebettes, im Schlaf nachdenkend und schluchzend, und als sie von der Sonne geweckt wird, merkt sie, schluchzend, dass sie lange geschlafen und im Schlaf mehr an Florentino Ariza als an ihren toten Mann gedacht hat.

Vom Verfertigen des Trugbildes

So weit die nachhaltigen Auswirkungen der frühen Begegnung. Diese Leidenschaft hatte allerdings mit dem gegenseitigen Verfertigen eines perfekten Trugbildes begonnen. Das geheime Leben des Florentino Ariza als einsamer Jäger setzt ein mit dem Beobachten der streng bewachten Tochter auf dem Platz vor der Klosterschule. Von sieben Uhr morgens an sitzt er jeweils da, tut, als ob er einen Gedichtband lesen würde, und verfolgt heimlich das Eintreffen des Mädchens in der blau gestreiften Schuluniform. Das rigide Regiment des Vaters erweist sich aber als unüberwindbares Hindernis, denn im Gegensatz zu anderen Kindern, die von einer alten Dienstmagd begleitet in die Schule gehen, trifft die Viehhändlerstochter in Begleitung ihrer unverheirateten Tante ein. Es besteht nicht die geringste Chance einer Annäherung.

Jetzt wird das Trugbild gezündet. In diesem geheimnisvollen Moment liegt der zentrale Auslöser der Fantasien, die von diesem Augenblick an üppig wuchern. Je näher und unerreichbarer das verehrte Wesen ist, je verschwommener die Realität, desto wilder wird idealisiert. Florentino Ariza bewundert die Schöne aus der Ferne und schreibt ihr unglaubliche Tugenden und imaginäre Gefühle zu. Schon nach zwei Wochen ist sein Denken gleichzeitig gelähmt, von allen anderen Inhalten entleert und auf das eine hin fixiert: auf das erotische Traumbild. Eine klassische Trugbildkonstruktion, die als lockende Chimäre den Alltag des Opfers immer stärker beherrscht und die Wirklichkeit immer entschiedener zurückdrängt.

Spannend ist, wie der Protagonist von Gabriel García Márquez' Roman *Die Liebe in den Zeiten der Cholera* fast mechanisch ein regelhaftes Urmuster der Verliebtheit realisiert oder vielmehr: ein Trugbild konstruiert. Dieses Muster wussten große Heroen der Leidenschaft – Casanova, Madame Pompadour –

schon immer zu nutzen. Schlaue Verführer instrumentalisieren für ihre Zwecke gezielt unerreichbare Träume, süße Phantasmen, zurückgedrängte Begierden und verbotene Wünsche, die jeder Mensch als verborgenes Sediment in sich trägt. Sie bieten Illusionen an. Wie Künstler schaffen sie eine Scheinwelt, in dem die Banalität des Gewöhnlichen zurücktritt zugunsten einer Welt aus holdem Schein. Mit den gaukelnden Wahngebilden verdrehen sie jedem Opfer den Kopf. Widerstand ist zwecklos, denn die Fantasien immunisieren angenehm gegen Versagungen und Zurücksetzungen des Alltags und schaffen eine wohlig warme Gegenwelt – wenn auch nur als virtuelles Blendwerk. Die Entbehrungen des banalen Lebens, die Langeweile des Immergleichen, die Stumpfheit der Gewohnheit wird durch das Vorgaukeln einer Traumwelt neutralisiert. Die Kunst besteht darin, Sehnsüchte gezielt zu wecken und mit Fantasieangeboten zu befriedigen.

Strategien der professionellen Verführung

An dieser Stelle drängt sich ein kurzer Blick auf zwei Helden der professionellen Verführung auf, die wir aus der Weltgeschichte kennen. Sie sind berühmt für ihre Trugbilder. Casanova, der vielleicht erfolgreichste Verführer der Geschichte, verstand das Spiel meisterhaft. Er bediente gelangweilte Bürgersgattinnen mit Romantik, Abenteuer und Fantasie. Nicht weniger erfolgreich agierte die Marquise von Pompadour, eine Frau aus der Mittelschicht, die vom launischen und unsteten König Ludwig XV. wegen ihrer durchschlagenden Fähigkeiten zur offiziellen Mätresse ernannt wurde. Sie avancierte zur ständigen erotischen Begleitung und wurde mit dem Adelstitel bedacht. Casanova und die Pompadour leisteten das Wunder der Verführung mit dem Mittel der Beobachtung und der gezielten Konstruktion von Trugbildern. Wer sich zum Ziel der Träume macht, hat zuvor sein Zielobjekt genau studiert. Beide beherrschten dieses Instrument unübertrefflich. Dazu gehören Geduld und sensible Einfühlung, aber auch Intuition für die verschütteten Wünsche sowie die sorgfältige Beachtung der Details. Casanova verhalf den Wunschvorstellungen der Frauen zum Leben. Die Marquise von Pompadour verstand es, den König immer wieder auf andere Interessen zu lenken, mit neuen Spielen und Projekten zu beglücken und damit seine Fantasie ständig zu beleben.[74]

In Gabriel García Márquez' Roman *Die Liebe in den Zeiten der Cholera* kommen solche Strategien von Anfang an zum Zug. Kaum haben sich die Akteure zum ersten Mal gesehen, begeben sie sich gegenseitig auf Beobachtungsposten. Im Schutz der Anonymität und der verdeckten Interessenlage beginnen sie damit, sich gegenseitig zu belauern. Die winzigsten Veränderungen des Verhaltens werden sorgfältig notiert. So kommt die »Liebe« zwischen Florentino Ariza und Fermina Daza zwar auf der Stelle in Schwung – aber eben vorerst nur als ein theoretisches Verhaltensmodell, als Bewegung im Leergang, als Aktivieren eines unbewussten Musters. Erstaunlich ist, dass die Frau auf die verdeckten Signale des Mannes sofort mit ebenso geheimnisvollen Zeichen antwortet. Sie spiegelt seine Aktivitäten. Beide verständigen sich mit Hilfe des Kodes der Passion. Im Unterschied zu konventionellen Mustern literarischer Trugbilder ist das Verhältnis zwischen dem Eroberer und der Eroberten im Roman des kolumbianischen Autors aber von allem Anfang an symmetrisch. Nicht ein kaltblütig und berechnend seine Reize einsetzender Protagonist trifft auf eine naive, tief und falsch fühlende Frau, sondern die Fantasieproduktion setzt auf beiden Seiten analog ein. Fugenlos wie Zahnrädchen greift die Imagination ineinander. So unwirklich, unerfüllbar und wirklichkeitsfern das Verhältnis der beiden auch scheint, so energisch wird das virtuelle Konstrukt auf beiden Seiten vorangetrieben.

Der Kode der Passion

Dabei reagiert die Frau ungleich komplexer und widersprüchlicher. Sie beobachtet Florentino Ariza über längere Zeit, wird aber durchaus nicht von seiner Schönheit angezogen. Ihre Gefühle sind gemischt – und außerdem verzettelt. Es ist die Aura von Verlassenheit, die ausgezehrte Erscheinung und die Schüchternheit, die sie neugierig machen. Als Postlehrling bringt er eines Tages ein Telegramm ins Haus – für das Mädchen ein weiterer Anlass des Interesses: Wie für viele andere hat auch für sie die Erfindung des Telegraphen etwas mit Magie zu tun, Grund genug, um den Mann in ihren Augen in ein interessantes Licht zu rücken. Überhaupt spielt die Neugier eine zentrale Rolle. Das Mädchen hat zwar noch keine Ahnung, was Liebe sein könnte, aber es spürt eine Art Mitleid mit Florentino, der ihr krank und daher besonders reizvoll vorkommt. Bald stellt sich so etwas wie Romantik ein.

Dieses kostbare Gefühl wird von der Tante zusätzlich angefeuert. Sie hat einen untrüglichen Instinkt für das Leben und eine Berufung zur Komplizin. Einer, der sich wochenlang unter Mandelbäume setze, nur um Fermina Daza vorübergehen zu sehen, müsse krank sein vor Liebe, teilte sie dem Mädchen mit. Trotz ihrer undefinierbaren Gefühle nimmt die auf diese Weise Animierte auf der Stelle die Kommunikation mittels Fingerzeichen auf. Schon entfaltet sich das vorgestanzte Muster. Beide katapultieren sich mit der Aufnahme des Zeichenaustauschs aus dem bürgerlichen System in eine nur ihnen eigene Sphäre und spielen von jetzt an eine Sonderrolle. Márquez nennt es ausdrücklich »krank sein vor Liebe«. Fast ferngesteuert, praktizieren die beiden den Kode der Passion, bevor sie dieses Gefühl überhaupt verstehen und lange bevor sie von der eigentlichen Leidenschaft erfasst werden. Der Zeichenaustausch funktioniert mechanisch als Selbstauslöser erotischer Gefühle. Die Atemlosigkeit, das Schmachten, das unerklärliche Suchen der Nähe, nur um einen einzigen Blick zu erhaschen, all dies gehört zum Kode. Das Trugbild-Programm ist in diesem Stadium vollständig aktiviert.

Die Tante hat das Kind seit dem frühen Tod der Mutter aufgezogen und hält auch gegen den lieblosen Vater Lorenzo Daza zu ihm. Für beide Frauen bedeutet das Spiel heimliches Vergnügen und Kurzweil. Für Fermina Daza wird die geheimnisvolle Beziehung zum unbekannten Telegraphenassistenten zum existentiellen Mittelpunkt des Lebens, der alle emotionale Härte kompensiert und vergessen lässt, die ihr der rigide Vater angedeihen lässt. Die Tante steht dem Mädchen in Bezug auf die Belebung der erotischen Aktivitäten zu Unterhaltungszwecken in nichts nach. Wenn die beiden Frauen vier Mal am Tag durch den Parque de los Evangelios gehen, werfen sie einen raschen Blick auf den schmächtigen Wachposten, wobei die alte Frau das Geschehen steuert und dabei gierig zur ausschweifenden Exegese der empfangenen Zeichen ausholt. Der Annäherungsprozess in diesem Stadium erweist sich als ein selbstreferentielles System, als ein Kreisen zweier Entrückter um sich selbst. Bevor die Liebe zwischen Florentino Ariza und Fermina Daza zündet, ist ihr Kode längst programmiert.

Nach Luhmann wird der Entschluss, eine Liebesaffäre zu beginnen, oft wie ein Willensakt dargestellt, mit dem man den Erfordernissen eines notwendigen Gesellschaftsspiels nachkommt: »Man wird in der Anfangsphase, die mehr durch ›complaisance‹ als durch Liebe charakterisiert ist, oft glauben zu lieben, ohne zu lieben; oder auch mit Liebe spielen, um sich dann vor den ersten Hindernissen zu entflammen. Überhaupt dienen die ›obstacles‹ der Bewusstwerdung und Steigerung der Passion. Auch der erste Gunstbeweis der Geliebten hat eine besondere Note: Ihn kann man nicht verlangen, ist er aber einmal erfolgt, kann man hier Tritt fassen und weiterklettern.«[75] Im Roman *Die Liebe in den Zeiten der Cholera* lässt sich die Mechanik dieses Vorgangs detailliert beobachten.

Mit dem Anfangsritual haben sich die beiden – bevor überhaupt noch etwas anderes als der Austausch virtueller Signale geschieht – bereits auf eine eigene Laufbahn geschossen. Die Lust am Verbotenen dominiert das Spiel. Es sind die kindlichen Späße, die Fermina Daza reizen. Tatsächlich kam sie während Monaten nicht auf den Gedanken, dass daraus etwas werden könnte. Später wusste sie nicht, in welchem Moment aus dem Vergnügen Verlangen geworden und wann ihr Blut bei dem Wunsch, ihn zu sehen, in Wallung geraten ist. Und schon stellen sich die nächsten, regelhaften Zeichen ein. Fermina Daza wird sich ihrer Zuneigung ein bisschen bewusst und fasst den Entschluss, dem verschüchterten Jüngling ihre Gunst zu erweisen. Eines Nachts erscheint ihr ein visionäres Bild des Geliebten, und sie bittet Gott, dass Florentino Ariza den Mut fasse, ihr den Brief zu übergeben, den er für sie geschrieben hat.

Geschriebene Liebe

In der Tat hat der Mann in seinem amourösen Delirium siebzig Seiten lyrische Artigkeiten verfasst, die er vom vielen Durchlesen bereits auswendig kennt. Seine Mutter, der er sich inzwischen anvertraut hat, kann ihn davon überzeugen, die Briefbogen nicht zu übergeben – ein Hindernis, das nur das Sehnen und Schmachten neu anfacht und kurz vor den Dezemberferien auf beiden Seiten offene Verzweiflung provoziert. Gefühlsstau und Traumbild, Widerstand und Verklärung, Barriere und Idealisierung bedingen sich in diesem Prozess gegenseitig. Die Folge? Die Ausstaffierung eines immer perfekteren Trugbildes. Nicht zwei vitale Menschen stehen sich gegenüber, sondern zwei sorgfältig präparierte

Ganzkörpermasken. Die letzte Steigerungsstufe ist mit dem lange ersehnten Austausch des Briefs und mit der ritualisierten Fortsetzung der Beziehung mittels geschriebenem Kode der Liebe erreicht.

Von jetzt an kreuzen sich nicht nur die Blicke, sondern auch die Billette. Es kreuzen sich nicht nur Gefühle, sondern präparierte, simulierte, idealisierte Botschaften mit dem Ziel der positiven Selbstdarstellung. Denn Florentino Ariza entschließt sich, der Geliebten tatsächlich einen Brief zu übergeben, und verfällt in Erwartung der Antwort endgültig einer rätselhaften Liebeskrankheit. Er wird von plötzlichen Ohnmachtsgefühlen überrascht, von Schüttelfrösten heimgesucht und verliert die Orientierung – »Symptome der Liebe, die denen der Cholera gleichen«. Fermina Daza aber, die sich selbst nicht erklären kann, warum sie den ersten Brief angenommen hat, versucht das Geheimnis des schriftlichen Kodes zu knacken. »Bei jeder Tageszeit schloss sich das Mädchen ohne Notwendigkeit im Bad ein und las wieder und wieder den Brief, versuchte, einen Geheimkode zu entdecken, eine magische Formel, die in irgendeinem der dreihundertvierzehn Buchstaben der achtundfünfzig Worte verborgen gewesen wäre, in der Hoffnung, dass diese mehr aussagten, als sie sagten. Doch sie fand nichts, was über das damals beim ersten Lesen Verstandene hinausging, als sie mit tollem Herzen ins Bad gerannt war, sich eingeschlossen, den Umschlag in der Hoffnung auf einen üppigen, fiebrigen Brief aufgerissen, dann aber nur ein parfümiertes Billett vorgefunden hatte, dessen Entschiedenheit sie erschreckte.«

Zwei Jahre zieht sich der exaltierte Briefwechsel dahin – eine sublime Weiterentwicklung des Wunschtraumes mit anderen Mitteln. Fermina Daza übernimmt dabei den Part der Nüchternen. Ihre Briefe umschiffen jede Gefühlsklippe und beschränken sich auf das Erzählen täglicher Begebenheiten, die im amtlichen Ton eines Logbuches geschildert werden. Es sind Hinhaltebriefe, welche die künstliche Glut wachhalten sollen, ohne dabei die Hand ins Feuer legen zu müssen. Florentino kontert die kühle Berechnung mit der Gegenstrategie des amourösen Wahnsinns. Er verglüht förmlich in jeder seiner Zeilen – ein Versuch, die Zögernde mit den geschriebenen Zeichen anzustecken.

Liebessprachhandlung

In diesen Passagen werden wir Zeugen eines faszinierenden Vorgangs auf dem Weg zur Paarbildung. Faszinierend, weil er nach allen Regeln der Kunst initiiert wird – und am Ende seltsam misslingt. Der Austausch nonverbaler Zeichen wie Blicke, Gesten, Gebärden, der minimale verbale Kontakt sowie der Versuch von Konstruktionen einer Intimität in Briefen – all dies sind verzweifelte Versuche, sich einander gegenseitig näherzubringen und eine Beziehung zu stiften. Es ist ein Unterfangen, das Nähe ohne Nähe anstrebt. Genau da liegt die Krux im System. Nun gehört das bewusste Täuschen des Partners durchaus zur gängigen und unverzichtbaren Praxis der regelhaften Beziehungsanfänge. Auch wenn es »Liebe auf den ersten Blick« ist, haben doch beide Partner ein Interesse, ihre wahren Gefühle vorerst zu verbergen und den anderen in aller Ruhe kennenzulernen. Bis es zur Paarbildung kommt, müssen eine Reihe von Begegnungen arrangiert werden, um durch gemeinsame Aktivitäten und Gespräche Informationen über den anderen zu bekommen. Diese Phase ist äußerst wichtig, denn sie dient der wechselseitigen Identifizierung. Es geht um die Bestimmung des Fremdbildes, aber auch um die Festlegung des Selbstbildes. Man will herausfinden, wer der andere ist und wer man für den anderen sein könnte. Die in dieser Aufbauarbeit eingelagerte Identitätsarbeit umfasst nicht nur die Wahrnehmung der Identität, sondern sie geht viel weiter: Sie zielt zugleich auf eine Definition und Aushandlung der Identitätsentwürfe.[76]

Bei Márquez wird diese Beziehungsarbeit in der zentralen Phase fast ausschließlich auf die Brief-Kommunikation verschoben. Hier geschieht Liebeskonstruktion – und zwar als Liebessprachhandlung. Nicht, dass dieser Faktor nicht auch zum traditionellen Spiel gehören würde. Das Schreiben von Briefen war zu dieser Zeit eine konventionelle Methode, derer sich ein angehendes Paar bediente, um sich während der Verlobungszeit kennenzulernen.[77] Die Komik in *Die Liebe in den Zeiten der Cholera* besteht nun allerdings darin, dass dieses Muster zwar bedient, aber bis zum Exzess überdreht wird. Daraus resultiert ein ironischer Effekt, der unbändig zum Lachen reizt und den Leser gleichzeitig als mitfühlenden Komplizen in die Geschichte verwickelt. Márquez zeichnet in diesen Passagen durch die scharfe Beobachtung des potentiellen Paares ein singuläres Tableau verzweifelter Leidenschaft und übermütiger Komik, höhnischer Entlarvung und ausgelassener Heiterkeit, das kaum mehr zu überbieten ist und in der zeitgenössischen Literatur einzigartig dasteht. Allein die abenteuerlichen Details, mit denen der Schriftsteller den geheimnisvollen Briefverkehr ausschmückt, sind überbordend. Der Postweg funktioniert nach einem ausgeklügelten System. Fermina Daza legt ihren Brief auf dem Schulweg in irgendein Versteck und teilt mit, wo sie die Antwort zu finden hofft – nämlich in Taufbecken in den Kirchen, in Baumhöhlen, in Rissen von Ruinen der Kolonialfestungen. »Manchmal waren die Briefe, wenn sie sie fanden, vom Regen aufgeweicht, schlammverschmutzt, durch widrige Umstände zerfetzt, und andere gingen aus unterschiedlichen Gründen verloren, doch die beiden fanden immer einen Weg, die Verbindung wieder aufzunehmen.« Die Briefe transportieren – als zusätzliche Beziehungszeichen sowie Informationen zur Deklaration der Identität – mit der Zeit kleine Beilagen: eine Haarsträhne, ein Blattgerippe, in Lexika zuvor gepresst, Schmetterlingsflügel, Federn von Zaubervögeln und als Geburtstagsgeschenk einen Quadratzentimeter vom Gewand des heiligen Pedro Claver, das in jenen Tagen zu einem für ein Schulmädchen unerschwinglichen Preis gehandelt wird.

Das Gefängnis der Sprache

Andererseits kommt als Hindernis zum Gefängnis der Verliebtheit auch noch das Gefängnis der Sprache. Die paradoxe Falle, in die das Paar rast, sieht so aus: Es befindet sich im Jahr der »erbitterten Verliebtheit«, keiner von beiden lebt für sonst etwas anderes, »sie dachten nur aneinander, träumten voneinander und warteten ebenso sehnsüchtig auf Briefe, wie sie selbst welche schrieben.« In den ersten Monaten vergeht kein Tag, ohne dass sie sich geschrieben hätten, in einer bestimmten Phase sogar zweimal täglich, bis die Tante erschrickt über die Gier des Feuers, das sie selber entzündet hat. Das Paradox dabei ist allerdings, dass dieser schriftlichen Konstruktion von Intimität keine reale Begegnung folgt. Weder in jenem trunkenen Frühling noch im folgenden Jahr haben sie Gelegenheit, miteinander zu sprechen. Schlimmer noch: »Seitdem sie sich zum ersten Mal gesehen hatten bis zu dem Tag, da er ihr ein halbes Jahrhundert später seine Entscheidung bekräftige, hatten sie nie eine Gelegenheit, sich allein zu sehen und von ihrer Liebe zu sprechen.« Es kommt dazu – und das steigert die ironische Note dieser Passage ins Groteske –, dass Florentino Ariza auf sexuellem Gebiet durchaus aktiv wird. Er mietet sich ein festes Zimmer in einem zwielichtigen Hotel – nicht nur zum ruhigen Verfassen der fiebrigen Liebesbriefe.

In seinen schmachtenden Umwerbungs-Briefen überschlägt er sich im Setzen manipulierter Beziehungszeichen. Aber nur das leibhaftige Beisammensein hätte eine glaubhafte Identitätssteigerung des Paares zur Folge gehabt. Stattdessen manövrieren beide virtuos auf dem Papier. Der Liebesdiskurs beschränkt sich auf das Setzen von Buchstaben und

Wörtern, mit denen mehr behauptet als bewiesen wird. Die Authentizität der Gefühle ist nicht verbrieft. Das Arrangieren des phraseologischen Materials weckt im Gegenteil die Gefahr einer Formelhaftigkeit der Emotionen, das Risiko der verfälschten Wahrnehmung und der verbogenen Interpretation. Zu perfekt erlauben Briefe schonungsvolle Selektion. Unliebsames wird ausgeklammert, die Realität verklärt. Was Gabriel García Márquez vorführt, ist die perfekte Demonstration eines erotischen Fiaskos – literarisch allerdings so grandios verbrämt, dass man der Geschichte atemlos folgt. Die Liebe scheitert am Austausch der Trugbilder, die wie grelle Masken über den nackten Gesichtern liegen. »Nichts störte ihre Traumbilder«, fasst bezeichnenderweise an einer Stelle der Erzähler das Geschehen lakonisch zusammen. So ist es denn kein Wunder, dass die schriftlich domestizierte Liebe direkt in den Abgrund führt – vorläufig jedenfalls, denn der kolumbianische Schriftsteller erfreut seine Leser mit einem Revival der Jugendliebe nach über fünfzig Jahren und einem nachfolgenden Happy End auf einem mit dem Cholerawimpel geschmückten Schiff – als Anspielung auf die ursprüngliche Liebeskrankheit, und um das Paar dieses Mal vor Störenfrieden zu schützen.

Der Zusammenbruch der Trugbilder in der frühen Jugend kam allerdings abrupt. Fermina Daza wird von der Schwester Oberin beim heimlichen Schreiben eines Zettelchens ertappt. Das Schulgericht schließt das Mädchen aus. Die grausame Strafe Lorenzo Dazas folgt auf dem Fuße. Die Tante wird ins Ausland verbannt. Den dahergelaufenen Unglücksraben bedroht der Vater mit der Pistole. Das Mädchen, das auf die ungerechte Strafe des Vaters mit hemmungsloser Wildheit reagiert, droht dem Vater seinerseits, indem es sich das Fleischermesser an den Hals führt. Das alles ändert aber nichts daran, dass der trügerische Lebensplan für ein halbes Jahrhundert durchkreuzt wird.

Gabriel García Márquez' Roman *Die Liebe in den Zeiten der*

Cholera bietet ausgerechnet in der überspannten Darstellung des erotischen Debakels reinstes Lesevergnügen. Das Muster des Trugbildes erfährt in der Geschichte des kolumbianischen Schriftstellers eine weitere Radikalisierung: Je mehr die einander Zugeneigten die Liebe in der Sprache feiern, je eindeutiger die sorgfältig gesteuerte verbale Kommunikation über die körperliche Begegnung triumphiert, desto schneller kommt es zur Bruchlandung. Die Sprache dient vor allem als Instrument zu Versteck und Täuschung. Wo der Absender der Briefe Leidenschaft inszeniert, meint er tatsächlich Selbstdarstellung, wo der Adressat eine Mitteilung zu lesen glaubt, entziffert er tatsächlich nur ein Fantasiegebilde.

Die Einbildungskraft des Herzens

Mario Vargas Llosa: *Das böse Mädchen*

Eine radikale Inszenierung des Trugbildes bietet der Roman *Das böse Mädchen* (deutsch 2006)[78] des Schriftstellers Mario Vargas Llosa. Die Geschichte wurde von der Kritik als Liebesroman gefeiert. Der siebzigjährige Peruaner hat allerdings mit romantischer Rhetorik wenig im Sinne, wie er in einem Interview verlauten ließ.[79] Wie in seinem großen Flaubert-Essay deklariert, faszinierte ihn der Roman schon »immer in dem Maße, in dem er in einer kompakten Geschichte gekonnt Rebellion, Gewalt, Melodrama und Sex verbindet. Mit anderen Worten, die größte Befriedigung, die ein Roman mir verschaffen kann, ist die, während der Lektüre meine Bewunderung für etwas Inkonformes, meinen Zorn über irgendeine Dummheit oder Ungerechtigkeit hervorzurufen, mich zu faszinieren durch jene Situationen übertriebener Dramatik und exzessiver Gefühle, die von der Romantik erfunden scheinen, die sie benutzt und missbraucht hat, die es aber immer in der Literatur gegeben hat, weil sie zweifellos auch in der Realität und in meinen Wünschen existiert haben.«[80] Seine Geschichte einer obsessiven Beziehung zwischen einem »guten« Jungen, der einem »bösen« Mädchen verfällt, ist denn auch ein Laboratorium, in dem sich das Wirken der heftigen, ebenso ambivalenten wie unfassbaren Kräfte zwischen den Geschlechtern studieren lässt.

Im Unterschied zu Gabriel García Márquez' Roman, in dem sich das Kalkül der Vernunft und die Einbildungskraft des Herzens am Ende miteinander versöhnen, steht bei Mario Vargas Llosa von Anfang an die Unvernunft gegen das Kalkül, die Leidenschaft gegen den Zynismus, die Naivität gegen das

Böse. Allerdings kommt es auch innerhalb dieses Konzeptes zu Differenzierungen und Weiterentwicklungen des Musters. Das Trugbild bleibt keineswegs statisch. Zwar erweist sich das schöne Mädchen als ein böses Götzenbild. Und doch dreht sich dieses Fantasiegebilde vor den Augen des Lesers mehrmals um sich selbst, überschlägt sich und kippt dann vollständig um. Zwar gönnt uns Llosa nicht wie Márquez ein zäh errungenes Happy End. Aber unter der Patina von Ironie, Kälte und Dominanz offenbart sich am Schluss im »bösen Mädchen« plötzlich eine Form von reinem Gefühl – wenn auch nur »ex negativo«. Der unerwartet positive Aspekt des erotischen Trugbildes bricht durch – allerdings erst nach vielen Verirrungen des Helden und seiner Geliebten – und lässt unvermittelt alles in einem neuen Licht erscheinen.

Wer verliebt ist, sucht die Illusion

Eines der Gesetze der Liebe ist, dass der Verliebte im Grunde nicht die Wahrheit, sondern die Illusion sucht. Zumindest liebt er mit der Wahrheit gleichzeitig die Täuschung, deshalb nennt man diesen Ausnahmezustand gerne ein »Geheimnis«. Wahrheit und Lüge verstricken sich auf undurchsichtige Weise. Auf diesem Feld wird Aufrichtigkeit nicht als höchstes Gut gehandelt, genauso wie die Lüge nicht unbedingt in die Irre führt. Der Verliebte muss vor sich und dem anderen sein Tun nicht bis ins letzte Detail rechtfertigen, er fühlt sich auch nicht für all seine Worte voll verantwortlich. Er ist einer »Krankheit« anheimgefallen, weshalb ihm mildernde Umstände zugebilligt werden. Der Boden ist umso schwankender, als die liebende Rede jeder sprachlichen Kontrolle entzogen ist. Die Regellosigkeit ist geradezu konstitutive Bedingung des Zustandes. Erst dadurch gelingt es dem Verliebten, auch das mitzuteilen, was »unsagbar« ist. Denn die Liebe hat für das Unaussprechliche, das sie bezeichnet, keine Worte.[81]

Das Widersprüchliche an der Beziehung des Übersetzers Ricardo zum »bösen Mädchen« in Mario Varga Llosas Roman besteht darin, dass ein untrügliches Wissen um die Selbsttäuschung und ein ungebändigter Wille gerade zu diesem Verhängnis dem Verliebten jederzeit vollkommen bewusst sind. Darin besteht die spannungsvolle Versuchsanlage: Selbsttäuschung und Reflexion fallen in jedem Moment zusammen, das doppelte Empfinden des Helden gehört zwingend zum System. Ricardos Introspektionsvermögen ist durchaus intakt, er analysiert mit kalter Beobachtung an sich selbst als einem Versuchsobjekt, dass er einer Täuschung verfällt, einem geschönten, elektrisierenden Frauenbild – und gleichzeitig verliert er sich ohne zu zögern im Strudel der Gefühle. Mehr noch: Er wird von diesem Trugbild völlig abhängig. Nichts könnte ihn von seinem delirierenden Sehnen abbringen. Als er die Frau nach langer Zeit der Abwesenheit in London wieder trifft, zieht er ohne mit der Wimper zu zucken fatale Bilanz: »Wie war es möglich, dass das Wiedersehen mit ihr mich in eine derartige Verwirrung stürzte? Denn es stimmte alles, was ich ihr gesagt hatte. Ich war noch immer verrückt nach ihr. Ich brauchte sie nur anzusehen, um mir über eines klar zu werden: Obwohl ich wusste, dass jede Beziehung mit dem bösen Mädchen zum Scheitern verurteilt war, war das Einzige, was ich mir im Leben mit derselben Leidenschaft wünschte, mit der andere sich Geld, Ruhm, Erfolg und Macht wünschen, sie zu besitzen, mit all ihren Lügen, ihrem Verwirrspiel, ihrem Egoismus und ihrem wiederholten Verschwinden. Ein kitschiger Wunsch, zweifellos, aber die Wahrheit war, dass ich bis Freitag nichts anderes tun würde, als die Langsamkeit zu verfluchen, mit der die Stunden bis zu unserer Begegnung vergehen würden.«

Erotischer Superstar

Das heißt nun zweierlei: Die Frau besitzt eine merkwürdige Autorität über ihn. Und sie besitzt Macht. Tatsache ist, dass es zwischen ihr und dem verliebten Helden eine Fallhöhe gibt, an der Ricardo jederzeit zerschmettern könnte. Sie hat es in der Hand, seine Existenz zugrunde zu richten – und es ist ihm völlig bewusst. Sie steht als erotische Ikone auf dem Sockel, er schaut zu ihr hinauf. Sie ist durch ihre glitzernde Aura unantastbar, er verehrt sie ehrfürchtig. Sie verkörpert einen vibrierenden sexuellen Superstar, er wird von ihrem unfassbaren Fluidum bis in die innersten Räume seiner psychischen Realität überschwemmt. Darin manifestiert sich im Kern ihre Macht. Allerdings setzt sich ihre erotische Bezähmungsqualität aus zwei Faktoren zusammen: der Fantasie des sexuellen Glamours, den ihr der Mann zuschreibt, sowie den diversen erotischen Rollen, die sie ihm gegenüber spielt. Dazu kommt ihr Körper, so wie er sich in der Realität präsentiert. Das »böse Mädchen« setzt sich folglich aus einem doppelten Leib zusammen: einem symbolischen und einem realen Körper. Sie ist in den Augen des in Bann Geschlagenen sowohl eine Ikone weiblicher Verführung als auch eine leibhaftige Frau. Sie ist ein unverletzliches und unantastbares Kunstprodukt seiner Fantasie sowie ein wirklicher Körper mit seinen natürlichen Unzulänglichkeiten. Kein Wunder, dass sich bei diesem Setting die Realität immer weiter verflüchtigt und das Projektionsbild überhandnimmt – zum Nachteil des Helden.

Dazu kommt ein unsymmetrisches Verhältnis zwischen den beiden. Eine klare Abgrenzung zwischen oben und unten erleichtert in gewisser Weise das Leben. Wo Autoritäten fraglos akzeptiert werden, bestehen klare Verhältnisse. Identitäten müssen nicht in einem aufreibenden Prozess gegenseitig ausgehandelt werden. Die Rollen sind verteilt. Autoritäre Persönlichkeiten brauchen die vertikale Überlegenheit zur Aufrechterhaltung ihres Selbstwertgefühls. Und sie brauchen den aufblickenden, den bewundernden Gegenpart. Dass diese Konstellation besonders krisenanfällig ist und nur um den Preis permanenter Selbsttäuschung erbracht wird, spielt vorderhand keine Rolle. Mario Vargas Llosa zeigt in seinem Roman *Das böse Mädchen* einen unautonomen Helden, der ohne nachzudenken vor Bewunderung auf die Knie fällt. Die Frau dagegen übt eine zarte Autorität aus – mit den Waffen des Körpers. Sie setzt die Vorzüge ihres Leibes sowie raffiniert arrangierte erotische Schlüsselsignale gezielt ein – als Instrument auf dem Feld des Geschlechterkampfes. Das war von allem Anfang an so und hört auch am Ende nicht auf, als Ricardo bereits auf der schiefen Bahn der Abhängigkeit in die Tiefe rast. Alles, was er an ihr entdeckt, weckt seine Sinne. Auch die winzigste ihrer Äußerungen stimuliert seine Triebe.

Der Preis der Selbsttäuschung

Das ungleiche Verhältnis ist schon fixiert, als der fünfzehnjährige Ricardo Somocurcio Lily 1950 in Lima zum ersten Mal trifft und sich beim Mambotanz unsterblich in das gleichaltrige Mädchen verliebt. »Lily tanzte sinnlich, rhythmisch und mit großer Anmut, dabei lächelte sie und trällerte den Text des Liedes mit, reckte die Arme hoch, entblößte die Knie und bewegte Hüften und Schultern in einer Weise, als würde ihr kleiner, von Rock und Bluse so durchtrieben kurvenreich modellierter Körper unter Hochspannung stehen, vibrieren und von den Füßen bis in die Haarspitzen am Tanz beteiligt sein.« Ricardo verliebt sich »wie ein Mondkalb in Lily, was die romantische Form des Verliebtseins ist – man sagt auch: sich total verknallen –, und erklärte mich ihr dreimal in jenem unvergesslichen Sommer«.

Sie dagegen nimmt seine feurige Zuneigung gefasst, um nicht zu sagen mit leisem Spott entgegen. Vorzugsweise spricht sie ihn als »guter Junge« an, ihre Worte verbergen leichte Ironie und Herablassung, ihre Redeweise hat etwas Schalkhaftes, wobei sie sich abwechslungsweise provozierend oder kühn abweisend benimmt. Als sie ihn ein paar Jahre später zufällig in Paris wiedertrifft, erinnert sie sich unbändig lachend an einen »kleinen Dürren«, einen »Rotzjungen«, der immer ordentlich angezogen gewesen sei und stets aussah, als habe er eben die »heilige Kommunion« empfangen – ein »kleiner Säulenheiliger« eben. In der Tat verrät Mario Varga Llosas verliebter Held in seiner absoluten Bewunderungssucht einen kindlichen Zug. Die verblendete Idealisierung und die Unfähigkeit, zumindest nach dem Stadium der ersten Verliebtheit ein Verhältnis auf Augenhöhe zu etablieren, verraten eine Neigung zur Regression.

Gewiss gehört es zum konstanten Verhaltensrepertoire eines Verliebten, das bewunderte Wesen zu idealisieren. Die Psychoanalyse sieht darin allerdings einen Hang zur infantilen Regression – der im Normalfall zeitlich begrenzt ist. Wer liebt, überträgt jene Einzigartigkeit auf die geliebte Person, die er als Kind seinen Eltern zugeschrieben hat, solange sein Leben von ihnen abhing und er ihre Schattenseiten noch nicht durchschaute. Während dieser Vorgang aber für Kinder wichtig ist, da sie grundsätzliches Vertrauen schafft, bleibt es für Erwachsene gefährlich, allzu lange in der Verblendung zu verharren. Die Auflösung der magischen Wirkung in Luft hat mit Sicherheit eine Depression zur Folge. Gefährlich an der Idealisierung sei, so der Psychoanalytiker Umberto Galimberti, die Selbstentwertung und die Abkoppelung von der Realität. Alles Wertvolle werde durch die Konstruktion eines Trugbildes vom eigenen Ich abgezogen und auf den anderen projiziert. Gefährlich sei aber auch der damit einhergehende Verlust der Stabilität, denn diese sei von einer genauen Einschätzung der Wirklichkeit abhängig. Andererseits sei Idealisierung für das Entstehen des Begehrens unvermeidlich. Denn es entzündet sich nur an der Vorstellung, dass der andere jene magischen Eigenschaften besitze, die ihn einzigartig machen.[82]

Die Verführerin als Täterin

Das drückt präzise das aus, was den Dichter Mario Vargas Llosa an diesem Stoff interessiert. Nicht die Romantik ist es, auch nicht grundsätzlich »die Liebe«, sondern der Entwurf einer auf dem Trugbild basierenden Liebe sowie die literarische Untersuchung der sexuellen Leidenschaft einer emanzipierten, modernen Frau, die sich völlig befreit von gesellschaftlichen und familiären Zwängen, frei von Mythen, Sentimentalitäten und Romantik nach der Richtschnur ihres eigenen Ermessens bewegt. Die Analyse der erotischen weiblichen Identität nach der sexuellen Revolution – diese Versuchsanordnung eines modernen Liebesromans sei die größte Herausforderung für einen Schriftsteller. Er habe mit diesem Buch eine Liebesgeschichte schreiben wollen – aber eine moderne, die frei sei von dem typischen Vokabular und dem bekannten Romantizismus. Diese Geschichte sollte völlig losgelöst sein von allen Klischees.[83] Die traditionellen Rollen haben sich in diesem Roman in der Tat verdreht. Nicht die Frau ist Opfer, sondern Täterin. Nicht sie ist abhängig, sondern der Mann, der ihr in einer Odyssee von Lima über Paris nach London und Japan folgt und ihr immer wieder erotisch erliegt – obwohl Lily auf ihren Streifzügen durch die Kontinente mit immer neuen Männern verheiratet oder liiert ist, Hauptsache, sie wittert dabei gesellschaftliche oder finanzielle Vorteile. Die skrupellose Lolita und Bigamistin, Kokotte und Femme fatale, Mätresse und berechnende Ehefrau hat nur eines im Sinn: den sozialen Aufstieg über reiche (Ehe-)Männer, deren Geld sie verschleudert, sowie die totale, aber unverbindliche Befriedigung, die sie selbst steuert. So scheint es jedenfalls. Dabei bleibt ihr sexualisierter Körper wie ein Eisberg und sie selbst eine Königin, welche die Huldigungen der Vasallen entgegennimmt.

Llosa baut die Identität des »bösen Mädchens« an vielen Stellen mit den Mitteln des Trugbildes zusammen, also mit einer Konstruktion aus Projektion, Erfindung, Idealisierung und Fantasie – nämlich so, wie sie aus der Perspektive Ricardos erscheint. Als der Übersetzer, der ihr unter dem Vorwand dringender Aufträge überallhin nachreist, sie vier Jahre nach dem letzten Wiedersehen zufällig bei einer Einladung in London wiedertrifft, behandelt sie den Geliebten unverschämt wie einen Unbekannten. Auf der Lehne eines Sessels sitzend, ein langstieliges Glas in der Hand haltend, reicht sie ihm lustlos die Hand und begrüßt ihn auf Englisch. Obwohl Ricardo ihre Unverfrorenheit auf der Stelle zur Kenntnis nimmt, idealisiert er ihre weibliche Präsenz schon im nächsten Moment. Die Wunschströme decken ihre reale Erscheinung sofort zu und lassen die Frau in seinen Augen als laszive Primadonna erscheinen. »Sie hatte sich nicht sehr verändert in diesen vier Jahren. Noch immer besaß sie die schlanke, gut proportionierte Figur, die schmale Taille, dünne, aber wohlgeformte Beine, und ihre Fesseln waren so zierlich und zerbrechlich wie ihre Handgelenke. Sie wirkte selbstbewusster und noch lässiger als früher und bewegte am Ende jedes Satzes den Kopf mit geübter Langeweile. Ihr Haar hatte sie etwas aufgehellt und trug es länger als in Paris, mit ein paar Wellen, an die ich mich nicht erinnern konnte; ihr Make-up war einfacher und natürlicher als das von Madame Arnoux, die gewöhnlich damit übertrieben hatte. Sie trug der Mode entsprechend einen sehr kurzen Rock, der ihre Knie sehen ließ, und eine ausgeschnittene Bluse, die ihre hübschen, glatten und seidigen Schultern entblößte und ihren Hals zur Geltung brachte, ein graziöser Halm, der von einer silbernen Kette umschlossen war, an der ein Edelstein hing, ein Saphir vielleicht, der durch ihre Bewegungen aufreizend über der Stelle pendelte, wo der Ansatz ihrer festen Brüste erschien.«

Idealisierung und Depression

An dieser Stelle geschieht selektive Wahrnehmung zugunsten des Idealbildes. Weder der Ehering an ihrem Finger noch der englische, reiche, betrunkene Ehemann an ihrer Seite vermögen das Bild zu trüben. Mehr noch: Ricardo zwingt die Frau zu einem heimlichen Treffen und wiederholt als Auftakt und Vorgeschmack den üblichen Verzückungsrefrain: »›Ich begehre dich‹, flüsterte ich ihr ins Ohr, während ich an ihrer Ohrmuschel knabberte. ›Du bist schöner denn je, *peruanita*. Ich liebe dich, ich begehre dich mit meiner ganzen Seele, mit meinem ganzen Körper. In diesen vier Jahren habe ich nichts anderes getan, als von dir zu träumen, als dich zu lieben und dich zu begehren. Und auch, dich zu verfluchen. Jeden Tag, jede Nacht, alle Tage.‹« Die kühle Schöne kontert die Avancen, die sie längst kennt, wie immer mit keckem Spott. Er sei, meint sie, sicher der letzte Mann auf Erden, der einer Frau heute noch solch süßliche Dinge sage. Und sie betrachtet ihn amüsiert wie einen komischen Kauz: »Was für ein kitschiges Zeug, Ricardito!«

In dieser Passage zeigt sich nicht nur die veränderte Rolle der emanzipierten Frau, die sich Lust ohne Lügen holen will. Auch Ricardo betreibt einen heiklen Balanceakt: Er täuscht mutwillig sich selbst – und doch wird an keiner Stelle weder Liebe simuliert noch unterstellt. Hier offenbart sich vielmehr die Doppelung von kühler Selbstreflexion und gleichzeitig ungesteuertem Begehren. Ricardo weiß um die Klischeehaftigkeit seiner Avancen, er kennt sehr wohl die vorgestanzten verbalen Stereotypen, derer er sich bedient. Die Künstlichkeit seiner Offenbarungen ist ihm bewusst. Wegen ihr, sagt er zu Lily, spreche er wie eine Figur aus einer Fernsehserie. So öffnet sich vor den Augen des Lesers das literarische Experimentierfeld, auf dem der Schriftsteller das Zusammenwirken von Gewalt, Melodram und Sex entwickelt – mit allen Weiterungen und Variationen. Für Ricardo gilt Folgendes: Er befindet sich in seinem Delirium längst außerhalb jeder sozialen Kontrolle, seine erotischen Bewegungen sind Suchbewegungen auf dem Feld der Regellosigkeit. Allerdings hebt sich sein Trugbild vom konventionellen Muster ab. Zwar wird die »Begehrungsmaschine«, die nach den Prinzipien von Sucht, Verlangen und Stillung funktioniert, beim Anblick Lilys sofort angeworfen und verwandelt sich im Nu in eine Projektionsmaschine. Und trotzdem setzt Ricardos Denkleistung nicht aus. Er weiß um die Zwiespältigkeit der Frau und um ihre wahren Motive. Er verdrängt keine Sekunde, dass die aus einfachsten peruanischen Verhältnissen stammende Frau verlogen und berechnend, hochmütig und arglistig ist. In dieser Konstellation zeigt sich in aller Deutlichkeit Llosas deterministisches Weltbild. Ihm geht es darum, zu zeigen, dass Traumata oder gesellschaftliche Zustände den Menschen zu Ausbeutung, Gewalt und Selbstzerstörung verdammen. Die Kraft und die Gewalt der Liebe können dabei ebenso zum Guten wie zum Bösen hin ausschlagen.[84]

Im Roman *Das böse Mädchen* lebt der Held mit dem doppelten Bewusstsein eines sorgfältig errichteten Trugbildes und einer überscharfen Wahrhaftigkeit sich selbst gegenüber – eine durchaus labile Seelenlage. Aber auch Lily zeichnet sich in ihrer erschreckenden Kälte durch verblüffende Wahrheitsliebe aus. Als Ricardo nach dem Schäferstündchen fragt, warum sie ihm nicht den Gefallen getan habe, ihm die kleine Lüge, dass sie ihn liebe, ins Ohr zu flüstern, antwortet sie mitleidlos: »Eben darum.« Sie habe nie einem Mann »ich liebe dich« oder »ich begehre dich« gesagt, weil sie es nie gefühlt habe. Sie habe diese Dinge nur als Lüge gesagt: »Denn ich habe nie jemanden geliebt, Ricardo. Ich habe alle belogen, immer. Ich glaube, der einzige Mensch, den ich im Bett nie belogen habe, warst du.« Das ist nun als Strategie sensationell. Es zeigt ein modifiziertes Muster des Trugbildes. Zwar geschieht Täuschung, aber ohne die Wahrhaftigkeit völlig zu verdrängen. Zwar geschieht keine Liebe, aber eben doch eine Art intensive Zuneigung »ex negativo« – in einer einmalig praktizierten Form von verkleideter, verpackter Leidenschaft, die ohne Heuchelei auskommt. Treibende Kraft zu diesem Verhältnis ist dabei eine völlig autonome, selbstbefreite Frau.

Das Ungeheure an Mario Varga Llosas Liebesentwurf liegt daran, dass der Spuk der Leidenschaft im Gehirn des Mannes am Ende die Frau doch zu entzünden vermag. Gewiss, ihre andauernde Treulosigkeit bringt sein Gleichgewicht ins Schwanken. Ihr ständiges Wegfahren, Abtauchen und Wiederkommen, ihr betrügerisches Leben, ihre Lügen, ihre sexuellen Eskapaden mit anderen Männern stürzen Ricardo in tiefste Niedergeschlagenheit. Um seine Stabilität wiederzuerlangen, zieht er sich zurück. Nach einem besonders zynischen Anruf Lilys, der ihn ungewöhnlich verletzt, beschließt er, »dich nie wieder zu sehen oder mit dir zu sprechen oder nach dir zu suchen oder mich an deine Existenz zu erinnern.« Das Trugbild bekommt Risse.

Und noch einmal dreht sich das Fantasiegebilde um sich selbst. Die Machtverhältnisse verschieben sich. Das »böse Mädchen« gerät selbst in die dominante Aura eines Mannes. Die Täterin verwandelt sich in dieser Konstellation zum Opfer. In Japan wird Lily zur Konkubine des ebenso geheimnisvollen wie perversen Fukuda – ein Despot, der nichts anderes im Sinne hat als ihre Persönlichkeit zu brechen. Jetzt ist sie es, die völlig hörig ist. Krank geworden und gefangen in einem masochistischen Abhängigkeitsverhältnis, schafft sie es in letzter Minute, vor ihm zu fliehen. Nicht sie war es in diesem Fall, welche die Beziehung steuern konnte, sondern sie selbst unterlag einem Mann, der eine absolute Herrschaft über die ehemalige Herrscherin ausübte und ihr die Eigenständigkeit, den Stolz, die Selbstachtung und fast den Verstand raubte. Traumatisiert kehrt das »böse Mädchen« nach Paris zurück. Ein letztes Mal verkehren sich die Verhältnisse. Es kommt zum Zusammentreffen mit Ricardo, der sie pflegt, aufrichtet und als seine Lebensgefährtin zu sich nimmt.

Das Ende ist kurz und voller Überraschungen. Mario Vargas Llosa schlägt nochmals eine Volte. Jetzt kracht das Trugbild zusammen, der Held landet auf dem Boden der Realität. Kaum gesund und neu gestärkt, verlässt Lily den kleinbürgerlichen Haushalt und den spießigen Mann. Es bleibt Ricardo nichts anderes übrig, als Bilanz zu ziehen und der vollen Wahrheit ins Auge zu sehen. Er will die Frau aus seinem Leben löschen. Er setzt sich nach Madrid ab und verbindet sich mit einem Hippiemädchen. Er lässt sich treiben, wirft alle alten Ordnungen über Bord. In diesem Zustand findet Lily ihn, als sie Jahre später zurückkehrt. Sie ist krank und dem Tode nah. Sie hatte den verlorenen Geliebten ein ganzes Jahr lang mit Hilfe einer Detektei suchen lassen. Und noch einmal verbinden die beiden Personen sich für kurze Zeit und bringen die über vierzig Jahre dauernde Geschichte zu Ende, die sie beide fundamental beeinflusste. Das Trugbild ist zerstört, der Spiegel, auf dem sich das glitzernde Bild der lasziven Frau projizierte, zerbrochen. Der Vorhang über der unberechenbaren Femme fatale ist gelüftet. Dahinter zeigt sich eine Frau, die weder Opfer noch Täterin ist, sondern – von Erlebnissucht und Überlebensdrang gesteuert, von triebhaften Sehnsüchten und erotischem Selbstbestimmungswunsch angestachelt – auf der Suche ist nach dem reinen Glück. Das Trugbild war zwar ein verstörendes Labyrinth, »das böse Mädchen« aber das einzig große Abenteuer im Leben eines mittelmäßigen Mannes, der in keiner Phase seines Lebens Größe zeigte –

außer in seiner leidenschaftlichen Projektion, seinem Trugbild und seinem Scheitern.

Fünfter Teil
Lüge fortissimo

Schwindeln, flunkern, lügen

Lüge als Erwartungs- und Steuerungsinstrument

Oft verbirgt die Sprache mehr, als sie enthüllt. Bis zu zweihundert Mal lügen laut einigen Untersuchungen die meisten Menschen täglich.[85] Ob diese Zahl nun übertrieben ist oder nicht: Tatsache ist, dass die Lüge als Erwartungs- und Steuerungselement die alltägliche Kommunikation stärker bestimmt, als dies auf den ersten Blick scheinen mag. Der Begriff »Lügengesellschaft« ist nicht weit hergeholt. Die Lüge als bewusste Täuschungsabsicht muss bei der Deutung der Realität ständig einkalkuliert werden. Die Manipulation der Wirklichkeit ist aber nicht nur ein moralisch verwerfliches, sondern zugleich ein normales Phänomen, das gleichzeitig fasziniert und abschreckt. Als Subsystem ist die Lüge mit der gesellschaftlichen Oberfläche fest verbunden. Es geht dabei nicht einfach um die Diskrepanz zwischen einer Aussage und der Realität, denn beides fällt so oder so im Alltag häufig auseinander. Um eine Lüge handelt es sich, wo Mitteilungen gemacht werden, von deren Falschheit der Sprecher selber überzeugt ist. Der Lügner will die Wahrheit, über die er selbst Bescheid weiß, verheimlichen, um einen anderen zu manipulieren, in die Irre zu führen oder für seine Zwecke zu instrumentalisieren. Insofern kann auch die bewusste Vorenthaltung, Verkürzung oder Verschleierung von Information zur Lüge werden.[86]

Selbstverständlich ist Lüge nicht gleich Lüge – und die Sprache wahrt diese Differenzierungen sorgfältig. Ein normwidriges Verhalten kann mit vielen Bezeichnungen umschrieben werden und signalisiert die graduellen Unterschiede in der Verfälschung der Wahrheit. »Schwindeln« und »flunkern« meint etwas anderes als die »blanke Unwahrheit« behaupten, eine Geschichte zu »erdichten« ist etwas anderes als sie zu »entstellen«, zu »verdrehen« oder zu »bemänteln«. Etwas »vorgaukeln« ist nicht das Gleiche wie »ableugnen«. Die Bandbreite der Lügenbenennungen spiegelt das intuitive Expertentum, das die meisten Menschen für die Abschattungen der Wahrheit entwickelt haben.[87] Immer geht es dabei im Grunde um den Konflikt zwischen Interesselage und Ehrlichkeit, um die Spannung zwischen Wahrheit und Wahrhaftigkeit. Dabei steht nicht von vornherein fest, welchen normativ griffigen Lügencharakter zum Beispiel Auslassungen, Informationsselektion, schönrednerische Parolen und aufmunternde Zukunftsprogramme haben.[88]

Wie immer eine Lüge im einzelnen Fall beurteilt wird, eines haben sie alle gemeinsam: Sie lösen die Grenzen zwischen Schein und Wirklichkeit auf. Gefälschte Signale schaffen eine sekundäre Wirklichkeit, welche die primäre in einem anderen Licht erscheinen lässt. Lügen kreieren eine Illusionswelt, die entweder aus Teilen der realen Welt zusammengebaut ist oder aber der Wirklichkeit täuschend ähnlich sieht. In jedem Fall hat dieses aus den Versatzstücken der Wirklichkeit und dem Erfundenen konstruierte Universum einen neuen Charakter, der wiederum auf seine Art authentisch ist. Kein Wunder, dass die Literatur schon immer ein Tummelfeld für Lügenreden war. Literarische Texte zeigen so häufig Unwahrheiten, weil der Schriftsteller ein Experte auf dem Feld zwischen Wirklichkeit und Illusion ist. Ihm geht es nicht nur darum, die Realität abzubilden, wie sie ist, sondern so, wie sie hinter der geschönten Fassade auch noch sein könnte, oder wie sie sich auch in anderen Varianten denken ließe. Aber nicht nur das. Insofern Literatur ein Reflex der Wirklichkeit ist, stellt sie die Geschichten, die das Leben schreibt, modellhaft aus und analysiert mit ihren Mitteln das Funktionieren der Kommunikation, zu der auch die Lüge gehört.

Nirgends aber ist die Doppelung von Lüge und Wahrheit

so virulent wie in der Liebe. Nirgends ist die Doppelzüngigkeit so systemimmanent wie im Kampf zwischen den Geschlechtern. Der Schriftsteller denkt in den Liebesromanen nach über Verzückung und Schuld, über Begehren und Verhängnis. Ein hervorragendes Beobachtungsfeld für das Wirken der Lüge ist allem voran der Spezialfall der Dreiecksgeschichte. Die Unaufrichtigkeit ist in dieser Konstellation ein zwingender Faktor, weil hier zwei Liebende ein Spiel inszenieren, das vor den Augen eines Dritten verschleiert, vertuscht, uminterpretiert oder gänzlich geheimgehalten werden muss. Die Lüge führt die Protagonisten in diesem Fall immer an den Rand des Abgrunds. Es ist ein ständiger Tanz um Illusion und Passion mit höchstem Risikoeinsatz – ein möglicher Absturz ist dabei stets einprogrammiert.

Wilhelm Genazino: *Die Liebesblödigkeit*

Ein bemerkenswertes Beispiel institutionalisierter Doppelzüngigkeit bietet der deutsche Schriftsteller und Büchnerpreisträger Wilhelm Genazino in seinem Roman *Die Liebesblödigkeit* (2005)[89]. Die Lüge signalisiert ein konstitutives Element innerhalb des Erzählkonzepts, weil der Held von Anfang an zwischen zwei Frauen steht, wobei beide nichts voneinander wissen. Eine risikoreiche Ausgangslage, die allerhand Überraschungen bereithält und dem Schriftsteller ein hervorragendes Experimentierfeld für die Reflexion über den Schwindel und die Aufrichtigkeit, über das Vertrauen und den Missbrauch offeriert. So übermäßig komisch sich dieser Roman auch entwickelt, so bitterböse beschreibt er die Bedingungen der Liebe unter den Konditionen der Lüge. Der Held, ein zweiundfünfzigjähriger namenloser Privatgelehrter und freischaffender Apokalyptiker, Reisender in Sachen Weltuntergang und Kassenwart der Lebensangst, der sein Geld mit Seminaren über den Untergang des Planeten und das Verschwinden der Vertrautheit unter den Menschen verdient, ist mit Sandra und Judith liiert. Da die Frauen selbstständig und emanzipiert sind, scheint die Sache nicht aufzufliegen, jedenfalls dauert die Geschichte schon etliche Jahre. Zudem sind sie wenig misstrauisch, nur einmal kontrolliert Sandra spätabends mit einem Telefonanruf, ob der Held zu Hause sei. Dieser verbringt, wenn er nicht gerade allein sein will, jede Nacht bei einer der Frauen, wobei sie naturgemäß von unterschiedlichem Temperament sind und sich perfekt ergänzen.

Die tüchtige Chefsekretärin Sandra kennt er seit dreiundzwanzig Jahren, sie war zwischenzeitlich verheiratet, ist aber wieder zu ihm zurückgekehrt. Sie hat dunkle Augen, kurzgeschnittenes Haar, eine gute Figur und eine ausreichende Bildung, die sie aber als mittelmäßig empfindet. Beide sind in einem Alter, in dem man häufig miteinander schläft, um hinterher einschlafen zu können. Da Sandra fürchtet, nicht mehr begehrenswert zu sein, ist sie fast immer beischlafswillig, wobei sie die körperlichen und konditionellen Unzulänglichkeiten des Helden, der sein Alter zunehmend spürt, nachsichtig wie eine Krankenschwester übergeht.

Judith, die gescheiterte Konzertpianistin und heutige Klavierlehrerin, ist genauso unverzichtbar wie Sandra – und in vieler Hinsicht das vollkommene Gegenteil. Während Sandra eine geschickte Liebesbastlerin ist, die auch mal auf Kisten steigt, wenn es die Muskelkrämpfe des Mannes nicht anders erlauben, ist Judith schon glücklich, dass überhaupt noch etwas los ist. Sie nimmt die Lust des Protagonisten wie ein Geschenk. Weil er zunehmend unter seinem fortschreitenden Alter und der damit einhergehenden »Sexualverlöschung« leidet, findet er Judith die wahrscheinlich geeignetere Frau.

Wilhelm Genazino spielt über lange Strecken mit der Doppelbödigkeit seiner Geschichte, was ihm das Ausmalen pikanter Szenen und prekärer Situationen erlaubt, in der sich Liebe und Lüge beinahe unauflösbar miteinander verbinden. Dabei ist der Held keineswegs zu konkreten verbalen Lügen gezwungen. Die Unaufrichtigkeit ist nonverbaler Art und liegt im stoischen Verschweigen der wahren Verhältnisse. Die zentrale Grundlüge ist in dieser Konstellation ein Faktum, das unausgesprochen das Erzählkonzept infiltriert und die Geschichte vorantreibt. Verblüfft verfolgt der Leser das Geschehen gleichzeitig vor und hinter den Kulissen. Er wird dabei notgedrungen zum Mitwisser und Komplizen. Mit dieser Erzählstrategie baut der Schriftsteller die Spannung im ersten Teil des Romans auf. Der Leser begreift langsam, dass das kühne Liebesabenteuer aller Wahrscheinlichkeit nach in eine Extremlage umkippen wird. Irgendwann einmal, so muss er vermuten, wird alles herauskommen.

Lange Zeit redet sich Genazinos Erzähler allerdings unverdrossen selbst ein, dass Polygamie die ideale Lösung im Leben sei. Er könne – so sein rigoroser innerer Rechtfertigungs- und Unterdrückungsmonolog – die Liebe zu zwei Frauen nur empfehlen, sie sei die wunderbarste Doppelverankerung auf der Welt. Man werde dabei förmlich mit Liebe gemästet, und das sei genau das, was er brauche. Die Liebe zu zwei Frauen sei weder obszön noch gemein noch besonders triebhaft oder lüstern. Sie sei im Gegenteil normal, eine bedeutsame Vertiefung aller Lebensbelange. Er geht gar so weit, sie mit der Elternliebe zu vergleichen. Niemand habe je gefordert, dass wir nur die Mutter oder den Vater lieben dürften, im Gegenteil, alle Welt verlange, dass wir beide liebten. Trotz dieser mit beträchtlichem Aufwand geführten Reden an das eigene Ich steht von Anfang an die Frage nach der moralischen Verwerflichkeit der stummen Lügen und Realitätsverkrümmungen im Raum.

Wahrheit und Wahrhaftigkeit

Ein komplexes Problem. Zwar ist die Wahrheit ein hoher Wert, aber keineswegs der einzige und höchste im Leben. Nicht immer ist das Wahre auch das Gute, bisweilen verletzt die Wahrheit nur oder wird gar als Waffe eingesetzt, manchmal stellt sie jemanden bloß, ohne überhaupt jemandem damit zu nützen. Schließlich ist auch der Lügner keineswegs einfach im Besitz der Wahrheit, er äußert nur seine Meinung. Er selbst verfügt nicht über das Wahre, sondern über das von ihm für wahr Gehaltene. Ein zentrales und im Zusammenhang mit den Selbstbeschwichtigungsreden von Genazinos Held besonders signifikantes Argument ist, dass es sich bei vielen Lügen keineswegs um objektive Tatsachen handelt, sondern vielmehr um subjektive Befindlichkeiten.[90]

Die Relativität der Schuld beim Lügen ist eine Frage, über die Philosophen und Theologen seit der Antike streiten. Immer geht es dabei um den Versuch, zwei widerstreitende Absichten in Einklang zu bringen, die unser Handeln prägen, »zum einen die Überzeugung, dass es grundsätzlich unzulässig ist, andere zu täuschen, und dass niemand selbst getäuscht werden will. Zum anderen die Auffassung, dass es im Einzelfall durchaus nützliche und gerechtfertigte Lügen geben kann.«[91] Weitgehender Konsens besteht darüber, dass wohlwollende Lügen, die niemandem schaden, zulässig seien und dass man seinen Feinden gegenüber lügen dürfe.

Zwei gegensätzliche Positionen vertreten auf diesem Feld vor allem der Bischof von Konstantinopel, Johannes Chrysostomus (344–407) und der christliche Philosoph Aurelius Augustinus (354–430). Beide orientieren sich bei der moralischen Bewertung des Lügens an der Handlungsabsicht, setzen aber unterschiedliche Akzente. Chrysostomus stützt seine Auffassung von der Lüge als moralisch unschuldigem Kunstgriff darauf, dass die Lüge verschiedenen Absichten dienen könne. Nicht das Lügen selbst, sondern erst die jeweiligen Absichten des Lügners seien moralisch zu bewerten. Das sieht Augustinus ganz anders. Er hält die Frage der Absichten für unerheblich. Nach seiner Auffassung verknüpfen sich mit dem Lügen bereits moralisch verwerfliche Handlungsabsichten: die Absicht zur Unwahrheit und zur Täuschung.[92] Interessant ist dabei, dass Chrysostomus das Lügen als eine moralisch neutrale Fähigkeit beurteilt, ähnlich wie etwa das Laufen oder Werfen. Insofern sei Lügen eine Kunst, die sich von Können ableite: »Lügen ist ein bestimmtes Können, eine praktische Fähigkeit im Umgang mit der Sprache, eine Technik, die auf Kenntnissen und Übung beruht und zu verschiedenen Zwecken eingesetzt werden kann.«[93]

Interessant ist nun, dass Genazinos Figur sein Tun vor sich selbst als legitimen Liebesanspruch deklariert und in ausschweifenden Beteuerungen ein Recht auf Polygamie reklamiert. Gewiss hat sich durch die unausgesprochene Generallüge – die gleichzeitige Liaison mit zwei nichtsahnenden Frauen – die Grenze zwischen Realität und Illusion verschoben. Der Übergang zwischen Wahrheit und Lüge ist durchlässig geworden. Das amouröse Leben des Helden an der Seite der Geliebten im Doppelpaket spielt sich in einer schattenhaften Zwischenwelt ab. Der Erzähler sieht, so mindestens seine krampfhaft objektivierenden Behauptungen, bei sich keine Schuld und keine moralisch verwerfliche Tat. Ziel seines Agierens sei keineswegs die nichtswürdige Handlung, sondern die Liebe, wenn auch in einer unkonventionellen Konstellation. Auch will er, so seine subjektive Sicht, niemandem Schaden zufügen.

Er ist im Gegenteil überzeugt – so redet er es sich zumindest ein –, dass diese Dreierkonstellation den Bedürfnissen aller Beteiligten entgegenkomme. »Ich wünsche allen Männern zwei Frauen und allen Frauen zwei Männer, wenigstens phasenweise, denn zwei Frauen und zwei Männer sind die Mindestüppigkeit, mit der wir den Kampf gegen unser armseliges Leben antreten können, ohne uns gleich dem Gesetz der Kargheit auszuliefern.« In seiner Verteidigungsrede in eigener Sache unterschlägt er allerdings den kleinen Schönheitsfehler, dass die ganze Wahrheit einzig ihm bekannt ist. Nach Augustinus wäre dieses lügnerische Verschweigen a priori moralisch verwerflich, da die Absicht dabei gar keine Rolle spielt. Betrachtet man den Akt des Verschweigens, der einem Akt der Lüge gleichkommt, aber aus der Sicht von Chrysostomus, so müsste man den Helden für seine virtuose Manipulation der Wirklichkeit bewundern.

Zwei Frauen, zwei Lügen

Kein Zweifel, einen objektiven Tatbestand gibt es in dieser Sache nicht. Es handelt sich nicht um eine besonders ruchlose Tat, sondern höchstens um eine menschliche Schwäche. Faszinierend an diesem amourösen Hochseilakt ist nun, wie die Lüge entgegen aller Erwartung doch das auf allen Seiten abgesicherte System durchbricht und das sorgfältig aufgebaute Verteidigungsbollwerk von innen her sprengt. Mit der dramaturgischen Komposition dieses Geschehens legt Wilhelm Genazino ein psychologisches Meisterstückchen vor, das ihm erst mal einer nachmachen muss. Die Entlarvung der Lüge als das, was sie ist, geschieht in einem verdeckten Prozess. Obwohl der Täter, der zugleich Ankläger und Richter in eigener Sache ist, zu einem für ihn günstigen Urteil gekommen ist, spricht der Körper das entscheidende Machtwort. Er stürzt, vollkommen unabhängig, alles um. Brillant, wie Genazino mit kleinen Zeichen arbeitet, deren Auftauchen allerdings immer unübersehbarer wird und nach Erklärung verlangt.

Einmal sitzt der Protagonist in einem Café und der Gedanke, dass es jemanden gäbe, mit dem er abrechnen müsse, durchfährt ihn blitzartig, »und dieser jemand bin ich selbst.«

Das Gefühl, dass er rasch altere und seine Verhältnisse klären müsse, plagt ihn. Die Vision, im Krankenhaus zu liegen und gleichzeitig von zwei Frauen besucht zu werden, treibt ihn um, »Frauen, die ich seit vielen Jahren liebe und die voneinander nichts wissen. Diese Konfrontation muss unbedingt ausgeschlossen werden: indem ich mich von einer der beiden Frauen trenne«. Schon im nächsten Augenblick weiß er allerdings, dass er eine elegante Regelung nicht schaffen wird, und schweift in einen seiner Ausweichsätze ab: »Ihr müsst verstehen, dass ich euch beide liebe.« Dann wieder entdeckt er, dass er halb unbewusst die Vorzüge und Nachteile der Frauen gegeneinander aufrechnet und mit sich ringt, von welcher Frau er sich schmerzloser trennen könnte oder welche sich besser als Kumpel fürs Alter eignete.

Plötzlich geschieht eine merkwürdige Begegnung. Zufällig trifft er auf einen entfernten Bekannten, Dr. Ostwald, Hobbysegler und von Beruf Panik-Berater. Um ihn abzuwimmeln, gesteht er ihm beiläufig, dass er zwei Frauen liebe und deswegen keine Zeit für Hobbys habe. Dr. Ostwald erkennt sofort den Problemgehalt der scheinbar nebensächlichen Bemerkung und bietet eine Konfliktlockerungsbehandlung an. Sein Beruf bestehe darin, von Panik bedrohte Personen, die mit ihren »Lebenswiderfahrnissen« nicht mehr zurechtkommen, zu beraten. Den Helden zählt er offenbar sofort zur anvisierten Zielgruppe. Es komme darauf an, so zu leben, dass ein erhöhter Ordnungsbedarf gar nicht erst entstehe – eine Aussage, die den Helden zum Lachen reizt und Fluchtimpulse auslöst. Später einmal erwägt er für kurze Zeit die Dreiervariante: Statt sich zu trennen, könnte er die beiden Frauen einander vorstellen und mit beiden leben.

Inzwischen ist der Bewusstwerdungsprozess so weit fortgeschritten, dass Verdrängung und Lüge, Unterdrückung der Wahrheit und Selbstbetäubung in immer schnellerem Rhythmus folgen. Der Durchbruch des Weggeschobenen ans Tageslicht ist nicht mehr zu stoppen, wobei sich diese Entwicklung in immer neuen körperlichen Symptomen manifestiert. Erst zeigt sich das Unbehagen in Form eines massiven Schweißausbruchs und dem Gefühl, im eigenen Innern unterzugehen. Auslöser ist ein akutes Trauergefühl bei dem Gedanken, ohne Judith auskommen zu müssen. Ein andermal wird der Protagonist von einem plötzlichen Ekzem heimgesucht – kein Wunder, dass die Haut, das sensible Beziehungs- und Kontaktorgan zwischen den Geschlechtern, rebelliert. Der Arzt schlägt einen Allergietest vor, ist aber überzeugt, dass zu viel Stress die Ursache sei. Ob er zu viel arbeite, will er wissen. Eine Sekunde lang überlegt der Held, ob er darlegen solle, dass er sich zwischen zwei Frauen entscheiden müsse, lässt den Gedanken aber wieder fallen. Als nächster Akt folgt die Liebeslustlüge. Sie zeigt sich in einem heimlichen, unverstandenen Wunsch nach Weinenwollen – und dann als Liebesschwäche, die den Beischlaf sang- und klanglos enden lässt.

Die Wahrheit des Körpers

Wieder bringt der Verstand die Wahrheit zum Schweigen, wieder spricht der Körper sie aus. Damit übertölpelt der Bauch den Kopf, obwohl die Liebeslustlüge von Sandra und dem Helden akkurat tabuisiert wird. Zwischen den beiden herrscht die Abmachung, dass beim Auftauchen eines Problems so lange Diskretion herrsche, bis der »Problembetreiber« als Erster das Schweigen bricht. Natürlich redet keiner – aber der Körper arbeitet autonom.

Zwischendurch kommt es mit Judith zur Kusslüge. Als er sich am Flughafen von ihr verabschiedet, spürt er, dass er erotisch nicht mehr entflammt. Mehr noch, er gesteht sich ein, dass er still und leise von seinen Erlebnissen verlassen wird: »Kurz vor den Sicherheitskontrollen wirft Judith die Arme um mich und küsst mich. Beim Küssen empfinde ich eindeutig Selbstmitleid. Ich wage mir kaum einzugestehen, dass der Reiz des Küssens nachlässt. [...] Judith merkt offenbar nicht (oder es ist ihr egal), dass mein Eifer beim Küssen nicht ganz echt ist. Trotzdem bin ich benommen und gerührt. Rührt die Freude vom ältlichen Küssen her oder von der Freude, dass ich noch keinen Herzinfarkt hatte oder habe?«

Die Liebeslustlüge und die Kusslüge gipfeln in der definitiven Erotiklüge. Judith wird immer hagerer und sehniger, Sandras Körper dagegen ist in den letzten Jahren fülliger geworden. Liegt sie auf der Seite, faltet sich der Bauch in mehrere Wülste. Sexuelle Anziehung sei es immer weniger, warum er sich diesem Körper nähern wolle, sinnt der Held unwillkürlich. Ihm selbst unverständlich, hatte er beim Akt über seine zunehmende Liebesmürrischkeit nachgedacht und war zu dem Schluss gekommen, dass ihn der Anblick der Frau abstoße.

Mit dieser ultimativen Einsicht ist auch die innere Wahrheit mit einem Schlag ans Licht gekommmen. Lange hatte der Erzähler sie verdrängt: »Es ist möglich, dass aus der Liebe zu Sandra und Judith längst eine *ehemalige* Liebe geworden ist, die ich aus Selbstsucht und Angst nicht als solche enthülle.« Sie hat sich nach einem langwierigen Prozess, in dem die unangenehme Botschaft aus dem eigenen Innern immer wieder unterdrückt wurde, freie Bahn geschaffen. In diese Sackgasse geraten, entschließt sich der Held, der Realität gnadenlos ins Auge zu blicken und die Umkehr einzuleiten. Was inszeniert wird, ist nicht die konventionelle Art von Lüge, die sich im Missbrauch der Sprache manifestiert. Zwar wird verbal ständig eine Variante möglicher Wahrheit herbeigeredet, aber ebenso konsequent stört der Körper diese Behauptungen empfindlich mit Lügensignalen, bis sie unübersehbar werden. Die dramatische Konfrontation zwischen dem, was sein sollte, und dem, was tatsächlich ist, zwischen dem, was er sich zurechtlegt, und dem, was er rigoros verbannt, wird schließlich unausweichlich. Mit Hilfe der nonverbalen Zeichen schafft sich die ins Unbewusste abgedrängte Wahrheit den Durchbruch. Gewiss, ein Teil des Schweigens gehört zum Typus der alltäglichen Lüge im Dienste des Taktes und der Höflichkeit. Der Mann will den beiden Frauen die peinliche oder verletzende Konfrontation mit der Realität ersparen.

Rücksichtsvoll aber ist er vor allem mit sich selbst. Er verlangt Schonung vor der unangenehmen Wahrheit und unternimmt alles zur Irreführung des eigenen Ichs. Aber worin besteht denn das Schreckliche, das mit solchem Aufwand verdrängt, maskiert und unterdrückt werden muss? Vor welch verstörenden Mitteilungen verschließt der Held die Augen? Es geht nicht primär um die beiden Frauen, sie maskieren das Problem nur. Vielmehr beunruhigt ihn die Erkenntnis des schleichenden Verlustes der eigenen Männlichkeit, die skandalöse Einsicht in das eigene Altern und die Konfrontation mit der Sterblichkeit. Diese Botschaft ängstigt den Helden und treibt ihn um. Trotz allen Widerstandes kann er sich gegen winzige Momente schockhaften Begreifens nicht mehr wehren: »Ich stehe, liebestechnisch gesehen, mit dem Gesicht, das heißt mit dem Geschlecht, zur Wand. Ich sollte mich vom Sexualleben zurückziehen; ich verliere, wie soll ich sagen, mehr und mehr Liebessubstanz, vornehmer ausgedrückt: an Libido. Ich müsste Mut haben und zu Sandra und Judith sagen: Der aktive Teil meines Sexuallebens geht vermutlich bald zu Ende, ich bitte darum, verlassen zu werden. Die Feigheit dieses Gedankens ist leider typisch für mich. Denn genau genommen ist Altern ein Zustand, der zu mir passt.«

Was Wilhelm Genazino die *Liebesblödigkeit* nennt, ist eine Metapher für den unaufhaltsamen Prozess der Vergänglichkeit und die damit einhergehenden Verluste. Der Schriftsteller inszeniert in seinem Roman hochironisch die hartnäckige Lebenslüge von der ewigen Jugend, die zuerst sorgfältig tabuisiert, über den Umweg eines aufregenden Liebeslebens ins Unbewusste abgedrängt, mit sexuellen Aktivitäten kompensiert wird, als Körperzeichen wiederkehrt und in einem furiosen Finale endlich dechiffriert und widerwillig akzeptiert wird.

Moralisches Lehrstück

Markus Werner: *Am Hang*

Ganz anders gelogen wird dagegen im Roman *Am Hang* (2004)[94] des Schweizer Schriftstellers Markus Werner, nämlich von Anfang an knüppeldick. Zwei Männer, die sich zufällig im Hotel Bellavista in Montagnola getroffen haben, ziehen sich dabei gegenseitig über den Tisch. Oder milder ausgedrückt: Sie versuchen es. An einem Pfingstwochenende haben sich die beiden, die unterschiedlicher nicht sein könnten, kennengelernt und sind nicht mehr auseinandergekommen. Der smarte Scheidungsanwalt Clarin, ein Mann Mitte dreißig, oberflächlicher Tatmensch und leichtsinniger Verführer, wird seltsam angezogen von Loos, einem Mann Anfang fünfzig, einem verschrobenen Sonderling, Spezialist für tote Sprachen und linker Moralist. Der Rechtsanwalt hatte eigentlich nichts anderes im Sinne, als in seinem Tessiner Ferienhaus ein erholsames Pfingstwochenende zu verbringen und dabei ungestört für eine Juristenzeitschrift einen rechtshistorischen Aufsatz über das Scheidungsrecht zu schreiben. Der Schürzenjäger hält die Ehe für undurchführbar, für einen Irrweg, für eine permanente Zweierpein und glatte Überforderung der menschlichen Natur.

Loos dagegen, der, wie er behauptet, seine von ihm vergötterte Frau vor einem halben Jahr durch einen Hirntumor verloren habe, ist in allem das pure Gegenteil. Schon fast von der Krankheit genesen, erzählt er, sei seine Frau im benachbarten Kurhaus in Cademario ausgeglitten und im Spital an der Kopfverletzung gestorben. Gesprächig ist Loos nicht, einmal meint er anspielungsreich, er sei von Natur aus nicht aufgeschlossen, das sei der Fluch der Treue. Von Clarins Theorien über die ewige Wiederholung in der Ehe und deren zwangsläufiger Abnutzung hält er nichts. Loos ist es allerdings, der die Fragen stellt. Er steuert das Gespräch. Er verwickelt den Jüngeren in eine Unterhaltung über ihre Lebens- und Liebesgeschichte. Über sich selbst gibt er wenig preis, und das auch erst nach mehreren Weingläsern. Zwei Nächte verbringen die Männer miteinander, debattierend und trinkend. Dabei enthüllen sie gegenseitig ihre Ansichten über Erotik, Anziehung, Körperlichkeit und Wahrhaftigkeit. So scheint es zumindest auf den ersten Blick.

Banalität des Bösen

Tatsächlich wird hier ein moralisches Lehrstück gegeben. Markus Werner verhandelt in seinem Roman *Am Hang* die Banalität des Bösen, die zerstörerischen Wirkungen des hedonistischen Zeitgeistes, die verwerflichen Folgen der missbrauchten Liebe und die verheerenden Auswirkungen einer zerfallenden Emotions- und Beziehungskultur. Zu Gericht gesessen wird über Wahrheit und Lüge, nur findet das Tribunal selber unter dem Deckmantel der Täuschung statt. Was sich als aufflammende Männerfreundschaft präsentiert, entpuppt sich nach und nach als kühl arrangiertes Setting zwischen Richter und Angeklagtem. Was Loos und Clarin, die beiden Fremden, aufeinander zutreibt, ist dem Zuschauer vorerst nicht klar. Sosehr die Anfänge im Dunkeln liegen, so unentschieden bleibt aber auch das Verdikt. Die Grenze zu dem, was eindeutig wahr ist, wird an keiner Stelle definitiv abgesteckt, kein Urteil beruhigt die Gemüter. Das Geheimnis, das die Männer verbindet, zeigt sich nur halbwegs im Licht. Der Leser kann die gemeinsame Vergangenheit und die Schuld Clarins anhand der aufgerollten Beziehungsgeschichte nur erahnen, letzte Gewissheiten erhält er nicht.

Vom ersten Satz an fällt allerdings auf, dass sich die beiden Protagonisten auf merkwürdige Weise gegenseitig belauern, umgarnen und aushorchen. Und vom ersten Satz an irritieren seltsam bedeutungsvolle Zeichen, die sich allerdings noch lange nicht entschlüsseln lassen. »Alles dreht sich«, so setzt der Roman ein und fährt mit dem nicht weniger rätselhaften Satz fort: »Und alles dreht sich um ihn.« Das ist, auf die ganze Geschichte besehen, die jetzt Stück um Stück aufgerollt wird, auf schwindelerregende Weise wahr. Der Auftakt liefert gleich eine Schlüsselstelle. Sie beschreibt kompakt das Erzählkonzept. Der diesen Satz denkt, ist der zurückblickende Clarin, und zwar nachdem Loos am dritten Tag abgereist ist, oder vielmehr: sich auf undurchsichtige Weise abgesetzt und den ratlosen Rechtsanwalt zurückgelassen hat. Loos' Ziel war es, Clarin auf verdeckte Weise damit zu konfrontieren, dass er an ihm und seiner Frau schuldig geworden ist.

Einmal erklärte ihm Clarin hochfahrend, warum ihm sein Junggesellenstatus durchaus behage. Auf Unabhängigkeit und Selbstbestimmung zu verzichten wäre undenkbar für ihn. Er wehrt sich gegen den Vorwurf, nicht bindungsfähig zu sein, weil er keine Verantwortung übernehmen wolle, eine Bemerkung, die Loos mysteriös mit dem Satz »Sie stehen hier nicht vor Gericht, erzählen Sie weiter« verbindet. Dieser schließt seine Ansicht über die kurzfristigen Beziehungen folgendermaßen: »Natürlich komme es manchmal zu Tränen, sagte ich, wenn ich einer Frau gegenüber, die mehr von mir erwarte, als ich investieren könne, ehrlich sei und ihr die Trennung nahelege, doch solche Tränen seien Petitessen verglichen mit jeder Art Ehe-Elend.« Loos reagiert darauf kaum, bittet den Jüngeren nur, das Wort »investieren« nicht mehr zu verwenden, wenn er von Beziehungen rede.

Das zweitägige Gesprächsexerzitium ist nicht ohne Wirkung auf den selbstgefälligen Clarin geblieben. Loos wollte ihm den Spiegel vorhalten, um eine Umkehr zu erreichen oder zumindest die Ideologie des rücksichtslosen weltlichen Genusses in Frage zu stellen. Es gelingt ihm in der Tat, das

Lebensgebäude des Jüngeren zu erschüttern. Dieser leidet plötzlich unter »einer Art Stirnfieber«, seine innere Balance ist verloren, seine zynische Selbstgewissheit dahin. »Alles dreht sich um ihn«, ärgert sich der junge Rechtsanwalt, der nach der Abreise seines Gesprächspartners Nachforschungen angestellt und herausgefunden hat, dass ein Mann dieses Namens gar nie existiert hat. Ja, er muss annehmen, dass sogar die Geschichte von dessen Ehe mit Bettina erfunden war.

Lüge, Schuld, Gericht

Mit dem Verschwinden von Loos ist auch die Handlung zum Stillstand gekommen. Ein Riss zeigt sich, der sich nicht erklären lässt – aber, so verkündet der dritte Romansatz bedeutungsvoll »Verrückterweise bin ich sogar versucht mir einzubilden, er schleiche in diesem Augenblick ums Haus – mit oder ohne Dolch. Dabei ist er ja abgereist, heißt es, und ich höre nur Grillen und aus der Ferne nächtliches Hundegebell.« Lüge, Schuld und Gericht bleiben suggestiv zurück. Der Dolch allerdings als drohendes Fantasieobjekt lässt ahnen, dass nicht ein harmloses Vergehen zur Debatte steht – warum sollte denn sonst dieses Instrument der Bedrohung, vielleicht sogar der Rache, vom Rechtsanwalt halluziniert werden, obwohl dieser gar keine Anhaltspunkte für seine Gedanken hat?

»Alles dreht sich« ist allerdings ein deutliches Zeichen an der Wand, das sich vom Schluss des Romans her von selbst erklärt: Der Erzählkosmos hat sich um sich selbst gedreht. Die Durchlässigkeit zwischen Schein und Sein hat dazu geführt, dass sich alles, was im Laufe der Geschichte zur Sprache kam, in einem neuen Licht zeigt: die Protagonisten, ihr Liebesleben, die scheinbar idyllische Ehe von Loos und seiner Frau, die scheinbar folgenlose Affäre des forschen Verführers mit – so müssen wir an diesem Punkt vermuten – der Frau von Loos. Markus Werner liebt solch labyrinthische Konstruktionen. Er ist ein König der Tarnung, der das Spiel mit Versteck und Understatement perfekt beherrscht. Seine Helden stolperten schon immer über die Banalität der Wirklichkeit, über die Unwägbarkeiten des Schicksals, über kriminelle Irrwege, krankhafte Trugschlüsse, selbstverschuldete Versäumnisse und erotische Neigungen, die mit aller Kraft verdrängt werden müssen. Es gehört zu seinen bevorzugten Erzählstrategien, dass sich das Weggelogene und Verdrängte seinen Weg mit brachialer Gewalt in die Lebenswelt seiner Figuren bahnt. Das ist in seinem Erstling *Zündels Abgang* (1984) so, das zeigt sich im Zweitling *Froschnacht* (1985), im Roman *Die kalte Schulter* (1989) oder im Buch *Der ägyptische Heinrich* (1999).

Im Roman *Am Hang* aber demonstriert Markus Werner die Relativität aller Einsichten, indem er zwei Protagonisten entwirft, die sich radikal voneinander unterscheiden und doch merkwürdig ähnlich sind – ein Hinweis auf die Austauschbarkeit aller Urteile über Lüge und Schuld. Der Schriftsteller arbeitet mit sprechenden Analogien. Beide Protagonisten tragen – ist es ein Zufall? – den Vornamen Thomas, beide lieben das Tessin, beide haben zur gleichen Zeit eine Frau verloren, wenn auch aus scheinbar unterschiedlichen Gründen, und beider Frauen waren kurz vorher im Kurhaus Cademario. Der Schürzenjäger hatte sich am selben Ort, an dem Loos' Frau Bettina zu Tode kam, von seiner Geliebten Valerie getrennt, die er sich aus Gründen der erotischen Kurzweil und unter der Bedingung der vollständigen Unverbindlichkeit hielt. Beide Frauen trugen auf einem Zettelchen einen Sinnspruch von Hermann Hesse mit sich, »Es muss das Herz bei jedem Lebensrufe/ Bereit zum Abschied sein und Neubeginne.«

Durchlässigkeit zwischen Sein und Schein

Was in dieser Geschichte aufgeführt wird, ist ein virtuoser Tanz um gegenseitige Täuschung und Lüge. Das Interesse von Loos und Clarin aneinander ist weniger ein Symptom wachsender Sympathie, sondern ein Zeichen von Rivalität, ihr gegenseitiges Aushorchen ein Trick unter Gegnern, wobei Clarin, der von Loos getäuscht wird, den Zweck dieser Versuchsanlage erst am Schluss begreift. Zwei Nächte lang ziehen sich die Gespräche zwischen den beiden maskierten Männern hin, ein Freundschaftsdiskurs, der ein Verhör unter Feinden ist. Alle Gewissheiten geraten dabei ins Wanken und alle Wahrheiten drehen sich um sich selbst. Nur eines steht fest: Beide Männer haben wohl die gleiche Frau geliebt, wenn auch auf radikal unterschiedliche Weise.

Und beide lügen. Loos, der von Anfang an die Rolle des Verhörers und stummen Richters für sich reklamiert, um das verstiegene Lügengebäude des Rivalen zu entlarven, lügt dabei um einiges handfester als sein jüngerer Gegner. Er lügt die eigene Biographie um, täuscht eine falsche Identität vor. Mehr noch: Er lügt die zwölfjährige Ehe mit seiner Frau zu einem regelrechten Glücksfall um, zu einer idealen Beziehung, und ihren Untergang zu einem unverschuldeten Unglücksfall. In Wahrheit ist die Frau nicht gestorben, sie hat den Mann betrogen und dann verlassen. In Wahrheit langweilte sich die Frau mit dem verkrampften Moralisten, in Wahrheit war es sein erstarrter Charakter, der sie förmlich in die Arme des jüngeren, sexuell attraktiven Clarin trieb.

Nur für winzige Momente wird Loos' fantastische Lebenslüge, die er seinem Gesprächspartner präsentiert, in Frage gestellt. Dass die Anekdote von den Gurken, die er fast zufällig erzählt, den Schlüssel zum Dilemma seiner Ehe liefert, gehört zu den erzählerischen Glanzpunkten. Sie bringt das sexuelle Scheitern der Ehe mit hintergründiger Zeichenhaftigkeit ins Spiel. Die leeren Gurkengläser sind ein hohnvoller Reflex auf die eigene Glücksgeschichte und entlarven die Lebenslüge mit einem Schlag. Er habe, so erzählt Loos, eines Morgens im Paketfach seines Hauses ein leeres Gurkenglas gefunden. Zuerst empfand er das leere Glas als einen scherzhaften Gruß, nach einem Monat aber, als er schon mehr als ein Dutzend solcher Gurkengläser entsorgt hatte, wurde er ungehalten. Nach weiteren zwei Monaten kicherte seine Frau noch immer und nannte das Problem ein nichtiges, während die leeren Gurkengläser allmählich in die Träume des Mannes eindrangen. Beim sechzigsten Glas teilte Loos seiner Frau mit, dass er die Polizei benachrichtigen werde, bevor er noch wahnsinnig werde. Jetzt spiegelt sich, für den Bruchteil eines Augenblicks, in den Augen seiner Frau die ungeschminkte Wahrheit über die Ehe – nämlich jäher Unmut, sogar bodenlose Verachtung. Ihr Urteil fällt kurz und bündig aus: Ein Spießer sei er, teilt sie ihm mit.

Lügenrede als Strategie

Auf diese Weise wird die beinahe hermetische Lügenrede von Loos doch immer wieder mit Lügensignalen durchlöchert. Clarin zweifelt immer stärker an dessen Glaubwürdigkeit. Scheinbar unerhebliche Indizien verraten ihm die Fassadenhaftigkeit dieses Eheglücks. Einmal überlegt er sich, ob der Intellektuelle seine Frau ermordet haben könnte, ein andermal scheint ihm ein Selbstmord der Frau plausibel. Ein Meisterstück an literarischer Feinheit ist die Schlüsselstelle, in der sich Loos als Lügner beinahe selber entlarvt – indem er den eigenen Regelverstoß auf seinen Gesprächspartner projiziert und ihn damit erst recht aufmerksam macht. Loos behauptet in der zweiten Nacht, dass sein Gedächtnis ihn zeitweise im Stich lasse, und erkundigt sich bei Clarin, ob er ihm die Geschichte der Tumorerkrankung seiner Frau bereits wahrheitsgetreu erzählt habe. Der Rechtsanwalt fasst präzise zusammen, was Loos ihm in diesem Zusammenhang mitgeteilt hat, worauf dieser für einen kleinen Augenblick die Herrschaft über sein Lügengebäude verliert und spontan ausruft: »›Alle Achtung, [...] Sie wären ein begnadeter Lügner.‹ – ›Wie kommen Sie denn darauf? Ich weiß nicht, was Sie meinen.‹ – ›Nur ein Scherz‹, sagte Loos, ›nur eine Anspielung auf Quintilian, der meint, dass Lügner angewiesen seien auf ein vorzügliches Gedächtnis.‹« Ein gewiefter Schachzug des Schriftstellers Markus Werner, um die scheinbar perfekt fingierte Lügengeschichte vom vermeintlichen Tod der Frau zu unterlaufen. Indem der Lügner selbst seinem Rivalen Fähigkeiten zur Unwahrhaftigkeit unterstellt, setzt er ein Signal in den Raum, das die Möglichkeit der Irreführung zumindest andeutet. Zudem enthüllt er sich selbst als Kenner auf dem Terrain der Manipulation.

Wer lügen will, muss in der Tat seine eigenen Konstruktionen perfekt in Erinnerung behalten, um sie dann in einer logisch scheinenden Weise zu verändern. Und: Wer lügen will, muss, wie der alternde Spezialist für tote Sprachen vorführt, zunächst etwas behaupten. Damit seine Äußerung aber als Behauptung verstanden wird, muss der Lügner die Regeln einhalten, die für den Sprechakt der Behauptung gelten. Wer bereits hier Fehler macht, kann nicht lügen. Zu einer erfolgreichen Lüge gehört außerdem, dass der Adressat die Lüge glaubt. Damit nicht genug. Durch diesen Glauben muss sich auch noch der weiter reichende Zweck der Lüge erfüllen.[95] An dieser Hürde aber scheitert Loos. Indem er das eigene Lügenverfahren ausplaudert und eine mögliche Fiktion suggeriert, weckt er erst recht das Misstrauen des Anwalts. Dies, obwohl der Intellektuelle eine schlaue Lügenstrategie entwickelt. Er behauptet nicht einfach das Gegenteil des Realen, sondern lügt ganz nahe an der Wahrheit, indem er sie für seine Zwecke leicht modifiziert.

Zwar kann sich der Rechtsanwalt auf Loos' Geschichte

keinen endgültigen Reim machen, aber Lügenrede und Lügensignale heben sich effektvoll gegenseitig auf und decken ein Stück der Wahrheit auf. Aber welche Wahrheit? Der Kunstgriff des Schriftstellers Markus Werner besteht darin, dass er den Leser über bodenloses Gelände führt. Denn es gibt keine objektiv messbare Wahrheit, es gelten auch für Loos, den stummen Ankläger des Ehebruchs, den harschen Kritiker des hedonistischen Zeitgeistes, den störrischen Richter über den Treuebruch, verschiedene Wahrheiten. Die ihm eigene Wahrheit ist seine Sicht der Dinge, seine ihm eigene Interpretation der Beziehung zu seiner Frau, die aus der Optik seiner Gefühlserfahrung ihre unumstößliche Legitimation hat. Aus dieser radikal subjektiven Perspektive ist auch er im Besitz der Wahrheit, einer Wahrheit, die nur ihm gehört. An dieser Einsicht zerschellt denn auch der moralistische Vorwurf der Täuschung und der verwerflichen Absicht zur Unwahrheit.

Das unauflösbare Durcheinander von Lüge und Wahrheit trifft aber auch auf Clarin zu. Der Rechtsanwalt operiert mit seiner Sicht der Wahrheit gegen die kollektive gesellschaftliche Liebes- und Ehelüge. Zwar deklariert er gegenüber Valerie seine Beziehungswünsche: eine Liebe auf Widerruf, die sich im Moment erfülle. Er unterläuft schon geringste Bindungssignale der Frau, sagt ihr aber dann doch nicht deutlich, dass er nichts anderes als den Konsum der Sexualität im Sinne hat. Er ist es andererseits wieder nicht, der sich an der Fiktion einer dauerhaften Liebe und Sexualität festklammert. Mit der ungeschminkten Wahrheit konfrontiert er auch seinen Gesprächspartner. Er klärt ihn über seine Ansicht zur ehelichen Stufenleiter vom Himmel zur Hölle auf, die er im Laufe seines Berufslebens gewonnen habe. Die Ehe sei ein regelhafter Abstieg vom Begehren zur lieben Gewohnheit, von der Leidenschaft zur Abneigung, von der Verliebtheit zum Höllenfeuer. Schließlich schlage die Stunde der diplomierten Berater, dann, als letztes Aufzucken, der durchsichtigen Négligés – und, als Schlusspunkt, der Scheidungsanwälte.

Grauzone zwischen Reden und Schweigen

Insofern ist auch Clarin bei der Wahrheit geblieben, bei seiner Optik der Wahrheit. Die reine Wahrhaftigkeit gegenüber Valerie darf man ihm trotzdem nicht unterstellen, denn er hat ihre offensichtliche Verliebtheit für seine kurzfristigen erotischen Zwecke instrumentalisiert, mehr noch: Er schwieg jedes Mal anspielungsreich, wenn sie die Dinge zurechtrücken und klären wollte. Er, der nichts anderes im Sinne hat, als seine Geliebte verpflichtungslos zu genießen, lässt sie gezielt im falschen Glauben, in ihrem Glauben an eine andere Realität der gemeinsamen Beziehung. Die Frau bezahlt dafür einen hohen Preis. Der Liebhaber verstößt sie, als sie sich wider Erwarten tatsächlich verliebt, ihre Ehe aber ist zerstört.

Die Lüge siedelt sich besonders gerne in der Grauzone zwischen Reden und Schweigen an. Wer lügt, unterläuft die Grundannahme eines wohlwollenden Kommunizierens, indem er mit Halbwahrheiten und Mehrdeutigkeiten operiert. Vier zentrale Kommunikationsmaximen werden in diesem Fall verletzt: die Maxime der Quantität (ausreichendes Reden) durch strategisches Weglassen; die Maxime der Qualität (also des wahrheitsgemäßen Antwortens) durch Unterlaufen der Kooperationsannahme; die Maxime der Relation durch Außerkraftsetzen des Fragebezugs (Ablenkung); die Maxime der Modalität (Antwortklarheit) durch Mehrdeutigkeit.[96] Sowohl Loos als auch Clarin wenden gegeneinander alle diese Strategien an, um zu ihrem je unterschiedlichen Ziel zu kommen, und beide praktizieren diese auch in ihren erotischen Beziehungen. Beide lügen, beide sagen die Wahrheit. Die Realität verschwindet dabei mehr und mehr im Nebel. Genaue Positionen sind nicht mehr festzumachen, die Verhältnisse bleiben widersprüchlich, die Wahrheiten ambivalent. Der Erzählkosmos hat sich um sich selbst gedreht.

Kein Zweifel, in Markus Werners Roman *Am Hang* kollidieren effektvoll die unterschiedlichen Lebenskonzepte von Moral und Wahrhaftigkeit, aber es kommt keineswegs zu einem Ergebnis. Beide Protagonisten lieben die Irreführung, beide nutzen in ihrer Rede über Liebe und Verführung die gegenseitige Unkenntnis der wirklichen Sachlage, beide lügen die eigene Realität mit sturem Gleichmut um und beide blenden störende Faktoren kurzerhand aus. Insofern, als sie sich im Umgang mit der Wahrheit nichts schuldig bleiben, sind sie einander ebenbürtig – nur dass die Frau dabei über die Klinge springen muss. Hier liegt auch ein Stück subtiler Gesellschaftskritik des Schriftstellers Markus Werner am Zeitalter des kurzfristigen Genusses versteckt, an der Beziehungsarmut einer jüngeren Generation und am modischen Diktat der Sexualität als Ware.

Die doppelte Identität

Philip Roth: *Täuschung*

Den Prototyp von Lüge und Täuschung in der zeitgenössischen Literatur aber konstruiert der amerikanische Schriftsteller Philip Roth in seinem Roman *Täuschung* (deutsch 1993)[97]. In diesem dritten Teil der auf vier Bände angelegten Autobiographie werden alle Varianten des uneigentlichen Sprechens, alle Facetten von Wahrheit und Lüge in atemberaubender Weise durchdekliniert. Fast scheint es, als ob dieser Roman eines der Vorbilder gewesen wäre, die Markus Werner zu seiner Täuschungsstory inspiriert hätten. In beiden Geschichten geht es um die Liebe in einer verdeckten Dreiecksbeziehung, über deren Existenz sich vorderhand nur zwei Mitspieler im Klaren sind. Hier wie dort verschmelzen Wirklichkeit und Fiktion, Tatsache und Täuschung, Enthüllung und Maskerade unauflöslich miteinander – nur dass Philip Roth sein Spiel mit dem Imaginären bis ins Tollkühne treibt. Auch bei dem amerikanischen Schriftsteller wird die wahre Identität der Hauptfigur umgelogen, aber so konsequent, dass der Eindruck erweckt wird, einem Doppelgänger gegenüberzustehen. Während in den Romanen von Wilhelm Genazino und Markus Werner die Grenze zwischen Schein und Wirklichkeit durchlässig wird, meint man bei Philip Roth einen Helden zu sehen, der sich bereits in einer doppelten Realität bewegt. Das Szenario von Liebe und Lüge ist bei ihm noch um einiges radikaler angelegt – und entlarvt umso raffinierter die Enttäuschungen, welche die Liebe einer aufgeklärten intellektuellen Generation bereitet.

In diesem Roman wird die Lüge fortissimo ausgesungen, mehr noch: Auf ihr basiert das eigentliche Erzählprinzip. Dass das Lügengebilde ohne Auflösung und ohne auch nur die geringste Relativierung stehen bleibt, macht die eigentlich skandalisierende Wirkung dieser Geschichte aus. Im Gegensatz zu allen anderen Beispielen aber vermag Philip Roth im gleichen Zug einen Helden zu zeigen, der zwar so raffiniert mit den Wahrheiten jongliert, dass ihm niemand beikommt, der aber andererseits in diesem Spiel einen entscheidenden Mangel versteckt: die emotionale Unzulänglichkeit.

Der amerikanische Schriftsteller komponiert Thema und Variation der beziehungstechnischen Unredlichkeit mit bestechender Brillanz – nicht verschwiegen werden kann dabei, dass die schamlose Steigerung von Lüge und Täuschung den Leser allerdings in einem unbehaglichen Zustand zurücklässt. Die Kunstfertigkeit suggeriert den Eindruck, dass ein genialer Narzisst das Spiel mit den Masken bis zur Unkenntlichkeit überdreht und nur Getäuschte und Betrogene zurücklässt. Spannend ist in diesem Zusammenhang der Entstehungshintergrund der Autobiographie. Philip Roth hatte sich in seinen Werken schon immer mit Alter Egos, Brechungen seiner selbst umstellt. Dabei verschafften ihm seine Werke gleichzeitig Erfolg und Verdruss. Sein früher Roman *Portnoys Beschwerden* (deutsch 1970), den er mit Mitte dreißig schrieb, wurde zum Bestseller und machte ihn reich und berühmt. Ein junger Mann aus strengem jüdischem Elternhaus redet sich dabei seine sexuellen Obsessionen und Fantasien vom Leib. Das hatte seinen Preis. Wo immer der Autor hinkam, identifizierte man ihn mit der literarischen Figur.

Als der Zuckerman-Romanzyklus entstand, war der Schriftsteller längst aus New York weggezogen in die Einsamkeit von Connecticut. Er hatte sich dort eine alte Farm gekauft und lebte zurückgezogen. Wer ihn sprechen wollte, musste seine Nummer beim Auftragsdienst der Telefongesellschaft hinterlassen. Auf diesem Landsitz begann im Frühling 1987 die schlimmste Zeit seines Lebens. Er erlebte regelrechte Horrortrips. Er hatte das Gefühl, nicht mehr er selbst zu sein. Ein wimmerndes Nervenbündel, so präsentierte er sich seiner damaligen Lebensgefährtin, der Schauspielerin Claire Bloom. Einmal wagte er nicht, den Fuß in den Swimmingpool zu setzen, aus Angst, vom Wasser verschlungen zu werden. Ein andermal konnte er sich im letzten Moment vor dem Selbstmord bewahren. Was ihn umtrieb, war der Eindruck, seine Identität zu verlieren. Nach drei Monaten stellte sich durch Zufall heraus, dass ein umstrittenes Schlafmittel, das er regelmäßig einnahm, die Ursache für die Verwirrung war. Kaum hatte er es abgesetzt, verschwanden alle Symptome. Der vierundfünfzigjährige Schriftsteller blieb nicht ohne Verstörung zurück – und plante jetzt, seinen Zustand mit einem neuen erzählerischen Vorhaben zu equilibrieren: Er wollte – als Akt der Selbstvergewisserung und der Identitätsfindung – zum Ursprung zurückkehren. Im Projekt einer Autobiographie sah er eine Möglichkeit, die Lebenskraft wiederzuerlangen.[98]

Täuschung ist nach *Die Tatsachen* und *Mein Leben als Sohn* (deutsch 1991 und 1992) der dritte Band der Autobiographie. Das Erzählkonzept, das dem Roman zugrunde liegt, ist auf Verwirrung und Verblüffung hin angelegt. Über die ersten hundertzweiundvierzig Seiten hin entfaltet sich die Geschichte in verschiedenen Dialogsequenzen zwischen dem amerikanischen Schriftsteller Philip, der in London lebt, und Maria, einer Engländerin, die ihn regelmäßig in seinem Studio besucht. Beide sind verheiratet, mit je anderen Partnern, wenn auch beide nicht glücklich. Nach der Liebe pflegen sie in postkoitaler Vertrautheit lange Gespräche zu führen. In das Feuerwerk von witzigen, geistreichen, spitzzüngigen Fragen und Repliken mischen sich abwechslungsweise die Stimmen einer Reihe von polnischen und tschechischen Exilantinnen. Auch sie besuchen den Schriftsteller in seiner Schreibklause, wo er angeblich an einem neuen Roman schreibt. Es gibt in diesem Buch kaum Beschreibungen, nur Dialoge – als sei es ein Dramentext. Wer mit wem spricht, muss der Leser schon selber erraten. An ihm liegt es, den Protagonisten die unterschiedlichen Rollen zuzuordnen, ein Kunstgriff, der Verwirrung schafft und ein deutliches strukturelles Signal setzt für die Austauschbarkeit aller Wahrheiten. Gleichzeitig wird mit der Dialogtechnik, die den Leser in die Rolle des Voyeurs und des Lauschenden verbannt, eine Art Szenen-Dokumentarismus provoziert. Es gibt eine einzige Beschreibung, die den Wechsel von Dialogen durchbricht. Der Schriftsteller bittet Maria, die Augen zu schließen und ihm aus dem Gedächtnis den Raum zu beschreiben. Auf diesem Umweg erfährt der Leser, dass sich die zwei Figuren in einem kargen Raum befinden, mit einem Schreibtisch, auf dem eine Kugelkopfschreibmaschine steht, mit Ledersesseln, einem billigen, stahlblauen Teppich und »einer Plastikmatte für Rückenübungen und Ehebruch«.

Allein diese kurze Beschreibung ist eine hervorragende Probe für die Suggestionstechnik des Schriftstellers, die mehrere Varianten von Realität plausibel erscheinen lässt. Was sich als harmloses räumliches Entzifferungsspiel entpuppt, setzt mit durchaus sexuellen Konnotationen ein: »›Mach die Augen zu.‹ ›Hm-oh.‹ ›Mach sie zu.‹ ›Ich werde ja wohl nicht gefesselt.‹ ›Meine liebe Freundin, wer hat hier je vorgeschlagen, dich zu fesseln, in einer so frühen Phase des Spiels?‹« Natürlich geht es dem Gesprächspartner in dieser Passage keineswegs um ein sexuelles Zwischenspiel – aber im Reden und Verschweigen liegen die sprechenden Leerstellen. Nuancen werden mit kleinsten Modulationen der Textmelodie erzeugt, Stimmungsschwankungen sind allein ablesbar an der elastischen Sprache des Verbalartisten.

Das Fragebogen-für-Liebespaare-Spiel

Der Auftakt des Buches liest sich programmatisch. Mann und Frau verhandeln über einen fingierten Fragebogen in der Tradition Prousts, mit dem sie sich gegenseitig knacken wollen. Sie nennen es den »Fragebogen-zum-Traum-miteinander-durchzubrennen« oder den »Fragebogen-für-Liebespaare-zum-Traum-miteinander-durchzubrennen« – minimale Varianten, welche die Differenz zwischen Wunsch und Wirklichkeit andeuten. Im Programm eingeschrieben sind die wichtigsten Eckpfeiler ihrer künftigen Gesprächsbeziehung, die Frage nach der Kompatibilität des Charakters und des Temperaments, die Frage nach Geld, sozialem Status und nach dem Liebesverhalten. Zwei Kernfragen berühren zentral, was die Geschichte inhaltlich vorantreiben wird. Erstens: Die Frage nach der Ehe und ob man im Innersten seines Herzens immer noch der Illusion nachhänge, dass sie eine Liebesangelegenheit sei. Zweitens: die Frage nach Lüge und Wahrheit in der Liebe: »›Lügst du manchmal? Hast du mich schon belogen? Findest du, dass Lügen ganz normal ist, oder bist du dagegen?‹ ›Würdest du erwarten, dass man dir die Wahrheit sagt, wenn du sie forderst?‹«

Mit diesen Erkundigungen soll die Identität gegenseitig erforscht und eine Basis zu einer möglichen Beziehung gelegt werden. Die Frage nach Lüge und Wahrheit durchsetzt den Text von jetzt an wie ein Spurenelement, das seine Wirkung unauffällig tut. Einmal will der Mann von der Frau wissen, was sie ihrem Gatten erzählen werde, woher sie den blauen Fleck auf dem Schenkel habe. Ihre Antwort demonstriert, dass Wahrheit im Beziehungsleben zugleich als Provokation und zur Vertuschung der Wirklichkeit eingesetzt wird. Sie sage die Wahrheit, meint die Frau, das tue sie immer, auf diese Weise werde sie niemals bei einer Lüge ertappt. Was sie denn genau gesagt habe, bohrt der Mann nach: »Ich habe gesagt: ›Dieser blaue Fleck stammt aus einer stürmischen Umarmung mit einem beschäftigungslosen Schriftsteller in einem Wohnhaus ohne Fahrstuhl in Notting Hill.‹« Es habe albern geklungen und man habe gelacht. Eine verräterische Replik; denn die Manöver verweisen auf regelhafte Komponenten, welche den Umgang mit der Wahrheit charakterisieren. Wahrheit ist keineswegs das primäre System im zwischenmenschlichen Diskurs, das gelegentlich vom Subsystem der Lüge unterwandert und außer Kraft gesetzt wird. Das Umgekehrte ist der Fall: die Lüge hat als Steuerungs- und Erwartungselement längst die alltägliche Kommunikation infiltriert – die Wahrheit aber wirkt unter diesen Voraussetzungen als provozierende Abweichung. Dieses System ist so sehr zum Allgemeingut geworden, dass sich eine Lüge am elegantesten mit der Wahrheit kaschieren lässt.

Erotisierte Gier auf den Stoff

Philip Roths literarische Versuchsanlage präsentiert sich als Theaterbühne, in der Mann und Frau exemplarisch ihre Rolle sprechen. Dabei ist es der Schriftsteller, der alle Fäden in der Hand hält und das Gespräch steuert. Er stellt die Fragen, sie antwortet. Er setzt Impulse, sie öffnet sich. Er, gleichzeitig Beichtvater und Inquisitor, Freund, Therapeut und Geliebter, windet sich mehr und mehr in ihr Liebes- und Eheleben. Ein manischer Verbalisierungskünstler, der mit allen psychoanalytischen Wassern gewaschen ist und die Nachgiebigkeit der Frau nach der Liebe dazu benutzt, um ihr immer neue Details über Ehe, Liebe, Sexualität, Seitensprünge, Krisen, Abnutzungserscheinungen und Eifersucht zu entlocken. Während sie aus ehelichem Unglück und sexueller Frustration in die Affäre getrieben wird, ist es bei ihm schriftstellerische Neugier und die Lust an der identitätssteigernden Selbsterfahrung. Sie ist unfähig zur Lüge, er praktiziert sie unablässig, indem er die Geliebte trickreich manipuliert, sein wahres Motiv aber in keinem Moment aufdeckt.

Der effektive Antrieb liegt in seiner Gier auf den literarischen Stoff. Einmal schöpft sie Verdacht. Er sage nicht viel, sie sei es, die rede, meint sie. Eine Schlüsselstelle. Der

Schriftsteller belügt sie jetzt nach allen Regeln der Kunst. Er setzt den Fragebezug kurzerhand außer Kraft, er antwortet mehrdeutig, er sagt nur die halbe Wahrheit – und enthüllt, auf verdeckte Weise, trotz allem, was der Fall ist: »›Ich höre zu. Ich höre. Ich bin ein écouteur – ich bin audiophil. Ich bin ein Gesprächsfetischist.‹« Tatsächlich, er hört zu. Was die Frau nicht wissen kann, ist, dass Philip ihre Geständnisse stiehlt: Nach jedem Treffen macht er akribische Notizen über die Gespräche, die er für sein Buch verwenden will. Libidinös besetzt ist bei ihm weniger das erotische Spiel als vielmehr die Sprache. Daher sein eiserner Kontroll- und Protokollzwang. Faszinierend ist nun allerdings, dass der Held im Augenblick der Stärke und der Dominanz auch seine größte Schwäche verrät: die emotionale Beschädigung; die Unfähigkeit, über sich selber zu reden, Gefühle auszudrücken, Empfindungen freien Lauf zu lassen. Im Frage- und Redezwang zeigt sich noch viel mehr: Der Schriftsteller panzert sich mit obsessivem Sprechen gegen jede Form von Nähe und Körperlichkeit.

Viel Erotisches passiert in der Tat nicht zwischen den beiden, die Sache wird einzig durch gezielte verbale Anspielungen suggeriert. In diesem Sprachfetischismus verrät sich aber die panische Angst, sich auf die Frau zuzubewegen. Der Schriftsteller, der von sich sagt, dass das »Ich als Bauchredner meines Ich« agiere, ist ein berufsmäßiger Lügner, der Befriedigung nur in distanzierter Verbalerotik findet. Er will die Frau nackt, entblößt, ihm die eigene innere Wahrheit mit absoluter Redlichkeit offerierend, während er sich in Sprache warm einhüllt, drohende Nähe durch verbale Ausschweifungen abpolstert und das Spiel zu jeden Zeitpunkt kontrolliert. Das ist der wahre Hintergrund dieses erotischen Settings im Studio des Schriftstellers. Übrigens weiß er es selbst am besten. Als ihn Maria später einmal zur Rede stellen wird, verteidigt er sich mit dem Hinweis, dass dies alles nicht »Ich« sei, sondern eine Posse, ein Spiel, eine Inszenierung seines

Ichs: »›Oder vielleicht ist es anders herum leichter zu fassen – alles hier ist gefälscht, *außer* mir selbst. Vielleicht ist es *beides*. Aber ob beides oder das eine oder das andere, worauf es hinausläuft, Liebling, ist *homo ludens*!‹«

Es ist kein Zufall, dass es ausgerechnet ein Mann ist, der diese Schwäche Philips mit Röntgenblick durchschaut und sie ihm auf den Kopf zusagt. Mit seinem tschechischen Freund streiten die beiden über Philips Beziehungen zu Frauen. Yvan wirft dem Schriftsteller vor, dass er sich auf dem weiblichen Terrain gegen alle Regeln der erotischen Kunst oder des konventionellen Verhaltens gebärde: »Andere Männer hören geduldig zu, als Teil der Verführung, die zum Fick führt. Deshalb reden Männer normalerweise mit Frauen – um mit ihnen ins Bett zu gehen. *Du* gehst mit ihnen ins Bett, um mit ihnen zu reden.« Er geht mit ihm hart ins Gericht. Genau da, sagt er, liege auch seine größte Beschränkung als Romancier. Er sei ein treuloser Bastard, der einer Erzählung nicht widerstehen könne; je stärker der erzählerische Impuls, desto gebannter sei er – aber keineswegs von der Erotik der Frau: »›Stell dich dumm, wenn du willst, aber du kennst die Wahrheit. Du lässt dich nur auf das Leben ein, um die Konversation in Gang zu halten. Selbst Sex ist eigentlich nur eine Randerscheinung für dich. Dich treibt nicht der Eros – dich treibt überhaupt nichts. Außer dieser knabenhaften Neugier.‹«

Geständnis im Dienste der Textproduktion

Das freundschaftliche Entlarvungsritual unter Männern gipfelt im Vorwurf, dass Frauen für den Schriftsteller nur eine Kaprice im Dienste des Egos beziehungsweise seiner literarischen Produktion seien, wobei er es konsequent auf das emotionale Rohmaterial abgesehen habe: »Am liebsten hast du es, wenn diese seelenvollen Frauen ihre eigenen Geschichten im eigentlichen Sinne nicht erzählen können, sondern sich um Zugang zu ihrer Geschichte mühen. Das sind die Erotika für dich. Und auch die Exotika. Jede Frau ein Fick, jeder Fick eine Scheherazade.« Der Schriftsteller, diese fiktive Figur des Schriftstellers Philip Roth, beutet das erotische Leben aus, er lügt, und diese Lüge ist in Wahrheit ein Manöver, um die eigene Unzulänglichkeit zu verheimlichen.

Die englische Geliebte wiederum fühlt sich, als sie den Roman später liest, missbraucht und verraten durch das Lügenszenario. Sie ist enttäuscht in ihren eigenen, als authentisch empfundenen Gefühlen der Liebe und fordert eine Erklärung, sowohl zum Buch als auch zum Status der amourösen Beziehung, die sie mit dem Schriftsteller unterhielt. Sie habe sehr viel dagegen, wenn ein Schriftsteller das Leben der Leute nehme und es in Fiktion verwandle, wirft sie ihm vor. Der Doppelgänger Philip Roths windet sich erst mit der Ausrede heraus, eigentliches Thema des Buches sei das Kinderspiel »Küsse und Geständnisse«. Auf die Entgegnung der Frau, dass sie sehr verwickelte, komplizierte Gefühle habe angesichts dieser öffentlichen »Selbstentblößung und der verschiedenen Arten von Verrat«, wehrt er sich nicht wirklich, er bestreitet auch nicht die lügenhafte Konstruktion eines Paralleluniversums. Nur verschiebt er die Legitimation dafür auf das Feld der Literatur. Verrat als Begriff ist in seinen Augen in diesem Zusammenhang reichlich übertrieben, niemand könne von ihm verlangen, seinem Beruf abzuschwören, er sei nun mal ein Dieb, und einem Dieb könne man nicht vertrauen. Ob Fiktion oder Realität, ob Virtualität oder wahre Liebe: »›Wie sichtbar du dich (nach dem Erscheinen des Buches) auch fühlen magst‹«, so redet er sich heraus, »›deine Identität wird in dem Buch nicht preisgegeben, und du bist nicht leicht zu identifizieren. Sosehr du als Modell gedient haben magst, die breitere britische Öffentlichkeit weiß das nun einmal nicht, und wenn du es nicht lauthals verkündest, dann bleibt sie auch in Unwissenheit.‹«

Lüge als Sprachspiel

Das alles ist nicht nur ein doppeltes literarisches Fiktionsspiel, sondern viel mehr. Durch die Deklaration einer autobiographischen Absicht erhält die Romankonzeption von *Täuschung* einen weiteren Dreh. Der reale Schriftsteller Philip Roth, der sich im Schriftsteller Philip des Buches spiegelt, kapituliert vor der Autobiographie, indem er glaubhaft nachweist, dass Leben und Fiktion unauflösbar verbunden sind und sich Wahres und Wahrscheinliches überlagern. Beide Figuren im Zentrum sind sowohl wahr wie gefälscht, beide Identitäten sowohl beglaubigt wie erlogen. Der Leser aber wird Zeuge eines raffinierten Spiels, in dem sich die Wirklichkeit vor seinen Augen mehrfach im Spiegel bricht. Die erotische Szene erscheint ihm bald als täuschend gaukelndes Traumgebilde, bald als prosaische Wirklichkeit. Philip Roths erzählerische Konzeption verdeutlicht, was der Sprachphilosoph Ludwig Wittgenstein zur Lüge meint. Für ihn ist das Lügen ein Sprachspiel, das gelernt sein will wie jedes andere. Die Regeln des sprachlichen Handelns seien Spielregeln und keine moralischen Regeln. Unsere Alltagspraxis bestehe aus verschiedenen Sprachspielen, zu denen auch die Lüge zähle.[99]

Nicht vergessen werden darf dabei, dass die Lüge tatsächlich zu einem der wichtigen Instrumente des Schriftstellers gehört. Es ist kein Zufall, dass die Kunst des Lügners und die Kunst des Schriftstellers ähnliche Talente voraussetzen. Der Umgang mit der doppelten Wahrheit erfordert Geistesgegenwärtigkeit und stellt nicht geringe intellektuelle Anforderungen. Die Begabung des Lügners besteht nicht nur in seiner Kreativität, mit der er andere Realitäten erfindet, sie verlangt auch Spontaneität bei der Reaktion auf unvorhergesehene Situationen und Virtuosität im Jonglieren mit den verschiedenen Wirklichkeiten, zwischen denen er unter Umständen blitzschnell wechseln muss, ohne sie zu verwechseln. Bei allen nonverbalen und paraverbalen Manipulationsmöglichkeiten ist doch ein Lügen ohne ausgeprägte sprachliche Begabung kaum denkbar.

Auf der Grundlage sprachlichen Handelns ist die Lüge ein schöpferischer Akt, der Einbildungskraft erfordert. Philip Roths Inszenierung, die nichts anderes im Sinne hat, als die Relativität aller Gefühle sichtbar zu machen und auf provozierende Art zu beweisen, dass sexuelle Leidenschaft immer in einem Zwischenreich von Fantasie und ihrer Realisierung gedeiht, legt Zeugnis ab von einer unbändigen Imaginationskraft. Seine Kunst besteht darin, vorzuführen, dass die Lüge nicht einfach die Negation des für wahr Gehaltenen ist. Der überzeugende Lügner muss etwas erfinden, was wahr sein könnte, wie das schon Michel de Montaigne definierte: »Wenn die Lüge, wie die Wahrheit, nur eine Seite hätte, so würden wir besser daran seyn; denn wir würden das Gegentheil von demjenigen, was der Lügner sagt, für gewiß annehmen. Allein das Gegenteil der Wahrheit hat tausenderley Gestalten, und einen unbegränzten Umfang.«[100]

Diesen Sachverhalt demonstriert überdeutlich der Epilog. Philip Roth katapultiert sich mit einem Kunstgriff auf eine Metaebene, in der die verschiedenen Wahrheiten noch einmal zur Sprache kommen. Wie ernst es ihm mit der Täuschung, mit seiner Vision von der Austauschbarkeit der Wahrheiten und dem Verschieben des erotischen Szenarios ins Illusionäre und von da wieder zurück in die Wirklichkeit ist, macht er mit aller Entschiedenheit sichtbar. Die Liebe erweist sich in seinem Roman *Täuschung* als fingiertes Planspiel, wobei die Balance zwischen Fantasie, Lüge und Wirklichkeit haarscharf austariert wird. Das Imaginäre, so behauptet sein Held wenigstens, sei keineswegs das Gegenteil der Wirklichkeit. In letzter Konsequenz fiktionalisiert sich der Protagonist mit dem gerissen eingefädelten Szenario selbst, die Täuschung läuft auch auf eine Selbsttäuschung hinaus.

Die Szene, die dies an den Tag bringt, findet Jahre später statt. Philip, der Schriftsteller, ist zurück nach Amerika gezogen, seine Geliebte in London hat sich inzwischen wieder mit ihrem Mann arrangiert. Beide hatten sich über längere Zeit aus den Augen verloren, als der Schriftsteller sich plötzlich bei der Geliebten telefonisch meldet. Sie hat inzwischen den nach ihrem Modell entstandenen Roman gelesen und sich dabei wiedererkannt. Nicht nur das: Auch Freunde lasen das Buch, befragten sie nach dem Grund der außerordentlichen Ähnlichkeit mit der Protagonistin und behaupteten sogar, sie im Buch sprechen gehört zu haben. Die Frau fordert jetzt eine Erklärung für die Täuschung: »›Warum *tust* du das? Warum gehst du so mit dem Leben um? Und insbesondere in Anbetracht der Tatsache, dass *du* die Geheimhaltung wolltest – und unsere Beziehung war *entstellt* von Geheimhaltung, von deinen nahezu paranoiden Bemühungen, die ganze Sache im Verborgenen zu halten. Und alles wegen deiner Frau. Warum hast du dann ein Buch geschrieben, bei dem ihr, da bin ich sicher, gar nichts anderes übrig bleibt, als zu denken, es müsse auf einer realen Person basieren. Warum?‹«

Die imaginäre Geliebte

Ein letztes Mal holt der Schriftsteller zu einer Doppellüge aus, die so ambivalent ist, dass sie gleichzeitig eine mögliche Wahrheit einschließt. Es sei nicht Paranoia gewesen, was ihn getrieben habe, sondern das reale Leben. Zwar nur ein Traum davon, aber doch so, wie ihr gemeinsames Leben hätte sein können. Mehr noch: Er behauptet, nicht nur die paar Stunden in dem engen Zimmer mit ihr zusammen gelebt zu haben, »ich habe auch mein Leben mit dir geteilt, während ich schrieb. Ich hatte ein imaginäres Leben mit dir, als du gar nicht da warst. Es war alles sehr stark.«

Diese Rechtfertigungsstrategie ist weder die Wahrheit

noch das Gegenteil von ihr, sie ist beides. Unter einem kühl pragmatischen Gesichtspunkt betrachtet müsste man die Erklärung als reine Lüge einordnen, sie enthält alle Merkmale, die zu ihrer Definition gehören. Vier Aspekte sind dabei entscheidend: die Wahrheitsfähigkeit der Äußerung in der Form der Aussage; der bewusste Widerspruch zwischen Aussage und innerem Fürwahrhalten; der weiter reichende, aber nicht generell zu bestimmende Zweck der Lüge; die Absicht des Lügners, seinen weiter reichenden Handlungszweck zu verbergen: »Ob direkt gewollt oder eher in Kauf genommen, mit der bewusst verdeckten Form des Handelns wird beim Lügen natürlich immer auch die Täuschung eines anderen bezweckt, und diese Absicht muss sich ebenfalls der moralischen Bewertung stellen.«[101]

Unter dieser Optik müsste man die Rechtfertigungs-Argumentation Philips verwerfen. Sein reales Leben vollzog sich nicht an der Seite der Geliebten, sondern an jener seiner Frau. Sein wahres Motiv für die heimliche Beziehung war nicht die Liebe, sondern das Schreiben über die Liebe, ein Handlungszweck, mit dem er die Geliebte ausnutzte, ihr den wahren Grund aber konsequenterweise verschwieg. Ihr nachträglich schales Gefühl, nur nützliches Vehikel in einem fremden Spiel gewesen zu sein, trifft so besehen ins Schwarze. Wahrheitsfähig ist die Aussage des Schriftstellers, dass die Geliebte imaginär und in diesem Sinne real gewesen sei, keineswegs: Sie war über weite Strecken real zur virtuellen Existenz verdammt. Und: Der Schriftsteller selbst installierte dieses Verhältnis. So besehen war die erotische Inszenierung des Dichters instrumenteller Natur, ihr Zweck Zynismus. Allerdings hat auch diese Wahrheit eine Kehrseite: Wie sehr sich die Frau aus ihrer Sicht nachträglich als beliebige Manövriermasse in einem fremden Lebenslauf vorkommt, so hat doch auch das Beschwichtigungsargument des Dichters eine gewisse Geltung. Ein Schriftsteller ist ein Dieb, der von der Fiktion lebt, die er aus der Realität destilliert. Für ihn ist das Leben in der Imagination Teil der Realität. In diesem Sinne ist seine Erklärung plausibel.

Trotzdem ist der Roman *Täuschung* von Philip Roth Inbegriff der literarischen Inszenierung der Lüge unter verschärften Bedingungen. Zur triumphalen Schlusspointe holt der Schriftsteller erst auf den letzten fünfundzwanzig Seiten aus, mit einer unglaublich verblüffenden Konstruktion, die nachträglich noch einmal die ganze Welt aus den Angeln hebt. Die Doppelliebe dieses unheimlichen Bewohners eines Paralleluniversums gipfelt im fulminanten Schlussakkord einer Doppellüge. Seine Frau entdeckt durch Zufall das Notizbuch mit den inkriminierten Aufzeichnungen über die Gespräche mit der Geliebten, und »dummerweise, dummerweise habe ich mich wieder hingesetzt und das ganze Ding gelesen! Ach, es wäre so viel besser, nicht Bescheid zu wissen!« Er gehe in sein Studio nicht um zu schreiben, sondern weil er eine Affäre habe, so stellt die betrogene Frau ihn zur Rede. Was tut hierauf der Schriftsteller? Er streitet alles ab. Die einzige Frau in seiner Schreibklause sei die Frau in seinem Roman, leider. Die Frau habe nie existiert, sie sei nur imaginär, die Gespräche mit ihr erfunden. Philip geht so weit, den Verdacht auf eine Nachbarin zu lenken, mit der er sich zufällig unterhalten habe. Manches von dem, was im Notizbuch stehe, sei ein akkurater Bericht darüber, und er inspiriere etwas, von dem er hoffe, dass es akkurate Imagination sei.

Ob es sich nun – wie es das Klischee und die Populärpsychologie will – so verhält, dass Männer in Beziehungen mehr lügen und Frauen die Lügen leichter aufdecken oder ob dieser Schluss nur kulturell vorgegebene, aber verzerrte Leitbilder zu Paaren abruft: Faktum ist, dass sowohl die Geliebte wie auch die Gattin in Philip Roths Roman die Lügen des Mannes auf der Stelle durchschauen.[102] Im Alltag entwickeln beide Geschlechter ein geschärftes Sensorium und ein intuitives Rezeptwissen, wie mit offenen und verdeckten Signalen in Bezug auf Wahrheit umzugehen sei. Automatisch filtert man heraus, ob es sich bei einer Aussage um eine List, eine Verstellung, eine Maskierung, ein Spiel oder eine Fiktion handelt. Nicht nur das Lügen, auch die Entdeckung von Lügen gehört zum wesentlichen Bestandteil der sozialen Intelligenz. Es ist Teil des Normalverhaltens, sich dauernd in der Vervollständigung des Lügens zu üben, aber auch im Durchschauen der irreführenden Fabrikationen.[103]

Paare und Lügenkonstruktion

Die Frau des Schriftstellers, gefühlssicher in ihrer Enttäuschung und naturgemäß die typisch weiblichen Gedankengänge ihrer Rivalin durchschauend, lässt sich jedenfalls von den schlauen Ausreden Philips nicht täuschen: »›Wie kann sie imaginär sein, wenn sie all diese Dinge weiß, die *du* überhaupt nicht wissen kannst? Sie ist eine Person, die in dein Studio kommt, und sie ist der Grund, weshalb du jetzt seit Monaten so abgelenkt bist und dich für mich überhaupt nicht interessierst. Wenn ich mit dir rede, bist du kaum imstande, wach zu bleiben. Wenn *sie* mit dir redet, ist alles so herrlich, dass du es niederschreiben musst, jedes herrliche Wort! Sie braucht nur den *Mund* zu öffnen, und schon bist du ›écouteur – bist audiophil!‹ Mein Gott, was für eine prätentiöse Scheiße.‹«

Es ist kein Geheimnis, dass Paare nicht ohne gemeinsame Lügenkonstruktionen auskommen. Lügen und Täuschungen sind Teil der sozialen Praxis. Einerseits sind diese Praktiken tabuisiert und werden stillschweigend vollzogen beziehungsweise heimlich akzeptiert. Der Grund liegt darin, dass Lügen zur gemeinsamen Wirklichkeitskonstruktion eines Paares und zur Bewältigung kommunikativer Probleme notwendig sind. Lügen in Beziehungen können nicht nur als moralisch verwerfliches Verhalten beurteilt, sondern müssen auch als soziales Phänomen eingeordnet werden, als Mittel zur Konfliktbewältigung. Allerdings gibt es graduelle Unterschiede. Sosehr Täuschungen für den Beziehungsalltag normal sind, so sehr ist ihre begrenzte Anwendung unterlässlich.[104]

Verblüffend und beunruhigend ist nun, wie Philip Roths Held Philip alle Tabus hinter sich lässt und sämtliche Grenzen niederreißt. Kein Register, das er jetzt nicht ziehen würde, keine Durchtriebenheit, die er auslassen würde, um seinen Verrat zu legitimieren. Seine Verteidigungstaktik gegenüber der verletzten Frau ist hermetisch, jedes ihrer Argumente zersplittert an seiner Betonstrategie. Anstatt den schamlosen Verrat zuzugeben, hangelt er sich agil von der Konterattacke zur Ausrede, von der Beschönigung zur nackten Lüge, vom gezielten Ablenkungsmanöver zur moralisierenden Gegenrede. Alles führt er zu seiner Entlastung an: die imaginäre Existenz der Frau; den berufsbedingten Reiz, den Tonfall einer faszinierenden Person abzulauschen oder vielmehr: zu imaginieren; die normale Schwäche des Mannes, an fantasierte Frauen zu denken, während er sich mit der eigenen Frau im Schlafzimmer befindet; die in dieser Hinsicht naturgemäß noch gesteigerte Neigung des Schriftstellers, der auf die Ausbeutung der ungeschützten Intimität von Menschenmaterial geradezu angewiesen sei. Schließlich führt er sogar den beruflichen Zwang zum Verdienen des Lebensunterhaltes als mildernden Umstand an für seine Praxis des gestohlenen Lebens.

In der Tat, was sich für einen blitzhaften traurigen Augenblick zeigt, ist der Literat in der Rolle des »Menschenfressers«[105], der Künstler, der für seine literarischen Ziele vor nichts zurückschreckt. Die Frage nach der Liebe hat sich in dieser paradoxen Versuchsanlage von selbst erledigt, aufgelöst wie ein Stück Zucker im Wasser. Nur die begriffsstutzige Frau hat es nicht verstanden, als sie dem Mann bitterlich weinend entgegenschleudert: »›Du liebst sie mehr, als du mich je geliebt hast!‹ – ›Weil sie nicht existiert. Wenn du nicht existiertest, würde ich dich auch auf solche Weise lieben. Ich kann gar nicht glauben, dass wir diese Auseinandersetzung haben.‹ – ›Wir haben sie, weil du lügst!‹« In dieser Schlüsselstelle schießen noch einmal Faszination und Schrecken zusammen, die Philip Roths Roman *Täuschung* auslöst. Die großartige Inszenierung einer Doppellüge enthüllt den Schriftsteller als auktorialen Richter seiner Schöpfungen und schamlosen Ladykiller, als frivolen Herzensbrecher und Schmarotzer des pulsierenden Lebens, als absoluten Herrscher über Realität und Fiktion, der rückhaltlos alles in den Dienst der eigenen Sache stellt.

Sechster Teil
Junges Mädchen, alter Mann

»Ich wurde ein anderer«

Gabriel García Márquez:
Erinnerung an meine traurigen Huren

Als Gabriel García Márquez' Roman *Erinnerung an meine traurigen Huren*[106] (deutsch 2004) nach zehnjährigem Schweigen des Dichters erschien, ging ein Aufschrei des Entzückens und des Entsetzens durch die Literaturszene. Beglückt waren die Verehrer des kolumbianischen Schriftstellers, die so lange ein neues Wunderwerk des Weltautors herbeigesehnt hatten. Entsetzt waren die Feministinnen, die sich sogleich über die provozierende erotische Inszenierung ereiferten. Die Geschichte einer ungewöhnlichen Liebe ohne Worte zwischen einem neunzigjährigen Mann und einer knapp vierzehnjährigen Prostituierten ignoriert alle Kategorien der »Political Correctness« und konventioneller Liebesbeziehungen. Sie lässt der Imagination der Begierde freien Lauf. Die Bewunderer störte das nicht, sie rissen sich auf der Stelle um das Meisterstück, das in einer Startauflage von einer Million spanischsprachigen und 200.000 deutschsprachigen Exemplaren erschien. So gigantisch war das Interesse der lesenden Öffentlichkeit, dass sich noch vor dem Erscheinen des Buches Raubkopierer des Manuskripts bemächtigten, das Werk zu einem Drittel des Originalpreises anboten sowie den Text im Internet veröffentlichten – worauf sich der erzürnte Dichter rächte, indem er für den 160 Seiten starken Roman kurzerhand eine neue Schlussversion schrieb und die Käufer der Vorabware um die Originalfassung brachte.

Die Kritiker aber fuhren schweres rhetorisches und moralisches Geschütz gegen die ungewöhnliche Liebesgeschichte auf. Während Hubert Spiegel in der »Frankfurter Allgemeinen Zeitung« zur Ankündigung des Vorabdrucks noch von einer »Erzählung über Alter und Jugend, Eros und Tod, Schönheit und Vergänglichkeit, die uns rührt und verstört«[107] gesprochen hatte, reagierte die deutsche Schriftstellerin und Journalistin Elke Heidenreich wenig später in der gleichen Zeitung kontrovers. Sie monierte, der Roman offenbare neben der romantischen Liebesgeschichte eine zweite, nicht weniger manifeste, aber abstoßende Lesart: Ein lüsterner Alter, ein Leben lang Bordellgeher, wolle sich zum neunzigsten Geburtstag eine Jungfrau gönnen. Da die Bordellbesitzerin nur »Gebrauchtware« anbiete, verspreche sie dem Journalisten sich umzuhören und finde in der Tat eine stark unterernährte Vierzehnjährige. Der Alte komme nun jede Nacht, um die schlafende Schöne zu begehren – der Autor aber wolle dem naiven Leser tatsächlich suggerieren, dass sein erotischer Held echte Liebe empfinde. Das Arrangement sei an Widerwärtigkeit nicht zu überbieten und offenbare, wovon alte Männer »heimlich unter der Bettdecke träumen. Immer geht es dabei um strammes junges Fleisch.« Nach Elke Heidenreich ist dieses Buch der Kategorie der Altherrenfantasien zuzuordnen. Liebe werde darin mit Begierde verwechselt, »und die Begierde zielt immer auf Frischfleisch«[108].

In der Tat existiert – und das nicht nur innerhalb der deutschen Literatur – eine bemerkenswerte Tradition des Lolita-Motivs. Der Topos der ungleichen Verbindung eines alten Mannes mit einem jungen Mädchen ist uralt – von Noah und seinen Töchtern über den lächerlichen Lüstling der Commedia dell'arte bis zu Nabokovs Skandalbuch *Lolita* wird dieser Stoff weiterentwickelt und scheint aktueller denn je. Philip Roths Roman *Das sterbende Tier* und *Der menschliche Makel* gehören in diese Reihe, Italo Svevos Text *Der alte Herr und das schöne Mädchen*, Martin Walsers *Der Augenblick der Liebe*, John Updikes *Brasilien*-Roman, Charles Simenons *Das Venus-Spiel* – und nicht zu vergessen die literarischen Gegenstücke von Schriftstellerinnen, welche die Konstellation aus der konträren Sicht des anderen Geschlechts beleuchten: Marguerite Duras' Roman *Der Liebhaber* oder, unter den jüngeren deutschen Autorinnen, Romane von Judith Kuckart, Annette Mingels oder Martina Zöllner. Gabriel García Márquez hat sich entscheidend von einem Klassiker der modernen japanischen Literatur beeinflussen lassen, Yasunari Kawabatas Roman *Die schlafende Schöne*. Sein Roman soll eine Hommage an den japanischen Kollegen sein, der ihn tief beeindruckt habe.

Tabubruch und Skandalisierung

Es versteht sich von selbst, dass ein Stoff, der so hartnäckig die dichterische Fantasie beschäftigt, nicht aus der Luft, sondern aus den Erfahrungen des Lebens gegriffen ist und tief in den psychischen Strukturen menschlichen Liebesverhaltens wurzelt. Handstreichartig wegwischen lässt sich die Konstellation »Alter Mann – junge Frau« nicht, auch wenn sie auf Tabubruch und Skandalisierung hin angelegt ist. Die Literatur fragt naturgemäß nicht nach dem, was sein darf, sondern nach dem, was ist und was sich jenseits bürgerlicher Konventionen zwischen den Geschlechtern auch noch abspielt. Kein Zweifel, die ungleiche Konstellation bezieht ihre Energie aus der unterlegten ödipalen Spannung und der nur leicht verschleierten oder fragwürdig legitimierten Überschreitung des Inzest-Tabus in einem Verhältnis, das unübersehbar Züge einer Vater-Tochter-Beziehung trägt. Das erotische Traumbegehren schafft sich ungehindert freie Bahn – doch wer auf dieses literarische Rollenspiel nur moralistisch reagiert, greift zu kurz. Gabriel García Márquez führt mit den Mitteln der Literatur überspitzt, gewagt und konzentriert eine mögliche, krisenhafte Dynamik von Obsession und Leidenschaft vor, die sich – wiewohl meist nur in homöopathischen Dosen – auch in traditionellen Beziehungsmustern findet. Es gehört zur Freiheit der Literatur, abweichendes Liebesverhalten zu thematisieren und auf den Prüfstand zu stellen – auch wenn dies in einer gefährlich glitzernden, widersprüchlich verführerischen Inszenierung geschieht, die sich an keine gängigen Vorgaben hält.

Verbindungen zwischen alten Männern und jungen Frauen sind aktueller denn je – Hochglanzillustrierte und Prominentenmagazine belegen es. Nicht zu leugnen ist dabei, dass die Beziehungen zwischen ungleichen Partnern die Errungenschaften der Feministinnen untergraben, die für symmetrische Verhältnisse zwischen Mann und Frau gekämpft hatten. Das Gegengeschäft zwischen Macht und Jugend, Schönheit und Geld erregt den Widerspruch jener Frauengeneration, die sich überzeugend für die Selbstbestimmung der Frau, eine selbstdefinierte weibliche Identität und die Befreiung von männlichem Dominanzverhalten gewehrt hatte. Dass die Liaison zwischen einem alten Mann und einer Lolitafrau in vielen Fällen ein Tauschhandel auf dem Gebiet des Schönheitskapitalismus ist, soll keineswegs unterschlagen werden. Neueste soziologische und psychologische Forschungen sprechen eine deutliche Sprache. Es geht um die Trophäe, und es geht um den ökonomischen Tauschwert von Schönheit und Jugend. Schönheit ist Macht, und wer sie besitzt, hat auf allen Gebieten des Lebens die besseren Karten. Schönen Menschen wird automatisch ein höherer sozialer Status zugemessen. In einer hierarchisch organisierten Gesellschaft mit ihren hochkomplexen sozialen Austauschbeziehungen erleichtert Schönheit automatisch den Zugang zu anderen Ressourcen. Konventioneller ausgedrückt: Schönheit heiratet nach oben.[109] Wir leben in einer von Schönheit bestimmten Klassengesellschaft; wer schön ist, dem fallen auf sämtlichen Gebieten des Lebens Vorteile zu. Die junge Frau an der Seite eines alten Mannes hat die Funktion eines erotischen Trumpfes, der seinen Marktwert optimiert.

Auch der zweite Einwand gegen das provozierende Grundmuster »Alter Mann – junge Frau« im Roman Erin-

nerung an meine traurigen Huren kann nicht ohne nachzudenken verdrängt werden. Elke Heidenreich weist auf die sexistische, ausbeuterische Komponente hin, welche die Beziehung zwischen einer machtlosen Vierzehnjährigen und einem in jeder Beziehung überlegenen Neunzigjährigen verrät. Sie denunziert gleichzeitig die Verlogenheit der Literaturkritik, weil »wir uns über Kinderpornographie (aufregen) und gleichzeitig diesen Roman (preisen), den die Kritik mit Elogen wie ›eine virtuose Feier der Liebe und somit des Lebens‹ oder ›Eine geheimnisvolle Poesie liegt über der Handlung‹ oder ›Hohes Lied der Enthaltsamkeit‹ feiern«. Dabei gehe es bei Gabriel García Márquez um »die Lüsternheit eines alten Greises« und ein »unterernährtes vierzehnjähriges Mädchen, das er mit seinen Küssen vollsabbert« und eher nicht um große Literatur.[110]

Der lüsterne Alte und die Schöne

Missbrauch von Kindern, pornographische Ausbeutung, sexistische Repression sind die Stichwörter, auf die eine breite Öffentlichkeit in den letzten Jahren zu Recht sensibler reagiert. Es hat gar keinen Sinn zu bestreiten, dass der kolumbianische Nobelpreisträger mit einer mehrdeutigen Männerfantasie arbeitet, die solche Einwände auf den Plan rufen. Aber bleibt es dabei? Ohne die inkriminierten Anspielungen zu rechtfertigen, ist es doch eindeutig, dass ein Festklammern an der Fassade des Textes den Blick in die vielfältigen Bedeutungsräume verstellt. Einerseits ist es sinnlos, die Augen vor der kompromittierenden Konstellation zu verschließen oder krampfhaft nach Entlastungsargumenten zu suchen. Andererseits stellt sich die Frage, ob mit dem vorschnellen Urteil die vielschichtigen Lesarten des Romans entziffert werden, die unter dem provozierenden Szenario liegen.

Reden und Schreiben über Sexualität und Pornographie

ist – auch in der Literatur – ein Spiel auf Messers Schneide. Tabuisierung von Sexualität ist allerdings eine gegenaufklärerische Haltung, die nicht weiterführt, sondern die unbegriffenen Mächte erst recht der Kontrolle entzieht und zur seelischen Verkrümmung führt. Die Folgerungen für die Literatur sind eindeutig: Das Verschweigen sexueller Sachverhalte ist ebenso unwahrhaftig und damit unethisch wie das Überbewerten durch Dämonisierung. Alle Künste schaffen Scheinwelten, in denen komplexe Probleme exemplarisch ausgestellt und zur Sprache gebracht werden. Sexualität dient dabei oft als Motor der Handlung und als Motiv, um richtiges oder falsches Verhalten zu denunzieren beziehungsweise zu belohnen. Die Frage ist, ob ein Schriftsteller es auf eine kurzfristige, banale, wollüstige Stimulation des (männlichen) Lesers abgesehen hat und das erotische Bild nur als dramaturgischen Vorwand benutzt oder ob er auf die Verhandlung eines Aspektes der »conditio humana« zielt.

Genau dies ist in Gabriel García Márquez' Roman *Erinnerung an meine traurigen Huren* der Fall. Zwar wird unverschämt ein erotisch schillerndes Muster aufgerufen – aber wird es nicht dauernd unterlaufen? Zwar wird eine sinnliche Beziehung zwischen einer nackten Frau und einem begehrenden Mann gezeigt – aber wird sie nicht dauernd sabotiert? Um diesen Text aufzuschließen, muss man die Steine beachten, die der Schriftsteller dem Leser vor die Füße wirft. Worum geht es? Tatsächlich beschließt der alternde, kultivierte und gebildete Journalist, Musikliebhaber, Thomas-Mann-Leser und Kolumnist der regionalen Sonntagszeitung, sich zu seinem neunzigsten Geburtstag eine liebestolle Nacht mit einem unschuldigen Mädchen zu schenken. Ein unsittliches Ansinnen, ohne Zweifel, und trotzdem leitet er das Nötige auf der Stelle in die Wege mit einem Anruf bei der Puffmutter Rosa Cabarcas. Eine Jungfrau begehre er, nur für eine Nacht. Die Kupplerin erkundigt sich schlagfertig, was er sich damit beweisen wolle, verspricht aber endlich doch, das Feld zu sondieren, stellt dem weltfernen Gelehrten allerdings einige Schwierigkeiten in Aussicht, da es kaum noch Jungfrauen gäbe.

Der seltsame Greis lebt im Haus seiner toten Eltern. Seine Mutter Florina de Dios Cargamantos, Tochter eines Italieners, galt als schönste und begabteste Frau der Stadt. Sie spielte vortrefflich Mozart, beherrschte mehrere Sprachen und verehrte Garibaldi. Die Frauen hat sich der Sohn, dessen schwärmerische Bewunderung ein Leben lang der Mutter geweiht war, auch noch nach ihrem Tod nicht nur vom Leibe, sondern von der Seele gehalten. Er bewahrt sich auf eine merkwürdige Art für die Mutter auf – mit einem sexuellen Vermeidungsmanöver, das hellhörig macht. Zwar lebt er keineswegs wie ein Mönch, im Gegenteil, er pflegt mit sorgfältiger Eitelkeit den Ruf eines Frauenhelden. Niemals aber hat er mit einer Frau geschlafen, ohne dafür zu zahlen, und die wenigen, die nicht vom Gewerbe waren, überzeugt er kraft Vernunft oder Gewalt, von ihm Geld oder reiche Geschenke anzunehmen. Da zeigt sich eine spektakuläre Fraueneliminationsstrategie – und ein erster aufschlussreicher Hinweis, wie hintergründig der Schriftsteller die Verstrickungen seines Helden in Wahrheit konzipiert. Die treu dienende Sohnesliebe wird durch die raffinierte Abwehrstrategie von keiner ebenbürtigen Frau gestört – das Andenken an die Mutter bleibt konserviert wie eine Reliquie im Schrein. Sexualität mit einer unwürdigen Prostituierten ist in dieser Hinsicht das kleinere Übel, das als Gratifikation dem Sohn die fortwährende »unio mystica« mit der Mutter weit über deren Tod hinaus garantiert. Sie ist es, die unangefochten Königin seines Herzens bleibt. Kein Zufall auch, dass das Vaterbild im Schatten verschwindet. Márquez zeichnet ihn unscharf, einmal nennt er ihn »pedantisch«, ein Mann an der Seite einer künstlerisch begabten Frau, die früh an Schwindsucht stirbt. Offenbar gibt der Vater kein wirkliches Vorbild ab, das den Sohn reizen und mit dem er sich identifizieren könnte.

Die Macht der Mutter

Das ödipal auf die Mutter gerichtete Begehren wird über diesen Umweg fixiert und die Ausrichtung auf ein ebenbürtiges erotisches Objekt vermieden. – Es ist nicht weiter erstaunlich, wenn der Leser nebenbei erfährt, dass es die musische und der Literatur zugeneigte Mutter war, die dem Sohn die dichterische Sprache geschenkt hat – eine Konstellation, die sich in vielen Dichterbiographien findet. Man kann es als Indiz lesen, dass anstelle der sexuellen Zeugung die Produktion oder besser gesagt: Befruchtung und Empfängnis der Kunst getreten ist. Ein pikantes Detail, das diesen Sachverhalt belegt, liefert Márquez mit der Anekdote über die literarischen Anfänge seines Helden. Die Mutter war es gewesen, die den Neunzehnjährigen an die Hand genommen und mit ihm beim »Diario de la Paz« vorgesprochen hatte, damit die Zeitung eine Chronik veröffentliche, die der Sohn im Spanisch- und Rhetorikunterricht geschrieben hatte. Sie wurde denn auch mit einer hoffnungsvollen Einleitung des Direktors publiziert. Erst Jahre später, als er schon ein gestandener Dichter war, erfuhr der Sohn die Geschichte seiner literarischen Initiation: Die Mutter hatte für diese und sieben folgende Veröffentlichungen gezahlt.

Die Mutter behält unverändert den vollen Machtanspruch über den Sohn, der sich vor ihrem erstarrten Bild verneigt. Spannend ist, wie Gabriel García Márquez das differenzierte Psychogramm seines Helden entwirft. Der Journalist und Sonntagszeitungs-Kolumnist bewegt sich sein Leben lang wie traumwandlerisch an der Grenze zwischen gelebter Sexualität und ihrer Unterdrückung, zwischen autonomem Triebleben und der Vermeidung leidenschaftlicher Gefühle, zwischen erotischer Objektbeziehung und narzisstischer Rückwendung der Libido auf sich selbst. Ein wahrer Hochseilakt zwischen Verbot und Begehren. Ein harter

Kampf um die prekäre Balance, die jederzeit zugunsten der einen oder anderen Seite umschlagen könnte – was es mit aller Kraft zu vermeiden gilt. Um das Leben in diesem ambivalenten Zwischenzustand auszuhalten – der Mutter treu bleiben und trotzdem zum Mann werden –, entwickelt er einen reichlich zwanghaften Charakter. Seine Frauenbeziehungen kontrolliert er mit einem ausgeklügelten Überwachungssystem. Zwar konsumiert er Sexualität, aber nur unter der Bedingung, dass gefährliche Gefühle der Liebe umgangen werden und keine Frau den mütterlichen Platz streitig machen kann. Er zieht anonymen Sex der Liebe vor, notgedrungen mit Frauen, deren sozialer Status so niedrig ist, dass sie jederzeit ausgelöscht werden können. Er wird zu einem »Mann, der sich aus Angst vor der Gefangenschaft der Gefühle in den Käfig nackten Begehrens geflüchtet hat«[111]. Bis zu seinem fünfzigsten Lebensjahr schläft er mit fünfhundertvierzehn Frauen, mit denen er mindestens einmal zusammen war. Mit zwanzig beginnt er damit, ein Verzeichnis darüber anzulegen, in dem er Namen, Alter, Ort und eine knappe Gedächtnisstütze über die Umstände und die stilistischen Eigenheiten der Huren notiert. Als er die fünfzig überschritten hat und der Körper nicht mehr so viel hergibt, dass er etwas Schriftliches gebraucht hätte, um den Überblick zu behalten, hört er mit der Liste auf.

Die ökonomische Bewirtschaftung des Körpers und der Seele zur Abwehr riskanter Emotionen gerät in die Krise, als der Mann neunzig wird und den Tod vor Augen sieht. Eigentlich hat er sich vorgenommen, allein im Hause der Eltern zu sterben, das er ein Leben lang bewohnte, und zwar in dem Bett, in dem ihn die Mutter geboren hatte. Das Auseinanderbrechen des prekären Gleichgewichts kündigt sich in mehreren Schlüsselsätzen an, die wie versprengt im Text stehen. In solchen Passagen zeigt sich überdeutlich der Widerstand, der sich der scheinbar banalen Zitierung des altbekannten Topos »Alter Mann – junge Frau« entgegenstellt.

Márquez geht zwar von diesem Muster aus, aber er verbiegt, verfremdet, verfeinert es und lädt es mit neuen Inhalten auf. Der Journalist entschließt sich überraschend, aus seinem emotionalen Totstellreflex auszubrechen – warum, ist ihm allerdings selbst rätselhaft. Erstens bricht er den heiligen Frieden, in dem er mit seinem Körper seit Jahren lebt, weil ihn just zum neunzigsten Geburtstag »ein Begehren« erfasst, das »so drängend« war, »dass es mir ein göttlicher Fingerzeig zu sein schien.« Zweitens nimmt er zum ersten Mal sein Alter zur Kenntnis, weil der Körper beim Erwachen plötzlich jeden Tag an einer anderen Stelle schmerzt. Drittens entschließt er sich, die Geburtstagskolumne in der Sonntagszeitung nicht wie üblich der Klage über die entschwundenen Jahre zu widmen, sondern der Verherrlichung des Alters. Und viertens ringt er sich »aus eigenem, freiem Willen« durch, sich so zu sehen, wie er tatsächlich ist, und sei es nur, um sein Gewissen zu erleichtern. An den Anfang dieser Selbstbilanzierung aber »stelle ich den unsäglichen Anruf bei Rosa Cabarcas, denn von heute aus gesehen, begann damit ein neues Leben, und das in einem Alter, in dem die meisten Sterblichen schon tot sind.«

Entwicklungsroman im Miniaturformat

Da zeigt sich zum ersten Mal unverhüllt das Erzählkonzept, das hinter dem Roman *Erinnerung an meine traurigen Huren* steht. Es ist die kapriziöse Idee eines Entwicklungsromans im Miniaturformat. Der Held ahnt, dass er einen entscheidenden Reifungsprozess verfehlt hat. Mehr somnambul als bewusst will er das Verpasste nachholen. Er leitet im letzten Augenblick eine Umkehr ein. Gegen Ende seines Lebens durchläuft er nochmals einen tiefgreifenden Wandlungsprozess – erotische Initiation im Schnellzugtempo. Er stellt sich dem Schicksal, er liefert sich den Unwägbarkeiten der Gefühle aus. Ein tollkühner Einfall des Schriftstellers Gabriel García Márquez. Er führt dem Leser den Moment der Verwandlung des alten Journalisten auf drastische Weise vor Augen. Der Schlusssatz des Romans fasst die verblüffende Entwicklung zusammen: »Das war endlich das wirkliche Leben, mein Herz war gerettet und dazu verdammt, an wahrer Liebe zu sterben, in glücklicher Agonie, an irgendeinem Tag nach meinem hundertsten Geburtstag.«

Bis es so weit ist, taumelt der Held allerdings durch alle Aggregatzustände von Gefühlen. Er, der gewohnt ist, sexuelle Begegnungen kunstfertig als mechanisches Ritual zu absolvieren, sieht sich plötzlich mit unbekannten Empfindungen konfrontiert, die er nicht einordnen kann. Beim ersten Mal findet er die Vierzehnjährige – ein Mädchen, das den Tag über in einer Fabrik arbeitet und Knöpfe annäht – im Bordell auf dem Bett liegend vor: »Es gab kein Entrinnen. Ich trat in das Zimmer, mein Herz schlug wie verrückt, auf dem riesigen Mietbett sah ich das schlafende Mädchen, nackt und schutzlos, wie ihre Mutter sie geboren hatte. Die Kleine lag halb auf der Seite, das Gesicht zur Tür, von einem grellen Deckenlicht beleuchtet, das kein Erbarmen kannte. Ich setzte mich auf den Bettrand und betrachtete sie, alle fünf Sinne verzaubert. Ihr Leib war braun und warm. [...] Es war kaum zu erahnen, wie das Gesicht wirklich aussah, das vollgekleistert war mit einer dicken Kruste Reispulver, zwei Rougepflastern auf den Wangen und falschen Wimpern; Brauen und Lider waren schwarz gerußt und die Lippen wie mit Schokoladenguss vergrößert.«

Gewiss, der Schriftsteller arbeitet mit den Mitteln freizügiger Erotik, aber die sinnliche Ausstaffierung des Bildes ist keineswegs Selbstzweck. Wer solche Passagen auf sexuelle Inhalte reduziert, übersieht die verborgenen Hohlräume, die in den Text eingezogen sind und die alles verändern. Natürlich spielt García Márquez mit der lasziven Aura der Lolita-Figur. Gleichzeitig beobachten wir zwei Verlorene, zwei

Maskierte, zwei Verirrte, zwei Verhüllte, die ihre je unterschiedliche Identität nicht gefunden haben und in einem verpuppten Zustand gefangen sind. Isoliert von der Handlung, wäre der Akt wesentlich skandalöser, als er sich im Roman präsentiert – nämlich sinnhaft eingebettet in eine Geschichte, welche die Verhandlung des richtigen und falschen Umgangs mit der sexuellen Entwicklung vorführen will und Strategien der Bewältigung geschlechtlicher, moralischer und ästhetischer Rollen reflektiert.

Verwandlung von Begierde in Liebe

Delgadina nennt der alte Mann das Mädchen von jetzt an, nach dem Lied von der schönen Königstochter, die alle Liebe ihres Vaters bekommt. Mit dem Namen haucht er ihr gleichzeitig ein neues Ich ein. Zwar ist sie eine Kindfrau. Sie hat es in der Tat auch auf sein Geld abgesehen. Verführung geschieht einzig über ihren Körper. Ihre Schönheit ist Macht, und das Mädchen ahnt, dass es die einzigen Waffen sind, mit denen es den Gelehrten verzaubern und an sich binden kann. Die soziale Fallhöhe zwischen dem alten Mann und dem jungen Mädchen ist offensichtlich. Eine hochgradig asymmetrische Beziehung, die nur durch die Anmut und den Liebreiz der Lolita zustande kommt. Eindeutig ist auch die Absicht der Bordellmutter, das Mädchen mit dem Mann zu verkuppeln, damit es eine gesicherte Existenz erhält. Aber diese Motive sind nur vordergründig. In Wahrheit figuriert die Jugend des Mädchens als Metapher für das fremde Neue, als Zeichen für unerweckte Gefühle und brachliegende Möglichkeiten, als Signal eines Aufbruchs. Unentfaltet sind sie beide, wenn auch auf unterschiedliche Weise. Die Frau ist unschuldig wie ein Kind, der Mann fixiert auf die Liebe ohne Liebe. Und: Márquez wäre nicht der gewiefte südamerikanische Schriftsteller, wenn er den krassen Altersunterschied nicht als kräftig kontrastierendes, übertreibendes Stilmittel einsetzen würde, um seine Botschaft zu verdeutlichen.

Jetzt geschieht die energische Wandlung, die brüske Abkehr von alten Mustern, die seltsame Metamorphose des Neunzigjährigen. Der Mann verlangt, dass die kindliche Schöne ihn künftig ungeschminkt erwartet, damit er ihr wahres Gesicht entdecken könne. Entgegen seinen Gewohnheiten wird er die Frau in der Geburtstagsnacht und auch später nicht anrühren, nur mit den Augen liebkosen. Er kommt Nacht für Nacht, um der von der Arbeit erschöpften Schönen Lieder vorzusingen und Geschichten vorzulesen. Sie schläft fast immer, einmal nur legt er sich Rechenschaft darüber ab, dass er sie, bekleidet und in wachem Zustand, auf der Straße gar nicht wiedererkennen würde, »auch sie konnte nicht wissen, wer ich war, hatte sie mich doch nie gesehen.« Was für ein einfallsreiches Bild für die verhüllte Identität! Er bringt ihr Geschenke. Er schmückt ihr ödes Bordellzimmer mit Bildern, damit ihre Augen beim Erwachen als Erstes auf Erhabenes fallen. Er schenkt ihr die kostbaren Ohrringe seiner Mutter – ein symbolischer Akt der Loslösung und der Hinwendung zu einer anderen Frau.

Ist das eine ungleiche Machtbeziehung, in der ein Akteur einen anderen dazu verleiten will, etwas zu tun, was er aus freien Stücken niemals tun würde? Davon kann keine Rede sein. Das Gegenteil ist der Fall. Unversehens hat sich die Begierde in Liebe verwandelt. Márquez spricht vom Wunder, das sein Held erlebt, im biblischen Alter noch lebendig zu sein. Tatsächlich ist die Begegnung mit der schlafenden Schönen ein Prozess der Selbsterfahrung: »Das Haus war aus der Asche auferstanden, und ich schwebte in Delgadinas Liebe, so erfüllt und glückselig, wie ich es in meinem bisherigen Leben nicht gekannt hatte. Ihr verdanke ich, dass ich als Neunzigjähriger zum ersten Mal mit meinem natürlichen Wesen konfrontiert wurde. Ich entdeckte, dass meine Obsession, jedes Ding an seinem Platz, jede Angelegenheit zu ihrer Zeit, jedes Wort im richtigen Stil zu haben, nicht der verdiente Preis eines geordneten Geistes, sondern das ganze Gegenteil war, geradezu ein System der Täuschung, das ich erdacht hatte, um meine unordentliche Natur zu verbergen.«

So besehen, verändert sich die Interpretation der Liebesgeschichte und relativiert den Vorwurf von Sexismus. Wie Márquez den Prozess der Selbstfindung eines alten Mannes inszeniert, verrät den geschickten literarischen Gestalter. Denn das unentwickelte, ungeprägte, »leere« Lolita-Gesicht, die schlafende Schöne, die meistens nur passiv daliegt, funktionieren als Projektionsfläche, die dem alten Mann das eigene Selbst zurückgibt. Durch die Spiegelung in der geheimnisvollen Nacktheit des Gesichts entlockt sich der Mann sein eigenes Geheimnis. Beide gehen aus diesem Umwandlungsprozess als veränderte Wesen hervor. Auch das Mädchen hat sich dem Mann zugeneigt. Als Delgadina eines Nachts verschwindet, erlebt der bis dahin beherrschte Mann emotionale Eruptionen. Rasende Eifersucht packt ihn bei der Vorstellung, dass sie zur Hure gemacht hätte werden können, zu der er selbst sie machen wollte.

Als sie wieder auftaucht, ist sie unversehens Frau geworden. Er erkennt die Verwandlung auf der Stelle. Gefühle von Eifersucht und Angst, die er nie gekannt hat, überschwemmen ihn. Er tobt und schlägt um sich. Unvermittelt lernt er die Qualen der wahren Liebe kennen – Ohnmacht, Eifersucht, das Gefühl der Verlassenheit. Sie ist eine andere geworden. Wieder ist es die Bordellmutter Rosa Cabarcas, welche die Dinge ins richtige Licht rückt und dem begriffsstutzigen Greis als Leitfigur den richtigen Weg weist: »Sei bitte kein Trottel«, sagte sie ihm und wollte sich totlachen. »Dieses arme Geschöpf ist ganz närrisch vor Liebe zu dir.« Der Prozess ist spiegelbildlich: »Ich wurde ein anderer«, sagt der Journalist von sich. »Ich schwebte zwischen wandernden Wolken und führte, in der vergeblichen Hoffnung herauszufinden, wer ich war, vor dem Spiegel Selbstgespräche.« Er bricht mit allen Gewohnheiten. Er verändert den Stil seiner sonntäglichen Glossen. Worüber er auch immer schreibt, er schreibt für Delgadina. Seine Artikel werden zu Liebesbriefen, die jeder sich zu Eigen machen konnte. Die Öffentlichkeit reagiert enthusiastisch, er wird mit Leserbriefen überschwemmt, seine Artikel werden im Radio mit der Dringlichkeit von Nachrichten verlesen, man fertigt Abschriften und verkauft sie wie Schmuggelzigaretten. Da sowohl die »Liebe« wie auch »die Sexualität« unsichtbar und nicht darstellbar sind, dienen Lolita und der alte Mann dem Schriftsteller als Rollenträger, die ein richtiges und ein falsches Konzept von sexueller und moralischer Identität verkörpern.

Der siebenundsiebzigjährige Nobelpreisträger Márquez erzählt eine »La Belle et la Bête«-Variante über die Liebe zwischen einem Mann am Ende und einer Frau am Anfang ihres Lebens. Sie behält bis zum letzten Satz ihre Magie, weil sie gleichzeitig mit Distanz, Abstraktionsvermögen und Bezauberung vorgetragen wird. Das Geheimnis der Beziehung zwischen Lolita und dem Mann wird nie ganz gelüftet, die seltsame Liebe zwischen dem ungleichen Paar bleibt im Schwebezustand. Die Fantasie des Lesers wird damit erst recht aktiviert. Die Geschichte vom träumenden Mädchen und vom entflammten Alten ist ein ironisches und melancholisches, lächerliches und luzides Märchen über eine Wiedergeburt mitten im Leben. Dabei gelingt es dem kolumbianischen Schriftsteller, die Rede von Alter und Tod zu verwandeln in eine überschwängliche Feier der Leidenschaft. Das junge Mädchen aber wird zum Sinnbild des wiedererwachten Lebens.

Lebensgier und Vergänglichkeit

Die liegende Schöne

Die liegende Schöne ist ein Topos, der auch den amerikanischen Schriftsteller Philip Roth nachhaltig beschäftigte. Der erotische Akt war immer fester Bestandteil seiner literarischen Feldforschung. Er führte die Erkundung des sexuellen Terrains nicht selten im Namen der Befreiung von anerzogenen Zwängen und der Übertretung obsolet gewordener Tabus, die von der sexuellen Revolution nach 68 weggewischt worden seien. Eine der Figuren, mit denen der Romancier in immer neuen Varianten spielt, ist David Kepesh, zäher Explorateur auf dem Gebiet des sexuellen Selbstversuchs. Zu Beginn der siebziger Jahre tritt er zum ersten Mal auf im Roman *Die Brust* (1972). Diese ebenso elegante wie schnittig komödiantische Geschichte präsentiert dem erstaunten Leser einen Erzähler, der sich mit 38 Jahren in eine Brust verwandelt. Der Literaturprofessor unterhält seit einiger Zeit eine Affäre mit einer Lehrerin, eine Geschichte, die er allerdings mit eisernen Gesetzen im Zaum hält. Eines Tages findet er sich als orgiastische »Brust« im Krankenhaus wieder, in dem er während der nächsten fünfzehn Monate bleibt, blind, aber befähigt, sich über die Brustwarze zu artikulieren. Seine sexuelle Energie konzentriert sich einzig auf diese Stelle, die der Sexmaniac in alle möglichen Körperöffnungen schieben möchte. Fünf Jahre später kehrt Kepesh als Held des Romans *Professor der Begierde* (1977) zurück. In dessen Seminar der Vergleichenden Literaturwissenschaft, das sich mit dem beunruhigenden zeitgenössischen Roman über laszive und unangemessene Sexualität befasst, werden

Philip Roths sämtliche »sexuellen Obsessionen wie Zirkustiere«[112] vorgeführt.

Philip Roth: *Das sterbende Tier*

Der alternde Literaturprofessor auf der verstörenden Suche nach der Wahrheit des Körpers taucht ein drittes Mal auf im Roman *Das sterbende Tier* (2001).[113] Auf die kecke Frage eines Journalisten anlässlich des Erscheinens des provozierenden Textes, ob Kepesh das Motto »In God We Trust« auf der amerikanischen Dollarnote wohl lieber durch »In Sex We Trust« ersetzen würde, da dies die Basis seines Lebens sei, antwortete Philip Roth: »Wenn schon, dann ›In Eros We Trust‹. Ich glaube, das wäre Kepesh lieber. Die Basis seines Lebens ist das Wort Emanzipation. Die erotischen Eskapaden und Vergnügungen sind nur eine Folge davon. Was dieser Mann zuerst für sich erkämpfen musste, war die Befreiung von den Konventionen seiner Zeit. Diese Konventionen belasten ihn mindestens ebenso sehr wie einen weit weniger reflektierten Menschen, der die Regeln und Gebräuche des Gemeinwesens unhinterfragt akzeptiert. Kepesh muss für sich einen Zustand erreichen, in dem die Gesellschaft, in die er hineingeboren wurde, keine Macht mehr über ihn hat. Das gelingt ihm.«[114]

Kepesh startet den Versuch der erotischen Befreiung in *Das sterbende Tier* mit einer Standardvariante seiner Verführungstechnik. Oft erprobt, meist erfolgreich, pflegt der alternde Professor seine Studentinnen mit einem offenen und ehrlichen Trick zu verführen. Sobald die Prüfungen abgelegt und die Noten verteilt sind, veranstaltet er in seiner Wohnung eine Party. Nach zehn bleiben von den vielleicht fünfzehn, sechzehn Teilnehmerinnen des Seminars »Praktische Kritik« und den drei, vier meist schwulen Teilnehmern vielleicht noch fünf Mädchen übrig. In der großen, hübsch aufgeräumten Maisonettewohnung des Professors stellen sie nach Mitternacht fest, dass er ein menschliches Wesen ist, nicht ihr Lehrer, nicht ihr Vater, nicht ein medialer Reputationsträger.

Gegen zwei Uhr wirft er die Gäste hinaus, aber meist bleibt ein Mädchen zurück, das sich versteckt wie das Geißlein in der Uhr. Dieses Persönchen pflegt er dann zu verführen mit dem Ziel der Enthüllung des »jungen Körpers einer Balthus-Jungfrau, die im Begriff ist zu sündigen«. Kein Zufall, dass der Schriftsteller mehrfach den legendären Maler zitiert, dessen Bilder oft dämmernd auf Kanapees liegende Lolitas mit seltsam selbstvergessenem Ausdruck zeigen, im Zustand merkwürdig abwesender Aufmerksamkeit. Ausdrückliche Referenz nimmt Philip Roth auch auf die liegenden Frauen-Akte Modiglianis – ein kleiner Querverweis auf die ikonografische Tradition der erotischen Bilder, die Mädchenkörper in unerschütterlicher Ruhe und Bewegungslosigkeit in einer Zwischenwelt zeigen; der körperliche Zwischenzustand ist Abbild und Symbol einer geheimnisvollen Verwandlung. Auf die voyeuristische Beobachtung der Lolitas, die »etwas von einem Balthusschen Mädchen umgab: vollständig bekleidet und doch halb nackt« ist Kepesh aus, sein erotisiertes Auge wandert über ihren Körper – aber Philip Roth wäre nicht der exzellente Dramaturg, wenn er die Gier seines Helden nicht sofort ironisch konterkarieren und das Spannungsverhältnis andeuten würde. Die Mädchen, meint der Erzähler, sind ihrerseits auf ein Experiment mit dem alten Mann aus, nur um zu sehen, wie er funktioniert, und schon morgen werden sie erbarmungslos mit ihren Freundinnen seine alte Haut, seine weißen Haare und seinen Schmerbauch verhandeln.

Kepesh ist für weibliche Schönheit sehr empfänglich, das ist seine verwundbare Stelle. Sieht er ein schönes Dekolleté, ist er sofort geblendet und nimmt nichts anderes mehr wahr. So liegen die Dinge, als der zweiundsechzigjährige Literaturprofessor in seinem Seminar die vierundzwanzigjährige Kubanerin Consuela Castillo kennenlernt, eine außergewöhnliche Frau mit heller Haut, vollen Lippen, dem Körper einer Brancusi-Skulptur, kurzum eine Frau mit einer irritierend femininen Ausstrahlung. »Und sie ist eine große Frau mit einem großen Busen. Die oberen beiden Knöpfe ihrer Seidenbluse sind geöffnet, sodass man sehen kann, dass sie ausladende, wunderschöne Brüste hat. Man sieht sofort ihr Dekolleté. Und man sieht, dass sie das weiß. Man sieht, dass sie sich trotz aller Zurückhaltung, trotz aller Gewissenhaftigkeit, trotz aller sorgsamen Gepflegtheit – oder vielleicht gerade deswegen – ihrer selbst bewusst ist. Sie erscheint zur ersten Seminarsitzung, und das Jackett über der Bluse ist zugeknöpft, doch bereits nach fünf Minuten hat sie es ausgezogen. Als ich das nächste Mal zu ihr hinsehe, hat sie das Jackett wieder angezogen. Man erkennt also, dass sie sich ihrer Macht bewusst ist, aber noch nicht genau weiß, wie sie sie einsetzen soll, was sie damit anfangen soll und ob sie diese Macht überhaupt will. Dieser Körper ist für sie noch neu, sie probiert ihn noch aus, sie denkt darüber nach – sie ist ein bisschen wie ein Jugendlicher, der mit einer geladenen Pistole durch die Straßen geht und noch nicht weiß, ob er die Waffe zur Selbstverteidigung eingesteckt hat oder dabei ist, eine Verbrecherlaufbahn einzuschlagen.«

Die Macht des Testosteronspiegels

Die Präsentation erotischer Körperzonen erleichtert, seit es den Heirats- und den Beziehungsmarkt gibt, die Wahl des Objektes der Begierde, stellt die Germanistin Hannelore Schlaffer in ihrer Untersuchung *Mode, Schule der Frauen* fest.[115] Über Jahrhunderte hinweg galt das Dekolleté als Inbegriff weiblicher Schönheit. Die Frauen kämen dabei dem männlichen Wunsch nach stummer Vorentscheidung entgegen und glaubten oft selbst, dass für sie die Mode nichts anderes als eine Werbeveranstaltung sei.[116] Consuela realisiert dementsprechend mit ihrem Kleiderkode ein jahrhundertealtes Ritual. Das Aufknöpfen der Bluse ist eindeutiges Signal der Verführung, das der Literaturprofessor ohne nachzudenken versteht. Sie bewegt sich zwischen Enthüllung und Verhüllung, was die Wirkung ihrer erotischen Aura zusätzlich steigert. Natürlich übt sie mit ihrer Schönheit Macht aus und schlägt damit den Mann in Bann.

In der Herrschaft des Testosteronspiegels liegt die Macht der Studentin über ihren Lehrer. Er ist ihr mit Haut und Haaren verfallen, ihr Körper ist für ihn Fleisch gewordene Lust, er ist verrückt nach ihrem Busen. Sie dagegen ist mehr durch seinen Intellekt, seine umfassende Bildung und seinen Status angezogen – es findet sich im Roman *Das sterbende Tier* bezeichnenderweise keine einzige Passage, die aus der Optik der Frau den sexualisierten Körper des Mannes loben und preisen würde. Auch das ist ein Muster, das durchaus von den entsprechenden soziologischen Untersuchungen gedeckt wird. Die Anziehung zwischen den Geschlechtern gehorcht demnach weniger dem Zufall als der Attraktivitätshackordnung, die nach feinen Regeln verläuft. »Mächtige Männer scheinen auch noch im Herbst ihres Lebens auf schöne Frauen magnetisch zu wirken«, schreibt der Mediziner Ulrich Renz in seiner Untersuchung über die Wirkung von Schönheit und spielt auf den Prototyp auf diesem Feld an, den Guinness-verdächtigen Rekord des hochbusigen Playmate und Models Anna Nicole Smith, die sich als Siebenundzwanzigjährige mit dem nach einem Jahr Ehe verstorbenen neunundachtzigjährigen texanischen Milliardär J. Howard Marshall II verheiratete. »Der Altersunterschied in der Tauschbeziehung steht in der Regel in direktem Verhältnis zum Statusunterschied. Laut Statistik ist die Frau an der Seite eines Mannes umso jünger, je höher dessen Sozialprestige ist. Das gilt insbesondere für die zweite und dritte Ehe. Im Gegensatz zur ersten Verbindung, die meist nach dem Gleichheitsprinzip eingegangen wird, steigt die durchschnittliche Altersdifferenz mit jeder weiteren Verbindung, parallel dazu auch der Statusunterschied – je älter der Mann, je mehr wird nach dem Aschenputtelprinzip geheiratet.«[117]

Attraktivitätsmobilität

Natürlich ist Attraktivitätsmobilität im ungleichen Verhältnis zwischen dem Professor und dem Mädchen im Spiel. Verblüffend ist dabei, dass beide wissen, worum es geht. Sosehr der Zauber der Verführung auf der Oberfläche wirkt, so sehr stören im Untergrund destruktive Kräfte. Kepesh hat, seit er mit der Kolumbianerin zum ersten Mal im Bett war, keine ruhige Minute mehr. Das ist die erste feine Bruchstelle, die das konventionelle Bild »Alter Mann – junges Mädchen« spaltet. Kepesh fällt aus seiner Rolle. Die alten Verführungs- und Ergötzungsmuster haben ihre Wirkung verloren. Er, der Bindungen hasst, wird abhängig von der schönen Verführerin. Das übliche Machtverhältnis zwischen ihm und seinem Objekt der Begierde zerfällt, mehr noch: Es verkehrt sich in sein Gegenteil. Der routinierte Sexmechaniker und abgebrühte Verführer verliert wider Erwarten den Boden unter den Füßen. Sein Selbstvertrauen sackt zusammen. Er wird von Eifersucht und Unsicherheit umgetrieben. Ganz schwach wird er. Die Vorstellung, verlassen zu werden, quält ihn. Er kann sich nicht entscheiden, ob die Lösung darin bestehe, die Frau öfters oder weniger oft zu sehen. Noch schlimmer: So sehr ist er verunsichert, dass er die Trennung erwägt und darüber nachdenkt, »das Undenkbare zu tun und mit zweiundsechzig freiwillig eine bezaubernde Frau von vierundzwanzig aufzugeben, die Hunderte Male zu mir sagte: ›Ich bete dich an‹, die sich aber nie, nicht einmal in heuchlerischer Absicht, überwinden konnte zu flüstern: ›Ich will dich, ich begehre dich so, ich kann ohne deinen Schwanz nicht leben.‹«

Die kolumbianische Schönheit mit dem Körper eines

Kunstwerkes dagegen will – kaum versucht der Literaturlehrer sie zum ersten Mal zu streicheln – gleich die Verhältnisse klären. Sie könne niemals seine Freundin sein, er lebe in einer anderen, glamourösen, öffentlichen Welt. Zwischen ihnen gäbe es eine gesellschaftliche Fallhöhe, die eine Verbindung verhinderte. Beide wissen, dass dies stimmt – und auch wieder nicht. Zwar ist Consuela die Tochter einer kolumbianischen Exilfamilie, die vor der Revolution geflohen war und es in Amerika schwer hatte. Aber sie ist Spross einer stolzen spanischen Adelsdynastie. Also flunkern beide. Ihr Argument ist getürkt – ein instinktiver Appell an seinen Narzissmus mit dem Ziel der Manipulation, eine strategische Schmeichelei im Dienste der Abwehr der Avancen des alten Mannes. Kepeshs erotische Angriffsstrategie dagegen ist raffinierte Lüge. Beide verhandeln das erotische Geschäft über einen uneigentlichen Diskurs. Er gibt vor, sie zu lieben, aber was ihn anzieht, ist in Wahrheit ihr phantastischer Körper, was er will, ist unverbindlicher Genuss. Also kontert er ihr Rückzugsmanöver auf der Stelle: Seine Welt sei nicht so erhaben, wie sie denke, relativiert er schlau. »Ich bin einmal pro Woche im Fernsehen. Ich bin einmal pro Woche im Radio. Alle paar Wochen erscheint ein Artikel von mir auf den hinteren Seiten einer Zeitschrift, die von höchstens zwanzig Leuten gelesen wird. Meine Sendung? Eine Sonntagmorgen-Kultursendung. Niemand sieht sie sich an. Bitte bleib bei mir«, wiegelt er ab – und denkt im gleichen Atemzug kaltblütig darüber nach, dass er sie gar nie gebeten habe, mit ihm zusammenzubleiben.

Sex nach der Liberalisierung

Was sich im Roman *Das sterbende Tier* zeigt, ist eine zynische und zärtliche, humoristische und blitzgescheite Analyse der Sexualität in der postrevolutionären Ära, nach der sexuellen Liberalisierung von 68. Es geht Philip Roth dabei um Liebe, Lüge und Libertinage. Und es geht in der Tat um die Verhandlung der Bedingungen eines emanzipierten Sexuallebens in der modernen amerikanischen Gesellschaft. Möglichkeiten und Grenzen werden dabei abgesteckt. Der dritte Kepesh-Roman ist eine Abrechnung mit der restriktiven und repressiven Moral der vierziger Jahre, der Zeit seiner Jugend, in der Sex nur in Verbindung mit verlogener Doppelmoral zu haben war. Einmal erwähnt Kepesh, dass es in dem amerikanischen Provinzstädtchen, in dem er aufwuchs, erlaubten Sex nur mit einer Prostituierten gab oder mit einem Mädchen, von dem alle annahmen, dass man es eines Tages heiraten werde. Das habe seinen Preis gehabt, denn allzu oft habe man das Mädchen später tatsächlich geheiratet. Als sein Vater, so berichtet Kepesh, sich 1946 auf Drängen der Mutter endlich dazu durchringen konnte, das obligatorische Gespräch über Sexualität mit dem bereits sechzehnjährigen Jungen zu führen, hatte dieser sich bereits bei einer Prostituierten eine Geschlechtskrankheit geholt.

Diesen Zusammenhang meint Philip Roth, wenn er von der Macht der Gesellschaft spricht, von der sich Kepesh zuerst befreien müsse. Darauf zielt seine gnadenlose Analyse der amerikanischen Gesellschaft. Das rebellische Außerkraftsetzen der herrschenden Moral in der Installation einer Gegenmacht, im Sieg von Lust und Begierde über die öde moralische Repression – da liegt die wahre Subversion seines Buches und die zweite Bruchstelle, die das scheinbar so kohärente Bild des liegenden weiblichen Aktes und des alten Mannes durchzieht.

Die dritte Bruchstelle liegt in den sexuellen Eskapaden selbst. Denn sie sind gleichzeitig Selbstzweck und Mittel zum Zweck. Philip Roth präsentiert in *Das sterbende Tier* ein Spielbrett, auf dem zwei Akteure exemplarisch ein unterschiedlich motiviertes Begehren verkörpern, das aber in letzter Konsequenz beide zu sich selbst führen und mit ihrem verborgenen Selbst konfrontieren soll. Insofern haftet seinem literarischen Entwurf etwas Gleichnishaftes an. Wie Kepesh sich emanzipiert, wie er mit den sturen Regeln seiner Erziehung bricht, wie er die Fesseln der Moral hinter sich lässt, rücksichtslos seine sexuelle Identität findet und gleichzeitig die Frau dazu bringt, mit den Regeln ihrer konservativen kolumbianischen Erziehung zu brechen, das wird in drastischen Verführungsszenen vorgeführt. In gewissen Passagen kippen sie in pure Pornographie.

Sexualität zwischen dem alten Mann und seinem Objekt der Begierde wird immer elementar und roh, obszön und unstillbar geschildert. Kepesh sucht sein Ziel ohne Umschweife und ohne Verführungstricks. Was er will, ist die blinde Befriedigung des Triebs. Die Ausschweifungen zwischen Kepesh und Consuela gehören in ihrer Detailgesättigtheit zu den riskantesten, aber ehrlichsten, zu den schamlosesten, aber wahrhaftigsten erotischen Tableaus, welche die zeitgenössische Literatur zu bieten hat. Der Literaturprofessor akzeptiert keine Abschweifung auf dem Weg zu seinem Ziel. Was er sucht, ist der zentrale Kern der Sexualität, ihr ureigenes Wesen ohne schonende Verhüllung: »Hier gibt es kein fifty-fifty wie bei einer geschäftlichen Transaktion. Wir sprechen hier vom Chaos des Eros, von der radikalen Destabilisierung, die das Wesen der sexuellen Erregung ist. Beim Sex ist man im Urwald. Man ist wieder im Sumpf.«

Dem stellen sich allerdings die bekannten Widerstände entgegen. Der alternde Mann und das junge Mädchen sind gleichzeitig gefangen im Netz der gesellschaftlichen Konventionen, der Forderungen des eigenen Triebes, der libidinösen Wünsche und der rigorosen Tabus, die sich der zwangsfreien Realisierung des sexuellen Impulses entgegenstellen. Der luzide Erkenntnisgewinn in dieser Schule der Körperlichkeit liegt allerdings genau da. Kepesh erkennt den Einfluss von Erotik und Sexualität als einzig bleibende Werte im Leben – und er erkennt zynisch die Gewalt der Widerstände, die sich der Verwirklichung dieses Lebenskonzeptes entgegenstellen. Die Feier der Sexualität verweist gleichzeitig auf die Träume und Ängste, das Verlangen und den Schmerz, die Fantasien und die Verachtung, die dem sexuellen Ritual im bürgerlichen Umfeld inhärent sind.

Dialektik von Tod und Eros

Da zeigt sich die letzte Bruchstelle, die das platte, vordergründige Bild der sexuellen Ausschweifung aufreißt. Wie auch in Gabriel García Márquez' Roman *Erinnerungen an meine traurigen Huren* geht es bei Philip Roth im Kern um die Dialektik von Eros und Tod, Lebensgier und Vergänglichkeit. Genau darum ist Sexualität in *Das sterbende Tier* nicht Selbstzweck. Im Gegenteil: In ihr verbirgt sich die wahre Quelle des Lebens, der Ursprung aller Sinnsuche, der Triumph der Lebendigkeit. An zwei Stellen wird dieser Zusammenhang überdeutlich. Kepesh, der bis jetzt jede Bindung und Nähe zu einer Frau verweigert hat, kann plötzlich ohne Consuela nicht mehr leben. Aber »nach einer Weile weiß ich nicht mal mehr, wonach ich mich so verzweifelt sehne. Nach ihren Brüsten? Nach ihrer Seele? Nach ihrer Jugend? Nach ihrem schlichten Gemüt? Vielleicht ist es schlimmer als das – vielleicht sehne ich mich jetzt, da mein Tod näher rückt, insgeheim auch danach, nicht frei zu sein.« Die furiose Botschaft Philip Roths liegt in der Behauptung, dass Liebe Vergeltung am Tod sei, dass Sexualität Rache am Tod sei, dass im Akt der Lebenstrieb über den Todestrieb siege. Da zeigt sich das Spektakuläre der Liebe zwischen dem alten Mann und dem jungen Mädchen. Beide werden sie mit der Vergänglichkeit konfrontiert, das junge Mädchen genauso wie der Mann, der jetzt das Alter, die Krankheit, den Tod vor sich hat. Consuela, die ihn nach knapp zwei Jahren verlässt, kehrt acht Jahre später plötzlich zurück. Sie hat Brustkrebs, was ihr schockartig die eigene Vergänglichkeit nahebringt.

Von diesem Ende aus gesehen erscheint der Roman nochmals in einem neuen Licht. Philip Roth holt aus zu einer radikalen Sinnsuche, die er mit der eigenwilligsten Antwort beantwortet, mit dem Ausleben purer Sexualität. Mit diesem Akt setzt Kepesh die Vergänglichkeit grandios außer Kraft: »Denn das andere ist im Körper verankert, in dem Fleisch, das geboren ist, in dem Fleisch, das sterben wird. Denn nur beim Vögeln übt man an allem, was einem verhasst ist und was einen zu Boden drückt, eine reine, wenn auch nur momentane Vergeltung. Nur dann ist man voll und ganz lebendig, voll und ganz man selbst. Die Unsittlichkeit ist nicht im Sex, sondern in allem anderen. Sex ist nicht bloße Reibung und seichtes Vergnügen. Mit Sex übt man auch Vergeltung am Tod. Vergessen Sie nicht den Tod. Vergessen Sie ihn nie. Ja, auch die Macht des Sex hat ihre Grenzen. Ich weiß sehr wohl, wie begrenzt sie ist. Aber sagen Sie mir: ›Welche Macht ist größer?‹« Mit diesen Passagen hebelt der amerikanische Schriftsteller Philip Roth die Gesetze der Hinfälligkeit mit verblüffendem Scharfsinn, entschiedener Instinktsicherheit und geballter Lebensklugheit aus. Er deckt unter der Geschichte einer sexuellen Besessenheit eine zweite Geschichte auf, die weit über das ephemere pornographische Vergnügen hinausweist und Antworten zu den relevanten Konflikten gibt, die das Leben bestimmen. Da liegt der tiefste Grund seines halsbrecherischen Erzählens: Es ist in den letzten Fragen begründet.

Schönheit und Altersverwüstung

Martin Walser: *Brandung*

Die letzten Fragen zu Eros und Erstarrung, Lebensüberschwang und Lähmung stellt auch der deutsche Schriftsteller Martin Walser in seinem frühen Roman *Brandung* (1985).[118] Es ist eine der scharfsinnigsten Beziehungsanalysen der neueren deutschen Literatur. Dreiecksgeschichten und ihr komisches Scheitern gehörten schon immer zu seinem literarischen Repertoire. Die Liebe zwischen einem verzückten alten Mann und einer hingerissenen jungen Frau, die seine Tochter sein könnte, ist dabei Teil einer Personenkonfiguration, die der verbale Erotomane gerne bearbeitet. Aufsehen erregte Martin Walser fast zwanzig Jahre nach *Brandung* mit dem über einem ähnlichen Grundriss konzipierten Roman *Der Augenblick der Liebe* (2004),[119] in dem Gottlieb Zürn, ein dem Schriftsteller nicht unähnlicher Privatgelehrter und Familienvater aus der Bodenseegegend, den Reizen einer Studentin erliegt. Die Doktorandin aus Kalifornien, die sich mit ihm über den Philosophen La Mettrie unterhalten will, sitzt in seinem Garten – Ort des heftigen Frühlingserwachens, das den alternden Intellektuellen heimsucht. Als Antrittsgeschenk überreicht ihm die junge Frau statt eines Blumenstraußes eine einzelne Sonnenblume – ein zeichenhafter Akt. Schließlich nimmt er ihre Einladung zu einem Vortrag in die USA an, verbringt dort mit ihr tatsächlich zwei Liebesnächte, nur um sich dann – wankelmütig und schuldbewusst – heim in den rettenden Schoß der Gattin zu flüchten. Ein erkenntnisreicher Roman über die Liebe und ihre Flüchtigkeit, der aber in einigen zentralen Aspekten von der früheren Geschichte *Brandung* übertroffen wird.

Dieser frühe Roman, der im Zentrum ebenfalls ein ungleiches Liebespaar exponiert, stellt den erzählerisch funkelnden, formal stringenten, dramaturgisch ausgetüftelten, gesellschaftskritisch bitterbösen und psychologisch messerscharfen Prototyp des gleichen Modells dar. Mit dem tragikomischen Psychogramm einer vergilbten bürgerlichen Ehe und dem Protokoll eines ohnmächtigen Ausbruchsversuchs ist Martin Walser ein Meisterstück gelungen. Die plötzliche Liebe einer Studentin überrollt in diesem Fall den in den Fünfzigern stehenden Studienrat Helmut Halm. Dieser absolviert auf Einladung des ehemaligen Studienfreundes Rainer Mersjohann an der Washington University of Oakland ein Gastsemester als Dozent für Deutsch. Objekt seiner Begierde wird die Studentin Fran Webb, die seinen Deutschkurs besucht. Ihre leichtfüßige Liebe bezaubert den Dozenten und nimmt ihn gefangen – ein anstößiges Faktum, das aus den Reihen der skurrilen Professorenschaft sofort spöttisch quittiert wird. Mersjohann etwa erkundigt sich zum Auftakt des Semesters zweideutig nach Halms Anfängen an der kalifornischen Uni, da sie üblicherweise symptomatisch seien für den Rest des Aufenthaltes: »Dass du mit der schönen Dummen auftrittst, weiß ich schon, was also hast du noch erlebt? – Carol sagte, es sei ihre Schuld. Sie hätte Halm warnen müssen vor diesem typischen kalifornischen College Girl, blond, Porsche, Papapraxis in Pacific Heights, San Francisco, und scharf wie ein Haifischzahn.«

Erotische Ikone: Die Macht der Jugend

Fran hat den Dozenten auf der Katzenbuckelbrücke eingeholt und angesprochen. Sie liebe deutsche Literatur, am meisten Rilke und George, meint sie, und sie freue sich auf den Kurs. Beim nächsten Mal entdeckt er sie auf dem Campus, auf dem Rasen liegend, wo die meisten Studenten die Mittagsruhe verbringen, dösend, lesend, wiederkäuend zwischen den Grabsteinen, die verstreut herumstehen. »Vor einem Grabstein lag auf dem Rücken, ein Bein angezogen, das andere gestreckt, das Mädchen, das ihn nach der Konversationsstunde angesprochen hatte. Sie hatte einen Arm über das Gesicht gelegt, aber er erkannte sie an der grellblauen Turnhose mit dem breiten weißen Streifen und an dem weißen frotteehaften Trikot mit dem weiten runden Ausschnitt. Sie lag genau vor dem Grabstein. Die braunen Beine glänzten in der Sonne. Die blonden Haare waren auf dem Gras eher messinggrün als blond. Alte Turnschuhe hatte sie an, farblose. Das hatte er jetzt gesehen. Er konnte gehen. Er ging nicht. Gib zu, dass das ein toller Tag ist! Ich gebe es zu, sagte das angesprochene Ich zu dem, der es angesprochen hatte. Dann erst ging er.«

Eine symbolträchtige Schlüsselstelle. Und eine perfekt kalkulierte Inszenierung des weiblichen Körpers, der die unübersehbare Botschaft von strahlender Jugend, temperamentvoller Weiblichkeit und quicklebendigem Selbstbewusstsein aussendet. Martin Walser arbeitet dabei gezielt mit dem Schönheitsideal der achtziger Jahre. Nach den gesellschaftspolitischen Kämpfen der Sechziger und Siebziger wendet man sich jetzt von der »authentischen« Kleidung ab. Als attraktiv gilt vielmehr die starke, sportliche Frau, die ihren Körper aus eigener Kraft modelliert, und zwar durchaus im Dienste der Lebensplanung. Der Körper wird als Mittel des persönlichen Ehrgeizes im Kampf um materielle und gesellschaftliche Anerkennung eingesetzt. Es ist das Jahrzehnt des Körperkults, des Bodybuildings und des Aerobic-Wahns.[120] Für dieses Kultbild steht Fran Webb. Ihr sportlicher Körper spiegelt bis ins Detail das Schönheitskonzept der Zeit. Sie wird zur unübersehbaren Augenweide, weil ihr kraftvoller, disziplinierter, sportlich-durchtrainierter Körper vor Gesundheit nur so strotzt. Mit diesem zeitgenössischen Schlüsselkonzept arbeitet Martin Walser. Der Kleiderkode, mit dem er die Identität der Studentin konstruiert, dokumentiert gezielt die Statussymbole der Zeit: Turnhose, Trikot und Turnschuhe. Eine modische Frau mit einem reizvollen Körper, die den Dozenten auf der Stelle schwindeln lässt.

Das Leben von Halm nimmt von diesem Augenblick an eine neue Richtung. Sein Ich spaltet sich in einen hingerissenen und einen widerborstigen, einen entfesselten und einen rationalen, einen triebhaft gesteuerten und einen moralisierenden Teil, die miteinander im Widerstreit liegen, ohne dass die eine oder andere Seite definitiv die Oberhand gewänne. Das Tableau der liegenden Studentin ruft wie bei Gabriel García Márquez oder Philip Roth das Inbild des erotischen Aktes, die Ikone des lockenden Weiblichen auf. Sie ist eine deutliche Chiffre für die unberechenbare Macht des Eros. Für eine grelle Traumsekunde blitzt in Helmut Halm das Bild der lasziven Schönen auf, die zur Liebe bereit ist – und doch signalisiert der Grabstein gleichzeitig Vergänglichkeit. Ein doppelt kodiertes Bild von Eros und Tod.

Eine weitere Schlüsselstelle, die als Pars pro toto für den Grundkonflikt dieses Romans steht, schließt sich daran an. Halm greift zufällig in einen Bücherstapel und findet in einem Anekdotenbuch zum Stichwort »death« folgenden Eintrag: »*Vergil berichtet über einen König aus alter Zeit, der, wenn er strafte, so unnatürlich grausam war, dass er gern einen Toten an einen Lebenden fesselte. Der Ärmste konnte sich von seiner widerwärtigen Last nicht trennen. Die Leiche war fest an seinen Körper gebunden, Hand an Hand, Gesicht an Gesicht, Mund an Mund; wenn er sich hinlegte, legte sich die Leiche hin, und sie stand auf, wenn er aufstand; wo immer er hinging, die Leiche war dabei, bis zu dem ersehnten Augenblick, als der Tod ihn erlöste.* – Ihm fiel natürlich das Mädchen ein, das auf dem Grab lag, ein Bein ein wenig angezogen, den Arm über dem Gesicht.« Eine Passage von verblüffender Zeichenhaftigkeit. Die Leiche steht für den toten Teil in Helmut Halms Leben, sie steht für alle verpassten Möglichkeiten und ungelebten Seiten seines Ichs, für seine neutralisierte Sexualität und sein erstarrtes Leben, sie repräsentiert das lebendig begrabene Paar, sie deutet die tödliche Gefahr an, in der er sich befindet, wenn er weiter in diesem erotischen Latenzzustand verharrt. Sie ist Vorausdeutung seiner späteren Liebe zu Fran sowie den Unfalltod der jungen Frau im Pazifik – ist also gleichzeitig Memento mori. Wie eine schmerzhafte Sehnsuchtsvision leuchtet die Erinnerung an Fran auf, als suggestives Aktbild. Allein durch die Körperhaltung lockt und verführt die liegende Frau und stimuliert im Beobachter den Wunsch nach Eroberung. Die ekelhafte Last aber, die Helmut Halm herumträgt, meint die verlorenen Träume und die zerstörten Hoffnungen, die zerbrochenen Wünsche und die vergeblichen Fantasien von einem befreiten Leben.

Die vergilbte Ehe

Mit diesen doppelgesichtigen Schlüsselstellen ist die Problemlage des Romans skizziert. Es versteht sich von selbst, dass Martin Walser in *Brandung* gleich mehrere Geschichten ineinander verklammert. Sie zeigen sich in dialektischen Spannungsbögen, die das Geschehen strukturieren: sinnliche Verführung und sexuelle Ehe-Einöde; erotischer Aufbruch und routinierte Alltagsbewältigung; betäubende Vitalität und bürgerlicher Beziehungsleerlauf; überwältigende Schönheit und Altersverwüstung; Leben und Tod. Mit der exemplarischen Konstellation »älterer Mann – jüngere Frau« stellt der Schriftsteller die Ehe auf den Prüfstand und untersucht ihre Tauglichkeit für das Ausleben von sexueller Leidenschaft. Was er mit *Brandung* zeigt, wird er im Roman *Augenblick der Liebe* noch einmal wiederholen: die Spiegelung von Tod und Vergänglichkeit in der Liebe eines alten Mannes zu einer jungen Frau. Auch hier liefert die »amour fou« nur die Folie, die ein weit tabuisierteres Thema reflektiert: das Lebensgefühl des erlebnishungrigen männlichen Individuums angesichts des drohenden Alters. Der Roman *Augenblick der Liebe* des zum Zeitpunkt seines Erscheinens siebenundsiebzigjährigen Martin Walser endet bezeichnenderweise mit der Bemerkung, Älterwerden sei ekelhaft. »Genauer gesagt«, präzisiert er in einem Interview, wolle sein Romanschluss zeigen, »dass keiner über das Altwerden und das Altsein die Wahrheit sagen kann. Jeder, der über das Alter spricht, lügt. Glaubt ihm nicht, sagt Gottlieb Zürn. Auch ihm nicht! Das ist eine Stelle über das Alter. Man kann nicht eine Stelle für das Ganze nehmen. Dass über das Alter vor allem edle Lügen produziert werden, ist sicher eine Grundstimmung Gottlieb Zürns.«[121]

Auch mit *Brandung* schreibt Martin Walser auf Biegen und Brechen an gegen den Tod, das Vergehen der Zeit und die Resignation. Helmut Halm wird von denselben Konflikten heimgesucht wie Gottlieb Zürn, und der Schriftsteller findet dafür ein prächtiges Bild. Kaum in Kalifornien angekommen, lockt ihn der Pazifik. Dass die Kraft des Wassers gewalttätig ist, weiß er. Seine Frau Sabine und Tochter Lena vergnügen sich dort, wo die Wellen schon im Schaumstrudel zerbrochen sind. Er aber begnügt sich nicht mit dem Baden in den ruhig auslaufenden Wellen. Jenseits der sich brechenden Wellen kann man schwimmen, da will er hin, er will die anstürmende Glaswand durchbrechen. Ganz wohl ist ihm nicht dabei, aber die Brandung ist das Fest, die finale Herausforderung. Dieses Heranrasen, dann Schaum und Donner, das will er: »Da war sie schon. Er kam nicht durch. Vielleicht fehlte es ihm an Entschlossenheit. Die auf ihn einschlagende Welle warf ihn einfach um. Er schlug mit dem Rücken und mit dem Hinterkopf auf den gar nicht weichen Sand, überschlug sich rückwärts, wurde unter Wasser gewirbelt, gedreht, geworfen. Luft hatte er eigentlich nicht mehr. Er war in einem tosend zusammenstürzenden Kristallpalast, in dem man erstickte.«

Wider das Vergehen der Zeit

Damit ist der Ton bestimmt, das Motiv definiert: Halm sucht das Risiko. Das Experiment im Meer demonstriert den hartnäckigen Willen zur Grenzüberschreitung. Halm will neues emotionales Terrain jenseits des Bekannten erobern und er will sich dem Fremden ausliefern. Die Konfrontation mit der Gewalt des Pazifiks ist für einen seines Alters allerdings lebensgefährlich. Das Bild der tosenden Welle symbolisiert Gefahr und Tod auf der einen Seite sowie Halms unbändige Ausbruchswut und die Kraft der Erotik als Gegenmacht auf der anderen Seite. Mit seiner Abenteuereruption signalisiert Halm den zähen Wunsch, vor dem fatalen Eheschicksal davonzulaufen und als ein anderer neu geboren zu werden. Was er will, ist Metamorphose, was er anstrebt, ist, vom Meer ausgespuckt zu werden in ein neues Leben. Gibt es ein schöneres Bild für den Wunsch nach Initiation und Wiedergeburt? Walser erzählt von der Liebe, und darum erzählt er auch vom Leiden, der Hoffnungslosigkeit und der Auflehnung. Die Metapher der Brandungswelle zeigt demnach ein Doppeltes: Genauso wie mit der Vergänglichkeit steht sie in direkter Beziehung zur Macht des jungen Mädchens, das den alternden Mann überwältigt und ihm damit schlagartig neue Lebensperspektiven eröffnet. Gewiss, Helmut Halm macht sich Überlegungen zum Altersunterschied von dreiunddreißig Jahren, die ihn von der blonden Studentin trennen. Aber er kann nicht anders. Zusätzlich angefeuert wird sein Hasardeurspiel durch den überwältigenden Reichtum, die exotisch üppige, wild wuchernde Landschaft, in der Halm jetzt lebt. Er ist in einem Ausnahmezustand, herauskatapultiert aus den Fesseln des Alltags. Das verstärkt seine Empfänglichkeit für neue Reize. Zusätzlich angestachelt wird sein Wunsch nach Flucht durch den Zustand der eigenen Ehe.

Sabines Mutter ist in dieser Zeit ins Krankenhaus eingeliefert worden. Nach ihrem Tod stirbt bald auch der Vater. Durch diese familiären Ereignisse absorbiert, hat sich Sabine von ihrem Mann abgewendet. Tatsächlich wurden die beiden schon lange zuvor von ihrem Beziehungselend eingeholt. Wieder findet Martin Walser ein oszillierendes Zeichen, das mit einem Schlag die erotische Unansprechbarkeit der Gattin und ihren Rückzug auf die betuliche Pflegerolle klarmacht. Sabine hat von der Mutter ein paar zarte Hausschuhe geerbt, so operettenhaft, wie sie selbst sie niemals kaufen würde. Diese setzt die Gattin strategisch gegen Halms erotische Avancen ein und erstickt damit wortlos jede sexuelle Begegnung im Keim. Nähert der Mann sich ihr in eindeutiger Absicht, stellt sie die Pantöffelchen unters Bett. Ein glänzender Einfall. Halm und seine Frau unterhalten sich in einer chiffrierten Sprache und kommunizieren nonverbal das Sexualverbot, dem sich die Frau unterwirft, ohne sich dessen bewusst zu sein. Der Fuß gilt, psychoanalytisch gesehen, als klassisches Phallussymbol, der Schuh als sein zeichenhaftes Gegenstück. Pantöffelchen verstärken den Fetischcharakter dieses Objekts der Begierde. Diese Zeichenhaftigkeit hat sich in vielen Bräuchen eingeschrieben, auch die Traumsymbolik spricht dazu eine deutliche Sprache.[122] Die erotische Chiffre vereint in *Brandung* mehrfache Bedeutung. Sie ist gleichzeitig Surrogat und zarter Wunsch. Sie ist Signal der Verweigerung, zeigt aber auch das Begehren. Insofern, als die Pantöffelchen als fremde Objekte von der toten Mutter übernommen, aber doch nicht als Eigenes anverwandelt werden, verkörpern sie das Sexualverbot, demonstrieren aber durch ihre bloße Existenz den unterdrückten sexuellen Wunsch. Ein Fall von klassischer Doppelwertigkeit des Empfindens. Eine Form affektiver Ambivalenz, welche die Frau und ihr erotisches Verhalten in der Ehe bestimmt.

Fran stellt in allem den weiblichen Gegentypus dar. Sie ist voll prallen Lebens, ein erotisches Vitalitätsbündel, die in Halm einen Sturm von längst versickert geglaubten Emotionen entfesselt. Während seine Frau zur mütterlichen, sexuell neutralen Instanz geworden ist – sie berät Halm zu gesellschaftlichen Anlässen in Krawattenfragen oder reibt ihn mit Bienengiftsalbe gegen Rückenschmerzen ein –, verkörpert Fran den Inbegriff der sinnlichen Provokation. Die Affäre mit der intelligenten, naiven, koketten Schülerin treibt den Professor immer hoffnungsloser ins Niemandsland zwischen Himmel und Hölle. Die Liebe bleibt platonisch und verbal, die Erkundung der Gegenwelt mit der unwiderstehlichen Schönen beschränkt sich auf zweideutige Anspielungen, die herbeigesehnte Gefühlseruption übersteigt das Wunschstadium nur rein theoretisch. Diese ungewöhnliche Leidenschaft erreicht ihren Kulminationspunkt im gemeinsamen Lesen von Shakespeares Sonettzeilen – »wahnsinnig begehrt und, kaum gehabt,/ wahnsinnig verabscheut, wie ein geschluckter Köder,/ gelegt nur, den Geköderten verrückt zu machen,/ verrückt im Wollen und im Haben auch« –, wobei Helmut Halm die Studentin bittet, das Sonett noch einmal auf Englisch zu lesen, damit er »nach jeder Zeile das Deutsche dazwischenschieben« könne – und dann verglüht diese papierene Bücherwurm-Liebe umstandslos.

Platonisches Feuerwerk

Im platonischen Feuerwerk, in dieser fetischistischen Germanisten-Feierstunde, im Triumph des Geschriebenen über das Gelebte zeigt sich die Subversion des Romans und die grimmige Gesellschaftskritik Martin Walsers. Im simulierten erotischen Akt verrät sich auf einmal die ganze Erbärmlichkeit des in seinen bürgerlichen Fesseln hängenden Dozenten. Die Kraft zum Ausbruch ist ihm längst abhanden gekommen. Er hat vor dem pulsierenden Leben kapituliert, weil er ohne die mütterliche Stabilität seiner Frau, Gattin und Freundin in einem, nicht überleben kann. Darum nämlich geht es Martin Walser in dieser großartig erbärmlichen Passage: Wortlos enthüllt er mit diesem verbal geglückten und real missglückten Koitus das groteske Scheitern des Dozenten Halms vor dem Glück, das ihn als potentielles Versprechen unerwartet anstrahlte.

Mit diesem Bilderpanorama gelingt Martin Walser ein meisterhafter Akt literarischer Verdichtung. Er trifft ohne langes Lamento einen heiklen Aspekt der modernen Ehe und stellt mit den Mitteln der Literatur einen fundamentalen Konflikt zur Diskussion: die Unvereinbarkeit von Liebe und Sexualität. Mit dem Figurenspiel zwischen dem alternden Mann, der jungen Studentin und der Ehefrau inszeniert er ein Grundproblem des Paarlebens im ausgehenden 20. Jahrhundert, auf das auch Psychologen und Soziologen Antworten suchen: das Gegenspiel zwischen selbstbestimmter, liberaler sexueller Verwirklichung und der Liebe in der festen Bindung. Der tradierte doppelte Anspruch auf Sexualität und Liebe zieht in der Realität ein Desaster nach sich. Die leidenschaftlich romantische und die bürgerliche Liebe schließen sich gegenseitig aus. Die Lust, meint Jürg Willi, Psychiater und Experte für Paarbeziehungen, strebt nach unbekannten Gefühlen. Sie zielt auf intensive Steigerung durch Verführung, Eroberung, Herausforderung und Überraschung bis zu Kampf und Hass. Die eheliche Sexualität der Zugehörigkeit aber will Harmonie, Vertrautheit und Einswerden. Sie will den Gleichklang der Schwingungen.[123]

An welchen Schwierigkeiten die Integration beider Beziehungsmodi scheitert, zeigt Martin Walsers Spielanlage eindrücklich. Sein Roman *Brandung* demonstriert den Zusammenprall zweier unvereinbarer Spielarten der Liebe. Der unbändige Glücksanspruch des alternden Mannes zielt auf die Sprengung der sozialen Beziehungen und Ordnungen. Die traute Harmonie mit der Ehegattin aber zementiert die sozialen Bindungen und das ruhige Bürgerglück – selbst wenn dies um den Preis des Verrats am eigenen Ich erkauft wird. Das ist das schlimme, unauflösbare Paradox in diesem Spiel. Zwischen den beiden Polen baumelt Martin Walsers Held, rettungslos, ausweglos, ohne sich je für die eine oder andere Seite entscheiden zu können. In der Zerrissenheit dieses Helden spiegelt sich die Liebeserfahrung des bürgerlich Angepassten und gesellschaftlich Integrierten, der die Konventionen nicht niederreißen, die vitalen Wünsche aber auch nicht ersticken kann. Die krisenhafte Konstellation im Roman *Brandung* von Martin Walser beleuchtet exemplarisch einen verstörenden Aspekt der Liebe in der scheinbar aufgeklärten Gesellschaft des ausgehenden 20. Jahrhunderts. Der Autor führt uns dieses unheilvolle Beziehungsmodell mit komischer Verzweiflung, sarkastischem Übermut und berührender Ironie vor Augen. Die »Liebe« fungiert in diesem Modell als Leerstelle. Zwar wird Halms Welt am Ende aus den Angeln gehoben, aber die Sturzwelle der Leidenschaft zerfällt im Nichts.

Siebter Teil
Pornographie, Grenzüberschreitung

Niederreißen der Bilderverbote

Der sexualisierte Mensch

Der liberale Umgang mit dem Körper erreicht mit dem Abbau der letzten Tabus während der sexuellen Revolution der siebziger Jahre den Höhepunkt. Rigide moralische Vorschriften und gesellschaftliche Konventionen werden mit der Popularisierung der Pille, der Gleichberechtigung der Geschlechter, der Selbstbestimmung der Frau und dem Infragestellen der bürgerlichen Ehe endgültig durchbrochen und weichen einer lockeren Haltung. Diese Entwicklung setzt allerdings schon um die Jahrhundertwende ein und wird durch verschiedene Faktoren beschleunigt. Rebellion gegen bürgerliche Doppelmoral und Widerstand gegen Prüderie sind bereits vor dem Ersten Weltkrieg deutlich vernehmbar. Das Wegspülen aller Normen durch die grausame Wirklichkeit des Frontlebens sowie die Erfahrung in Soldatenbordellen und homosexuellen Beziehungen beschleunigen den Prozess. Die Hemmungen der Jüngeren werden im Krieg weggeschwemmt und begünstigen die Liberalisierung und den Wandel der Normen. Der Abbau der Standesunterschiede, die Entwicklung der Frauenemanzipation, die Fortschritte der Medizin, allem voran die wirksame Bekämpfung der Syphilis, die Aufwertung der Jugend und der Körperkult durch den Sport sind weitere Faktoren, die diesen Prozess verstärken.

Ein radikales Umdenken lösen zudem die aufsehenerregenden *Drei Abhandlungen zur Sexualtheorie* des Wiener Arztes Sigmund Freud um 1905 aus. Seine Theorie der Sexualität, in der er die Libido zur alles beherrschenden Triebkraft der menschlichen Existenz erklärt und sexuelle Abweichungen als grundsätzlich in der menschlichen Natur angelegte Varianten definiert, stoßen zwar zuerst auf Wut und Widerstand, werden aber im Laufe des Jahrhunderts zum intellektuellen Allgemeingut. Das Buch *Die sexuelle Frage* des Schweizer Psychiaters Auguste Forel, das ebenfalls im Jahre 1905 erscheint, ist ein weiterer Meilenstein auf dem Weg zur Befreiung des Körpers. Forel behandelt das heikle Problem vorsichtig abwägend. Sein viel gelesenes Werk trägt zu einer toleranteren Auffassung der Sexualität bei. Schließlich befördert die gewaltig expandierende Vergnügungsindustrie einen weiteren Abbau sexueller Tabus. Auf diesem Gebiet werden die anerzogenen Schamgefühle bewusst verletzt und die moralischen Normen übertreten. Die überbordende Lust am Frivolen ersetzt jetzt die eiserne Moral. Als im Jahre 1912 in den berühmt-berüchtigten Pariser Folies Bergères zum ersten Mal eine nackte Frau ins Rampenlicht tritt, ist der Skandal perfekt und die Sittengeschichte endgültig umgeschrieben. 1918/19 kommt wiederum in Paris und später auch in Berlin die Nacktrevue auf; in London werden bei exklusiven Vorführungen zum ersten Mal unbekleidete Frauen zur Schau gestellt. Sie dürfen sich hüllenlos zeigen, sofern sie sich nicht bewegen, als Standbilder zum Bereich der Kunst gezählt und somit als rein ästhetisches Phänomen behandelt werden können.[124]

Die Aufhebung der grundsätzlichen Verbote, die den intimsten Lebensbereich des Menschen bis dahin reglementierten, gehört zum Kern des Konzepts der »Moderne«. Der sexuelle Paradigmenwechsel, der sich in der Umkodierung von bislang unantastbaren Vorschriften manifestiert, wird auch in der Literatur ablesbar. Die Zurschaustellung, Abbildung und Beschreibung des nackten Körpers wird im Laufe des 20. Jahrhunderts zum festen Bestandteil vieler literarischer Werke. Hatten vor dem Krieg noch unerschrockene Schriftsteller wie Frank Wedekind und Arthur Schnitzler durch ihre provozierenden Beschreibungen Skandale verursacht, gewöhnt sich das Auge des Lesers gegen Ende des

20. Jahrhunderts an Texte, die sexuelle und pornographische Szenen schildern. Auch im literarischen Umgang mit dem bisher oft nur in zeichenhaften Anspielungen transportierten erotischen Inhalt findet ein umfassender Wandlungsprozess statt. Der Begriff »Pornographie« – »über Huren schreiben« leitet sich von griechisch porne: Hure, graphein: schreiben ab und meint die obszöne Darstellung des nackten Körpers beziehungsweise die Beschwörung des stereotyp reproduzierten Sexualaktes. Am Ende des 20. Jahrhunderts gehört die detaillierte Beschreibung des Geschlechtsaktes zum Standardrepertoire der Literatur, wobei insbesondere Autoren der jüngeren Generation auch sexuelle Abweichungen offen thematisieren. In ihren Werken spiegelt sich der Zeitgeist.

»Pornofizierung« des Alltags

Pornokonsum ist am Übergang zum 21. Jahrhundert nicht nur völlig normal geworden, er gehört zum Alltag, mehr noch: Der sexuelle Optimierungswahn, der mit der Konsumierung von Pornographie ausgelebt wird, entwickelt sich zu einem regelrechten Zwang. Nacktheit entwickelt sich zum omnipräsenten medialen Thema, in Talkshows werden alle möglichen intimen Details und Praktiken bis zum Überdruss diskutiert, Video und Internet stellen pornographische Inszenierungen in jeder Variante zur Verfügung. Mode, Werbung, Medien und Kunst sind geradezu imprägniert von pornographischen Zeichensystemen. Pornographische Abbildungen infiltrieren so sehr das Bewusstsein des durchschnittlichen Menschen, dass immer mehr Leute diesen Bildern entsprechen wollen. Ariadne von Schirach, die das Phänomen in ihrem Buch *Der Tanz um die Lust*[125] analysiert, spricht von einem Zwang zur Manipulation des Körpers, um ihn auf das Ideal des Pornopop zu trimmen. Damit bezeichnet sie das Hand-in-Hand-Gehen von Pornographie und Popkultur. Davon lebten die Medien, das treibe den Kapitalismus voran, in dem ständig alles optimiert werden müsse. Diese ökonomische Strategie sei im 21. Jahrhundert auf den Körper übergesprungen. Das Phänomen der »Pornofizierung« des Körpers sei quer durch alle Schichten verbreitet, anstelle von Werten wie Humor, Bildung und Geist gehe es nur noch um Sexyness. Alles laufe einzig auf die Frage hinaus, ob man selber sexy genug sei und der eigene Körper sexuelles Begehren wecke.[126] Sie nennt die nackten Körper auf den Reklametafeln »übergeil«, welche die Menschen überall und ständig dazu verleiteten, sich selbst auf sexy zu konditionieren, während gleichzeitig die Ansprüche an potentielle Partner ins Unermessliche und Irreale steigen.[127]

Die auf den sexuellen Akt reduzierte Darstellung in der Literatur kann nun allerdings emanzipatorischen, aufklärerischen oder rebellischen Charakter haben. Sie kann ebenso eine erzählerische Strategie im Dienste der Leserführung und der Steigerung der Spannung sein. In diesen Fällen dient der voyeuristische Diskurs der Kunst des Beschwörens und der Aktivierung der Erwartungslust. Nicht selten verfolgt der Autor mit der Konstruktion des unmoralischen Bildes ein doppeltes Ziel: Vordergründig denunziert er durch die Beschreibung des nackten Körpers den Missbrauch der Sexualität als Ware und formuliert eine moralische Botschaft. Dass es ihm nur darum gehen würde, wäre allerdings frommer Selbstbetrug. Unter dem Vorwand der Anprangerung schnöder Wollust wird das voyeuristische Auge erst recht stimuliert.

Konstruktion des unmoralischen Bildes

Diese Doppelstrategie lässt sich am Roman *Das Provisorium* (2000)[128] des 2007 verstorbenen Schriftstellers Wolfgang Hilbig demonstrieren. Der Autor präsentiert eine drastische Lebensbeschreibung des Schriftstellers C., der zwischen

Ost- und Westdeutschland, zwischen der Ober- und Unterwelt, zwischen Identitätsauflösung und -befestigung pendelt. Der versprengte Ostdeutsche, den es trost- und heimatlos hin- und hertreibt, entwickelt einen scharfen Blick für die wunden Punkte der westlichen Gesellschaft. Erbarmungslos kommentiert er die Schwächen der BRD, gerade auch in Bezug auf die Liberalisierung der Sexualität. Sieben Jahre vor dem Erscheinen von Ariadne von Schirachs Analyse der Infizierung des Alltags durch die vorgefertigten Bilder der Pornoindustrie bringt Wolfgang Hilbig dieses Phänomen mit den Mitteln der Literatur unerbittlich zur Sprache. Dies, obwohl die Welle erst im Anrollen und die Pornofizierung des Alltags zu diesem Zeitpunkt nur in ersten Signalen wahrnehmbar ist.

Das Provisorium ist einer der neueren Romane der deutschen Literatur, in der mit der Pornographie und der daraus resultierenden Gefühlsabstumpfung abgerechnet wird. Das ist die eine Seite. Auf der anderen Seite setzt Wolfgang Hilbig die Darstellung des nackten Körpers und des Aktes selber als suggestives Stilmittel ein. Auf einer Metaebene wird das Phänomen der ökonomischen Ausbeutung von Sex in der westlichen Gesellschaft kritisch kommentiert. Sein Roman beschreibt das Phänomen der Kommerzialisierung sexueller Darstellungen zur Erhöhung der Gewinn-Marge, wie dies in der westlichen Gesellschaft der Fall sei. Mit seinem pamphletartigen Kommentar zur Instrumentalisierung des nackten Körpers in der Werbung trifft Wolfgang Hilbig eine der Schwachstellen der Konsumgesellschaft, die mit den allgegenwärtigen Darstellungen des Geschlechtsaktes nichts anderes als eine Optimierung der Bilanz ansteuert: »Bei alledem war es im Westen so, dass einen die Verheißungen der Sexualität von jeder Plakatwand anstrahlten. Konsumgüter oder öffentliche Meinungen wurden anscheinend nur noch verkauft, wenn sie mit erfüllter Sexualität in Zusammenhang gebracht wurden. Dass sich das Ganze nicht als eine abendländische Totalkastration auswirkte, flößte ihm einen ungeheuren Respekt vor der Standhaftigkeit menschlicher Triebstrukturen ein; das Übel war nur, dass er genau jener Einzelfall war, auf den sich die Verheißung buchstäblich niederschmetternd auswirkte. Dass die Sexualität grundsätzlich *erfüllt* war, und als solche ganz allgemein der herrschende Zustand, das konnte man aus jedem öffentlichen Satz herauslesen oder heraushören. Sie war eine ganz selbstverständliche Tatsache, ihre Existenz schien im Bewusstsein der allerbreitesten Öffentlichkeit so außer Frage zu stehen, dass mit jedem sprachanwendenden Verfahren in diesem gesamten Land ausschließlich noch über die Steigerung dieser Erfüllung referiert wurde. Wofür man praktisch alles vorschlug: den Kauf von Autos, Zahnbürsten, Fernsehgeräten und Toilettenpapier.«

Das sexuelle Bild als Marketingstrategie

Wenn Hilbig die Abbildung des sexuellen Aktes als gewinnsteigernden Faktor einer kalkulierten Marketingstrategie beschreibt, reflektiert er damit im gleichen Zug die Gefühlskälte und Verfallenheit, die Berechnung und Obszönität, welche in dieser Gesellschaft das Zusammenleben zwischen den Geschlechtern regeln. Die allgegenwärtige Präsenz der Sexualität in der Werbung nämlich meine nicht ein Lob des Körpers, sondern seine Abbildung zur Anregung des Konsums. Hilbigs Inszenierung des sexuellen Bildes verhandelt also gleichzeitig die sexuelle Ordnung. Sie präsentiert ein mögliches Rollenmodell des erotisierten Menschen am Übergang zum 21. Jahrhundert, ein Vorbild, das ein sexuelles, moralisches und ästhetisches Lebenskonzept verkörpert.

Allerdings verfolgt auch dieser Schriftsteller verdeckt eine Doppelstrategie. Auf einer zweiten Ebene setzt er die präzise Beschreibung der pornographischen Vergnügungen der westlichen Gesellschaft selber als Marketingstrategie in eigener Sache ein. Da zeigt sich die Raffinesse des Autors, der auf zwei Ebenen agiert: Einerseits operiert er mit der Denunziation fehlgeleiteter Entwicklungen und einer impliziten moralischen Wertung, andererseits unternimmt er selbst literarische Maßnahmen, die unmittelbar auf Verkauf und Vertrieb des eigenen Werkes zielen. Damit verrät auch der Autor einen gesunden Instinkt für Kundenorientierung. Das Produkt »Roman« appelliert mit seinen detaillierten pornographischen Passagen ebenfalls an primäre Triebe: sexuelle Neugierde, Spannungsoptimierung und Stimulation der Fantasie des Lesers, der das Buch nicht aus der Hand legt, bevor er die komplette Szene kennt.

Wolfgang Hilbigs Beschreibung des Pay-TV mit seinem Angebot an Pornofilmen, die den erschöpften Kunden in den Zimmern internationaler Hotelketten erwarten, ist eine der geistreichsten und bösesten Karikaturen der instrumentalisierten Sexualität – und fügt sich, gerade durch ihre Qualität, gleichzeitig nahtlos in die Tradition der literarischen Erotica ein. Hilbigs moderne »Auflage« dieser uralten Textsorte arbeitet mit gleichzeitiger Nähe und Distanz: Nähe, indem er die körperlichen Details ausschweifend ausmalt, Distanz, indem er die Lächerlichkeit der anonymen Liebe deutlich herausstellt. In langen Sequenzen spricht der allwissende Erzähler über den gelangweilten männlichen Hotelgast, der – zu müde für einen Bordellbesuch, zu gefühlskalt für eine wirkliche Begegnung mit einer Frau – im kleinen Rahmen Triebabfuhr betreibt, die erst noch sorgfältig auf das spezifische Kundenbedürfnis abgestimmt ist. Neben anderen Extras wie Minibar, Telefon oder chemische Fleckentfernung offerieren diese Hotels dem Besucher, für zwanzig Mark schadlos in Richtung Bildschirm zu ejakulieren. Diese Filme seien international, also in englischer oder deutscher Sprache zu haben, »was allerdings gleichgültig war, da fast das gesamte Tonmaterial des Films aus Gejammer und einer noch jämmerlicher klingenden Musik zusammengemischt war. Innerhalb kurzer Zeit, im Verlauf eines Jahres etwa, schienen bei der Auswahl der Filme alle Bedenken wegzubrechen: bekam man zuerst noch Softpornos zu sehen, Filmchen also, bei denen der untere Bildrand mit peinlicher Sorgfalt stets mit dem oberen Ansatz der Schambehaarung zusammenfiel, so hatte sich diese Begrenzung sehr bald verloren.« Schon bald sei es nur noch darum gegangen, den mit maschineller Gleichgültigkeit ausgeführten Akt in Nahaufnahme zu zeigen.

Interessanterweise bezieht sich dieses scheinbar polemische, in Wahrheit aber ebenso voyeuristische Spiel des Schriftstellers semiotisch auf die Nacktdarstellungen, die am Anfang der Entwicklung einer visuellen Libertinage zu Beginn des Jahrhunderts standen. Die Objekte der Begierde im Pay-TV werden genauso wie die Standpuppen der historischen Nacktrevue von der Kamera fokussiert und spiegeln sich durch die detailgetreue Abbildung im literarischen Text noch einmal vor dem Auge des Lesers. Auch Hilbigs Inszenierung changiert zwischen reinem ästhetischem Genuss, Sexismus und kalkuliertem Voyeurismus. Der Unterschied zwischen qualitätvoller erotischer Literatur und Pornographie liege vor allem darin, dass Pornographie ihren Reiz durch Steigerung der Quantität und Intensität erhöhe, während literarisch anspruchsvolle Literatur Spannung durch die differenzierte Qualität erziele, meint der Literaturwissenschaftler Hans-Dieter Gelfert.[129] Im Roman *Provisorium* sind die Grenzen fließend, die furiosen Beschreibungen kippen aber durch ihre Detailtreue und ihre serielle Abfolge stellenweise in reine Pornographie.

Als pornographisch muss die Beschreibung der Videos im Hotelzimmer bezeichnet werden, weil Wolfgang Hilbig mit Hilfe der Sprache zusammenhanglose Bildfolgen über den Geschlechtsakt reproduziert, in denen sich die »Liebe« auf die Beschreibung körperlicher Versatzstücke sowie auf Stellungen reduziert. Individualität spielt in diesem Kontext keine Rolle, Gefühle werden ausgeblendet, der Körper der Frau wird zur reinen Projektionsfläche männlicher Wünsche: »Das Erstaunlichste an einer solchen Einstellung war die Ausdauer, mit der viele Minuten lang dieses unabänderliche Hin- und Herstoßen gezeigt wurde, und ebenso erstaunlich war das anhaltende Stöhnen und Quietschen der weiblichen Figur, von der man annehmen durfte, dass sie ohne jede Einwirkung auf ihr erotisches Befinden von einem beträchtlichen Schwanz bearbeitet wurde; man hörte nur die musikuntermalte Geräuschkulisse, in die der männliche Akteur gelegentlich mit einem schnarchenden Laut einstimmte und die, da die Gesichter der Schauspieler keine Rolle spielten, nicht einmal synchronisiert werden musste.« Hilbig führt dem Leser vor, was Ariadne von Schirach als reine »Fickmaschinen« bezeichnet. Sie macht darin ein totalitäres Menschenbild aus, weil weder Individualität noch Menschlichkeit der Darsteller vermittelt würden und subtilere Formen der Erotik keinen Platz hätten. Solche Szenen raubten dem Menschen die Würde, weil sie sein normales Körperbewusstsein manipulierten.[130]

Stimulations- und Empörungsbild

Was im Roman *Das Provisorium* literarisch inszeniert wird, ist nur auf den ersten Blick ein simpler pornographischer oder denunziatorischer Vorgang. In Wahrheit montiert der Erzähler das »übergeile« Bild in den Text und projiziert es damit auf die Netzhaut des Lesers, worauf dieser wiederum seine eigenen Fantasiebilder abruft. Das Stimulationsbild und das Empörungsbild geraten so in ein unlösbar ambivalentes Verhältnis, die Inszenierung wird immer wieder als solche entlarvt. Wolfgang Hilbig unternimmt einen weiteren Kunstgriff: Er sabotiert seine eigenen pornographischen Bilderfolgen, indem er diese mit kleinen ironischen Hinweisen auf ihre rein technisch beschwerliche Realisierung unterläuft und damit die störungsfreie Identifikation des Lesers mit dem lustvoll Betrachteten hintertreibt. So spricht er etwa über die akrobatische, spitzensportreife Leistung der Schauspieler, die während des Geschlechtsaktes in Schweiß geraten, weil es extremer Anstrengung bedürfe, ihre Körper stets hindernisfrei ins Zentrum des Kamera-Auges zu rücken. Er spricht ungerührt von den Oberschenkeln, die dem Bild immer irgendwo im Wege stehen, und wie dem mit allerlei Verrenkungen entgegengewirkt werden müsse. Und er weist auf die blonden Haare des Sexmodells hin, die unglücklicherweise im entscheidenden Moment den Brennpunkt des Geschehens verdecken, sodass die Frau, offenbar auf Befehl des Kameramannes, die Lockenpracht ein ums andere Mal unwirsch hinter das Ohr schleudern soll, um die Konzentration des Zuschauers nicht vom »Eigentlichen« abzulenken.

Es ist offensichtlich, dass der Grad des Erlaubten und des Verbotenen sich nach der Beziehung zwischen dem Bild und dem Blick, der Erzählung und der Rezeption, oder anders gesagt: nach der semiotischen Täter-Opfer-Beziehung richtet. Es gibt dabei vier Modelle, die sowohl für die Pornographie in der populären wie auch der elitären Literatur zutreffen. Erstens: Das unschuldige Objekt und der unschuldige Blick. Beide versichern einander, dass nichts »Böses« intendiert ist. Der Held (Stellvertreter des Blicks) sieht einer Frau bei ihrer nicht enden wollenden und ausführlich beschriebenen Entkleidung zu und versichert sie (Stellvertreterin des Bildes) seiner Harmlosigkeit. Zweitens: Das schuldige Objekt und der unschuldige Blick: Der Verführer zeigt sich in einer sexuellen Körperinszenierung und der Blick kämpft, erfolgreich oder nicht, gegen diese Zumutung. Drittens: Das unschuldige Objekt und der schuldige Blick: Der Schriftsteller fokussiert den Blick des Lesers auf einen Gewalttäter, und für diesen Augen-Blick verwandelt sich der Leser gezwungenermaßen in den Täter. Viertens: Das schuldige Objekt und der schuldige Blick: Der Leser sieht die sexuelle Inszenierung des Pin-up-Girls, das dem Betrachter durch Worte oder Gesten suggeriert, es habe nicht das Geringste dagegen, in entblößter Stellung angestarrt zu werden.[131]

Wolfgang Hilbigs pornographische Inszenierung erlaubt dem Leser den Wechsel von einer Perspektive in die andere: Mal ist es der schuldige Betrachter, der das absichtlich wollüstige und gewissenlose schuldige Objekt ins Auge fasst, das nichts anderes im Sinn hat, als animierte Blicke auf sich zu ziehen. Dann ist es wieder der unschuldige Leser, der gegen seinen Willen in das pornographische Setting der provozierenden Sexdarsteller hineingezogen wird und sich – angezogen, abgestoßen – mehr oder weniger erfolgreich entzieht oder die Mechanik der Maschinerie entlarvt. In jedem Fall aber sucht und findet der Schriftsteller ein Medium, um Lust sichtbar und Sexualität als primäre Triebfeder des Menschen darstellbar zu machen und ihre Instrumentalisierung mit dem Ziel der schnöden Ausbeutung zu problematisieren.

Weibliche Wollust

Eine Sprache für Leib und Libido

Interessant ist in diesem Zusammenhang ein Blick auf die weibliche Optik: Wie verhalten sich Schriftstellerinnen zur literarischen Pornographie und wie realisieren sie geschriebene Wollust im Text? Meiden sie das heikle Thema oder finden sie eine andere Sprache für die libidinöse Lust? Denunzieren sie die Instrumentalisierung des Frauenkörpers in der Männerfantasie oder entwickeln sie selber einen pornographischen Blick? Drängt es sie, den Menschen als ein in seinen Tiefenschichten triebgesteuertes Wesen darzustellen und damit auch die unmittelbare Abbildung des sexuellen Aktes in Kauf zu nehmen? Oder realisieren sie vielmehr die Kunst der Erotik, die ein Spiel mit Verweisen und Andeutungen ist? Während Erotomanen wie Henry Miller, D.H. Lawrence oder James Joyce schon früh mit eindeutig obszönen Texten Anstoß erregen, damit aber auch moralische Bastionen stürmen und einen Paradigmenwechsel einleiten, gehen Autorinnen das Thema taktvoller an, wenn auch nicht weniger konsequent. Schon Virginia Woolf, Säulenheilige der modernen Frauenliteratur und sensibelste Ergründerin des weiblichen Gefühlslebens, laborierte durchaus mit dem Thema Sexualität. Dennoch versagten der Engländerin, deren schizophrene Schübe von ihren Biographen auch einer ungelösten Frigidität und einer nicht gelebten Bisexualität zugeschrieben werden, die Worte, wenn sie daran dachte, über die Frau als Körper zu schreiben. Das Abenteuer, die Wahrheit über ihre Erfahrungen des Körpers zu sagen, habe sie nicht gelöst, klagt die Schriftstellerin und bezweifelt, dass es eine Frau bis heute gelöst habe.

Das sollte in Zukunft allerdings anders werden. Bereits in den sechziger und siebziger Jahren experimentieren auch Frauen mit dem Sichtbarmachen weiblicher Sexualität und suchen eine eigene Stimme im Reich der Sinne. Während Doris Lessing in ihrem *Goldenen Notizbuch* (1962) ihre Heldinnen seitenlang über »vaginalen«, »klitoralen« und den »wirklichen« Orgasmus fachsimpeln lässt, liefert Anaïs Nin 1977 mit *Das Delta der Venus* eine Projektionsvorlage für die weibliche Sexualität. Die Texte waren 1940/41 auf Anregung ihres Freundes Henry Miller und unter kräftiger Hilfe zweier Freundinnen entstanden. Ein vermögender alter Herr, der animiert werden wollte, hatte die Erzählungen in Auftrag gegeben, und da die Damen Geld brauchten, nahmen sie das Angebot an. Hinter die Geheimnisse der weiblichen Sexualität sei aber auch sie nicht gekommen, meinte sie einmal, eine weibliche Sprache für Leib und Libido müsse erst noch gefunden und erkundet werden.

Elfriede Jelinek und die Szenarien sexueller Macht

Die einmal eingeschlagene Fährte verfolgen – stimuliert durch den Fall der Tabus und angetrieben durch die Emanzipationsbewegung der sexuellen Revolution – auch Schriftstellerinnen wie Erica Jong in ihrem Buch *Die Angst vorm Fliegen* (1973), Betty Friedan in der Streitschrift *Der Weiblichkeitswahn* (1963), Kate Millett in *Sexus und Herrschaft* (1970), Marilyn French in *Frauen* (1977), Marguerite Duras in *Blaue Augen, schwarzes Haar* (1986) oder Benoîte Groult in dem Roman *Salz auf unserer Haut* (1988). In fast allen Fällen werden die literarischen Selbstversuche mit Körper, Sexualität und Pornographie zu Bestsellern.[132]

Bahnbrechend auf dem Terrain der literarischen Inszenierung von Pornographie ist die österreichische Schriftstellerin und Nobelpreisträgerin Elfriede Jelinek. Vor allem mit den beiden skandalträchtigen Romanen *Die Klavierspielerin* (1983)[133] und *Lust* (1989)[134] reißt sie alle weibliche Scheu vor der Offenlegung des sexuellen Aktes und alle Bilderverbote nieder. Kritik und Leser rezipieren die ingrimmigen Werke ambivalent. Einige reagieren entzückt auf die grenzen- und gnadenlose Beschäftigung mit Obsession und Gewalt, andere zeigen sich angewidert, abgestoßen oder alarmiert. Ihr Buch *Lust* wird schon Monate vor der Erstveröffentlichung von den Medien als »weiblicher Porno« deklariert und verschrien. Er erreicht innerhalb kurzer Zeit hohe Auflagen. Elfriede Jelinek distanziert sich allerdings von dieser massenmedialen »Katastrophe«. Sie fühlt sich missverstanden und lässt verlauten, dass *Lust* ein Text sei, den sie nicht mehr schreiben würde. Im Gespräch mit der Literaturkritikerin Sigrid Löffler bringt sie das Dilemma, dem sie beim Schreiben unterlag, auf den Punkt: »Ich hab' mich noch nie in meinem Leben stark gefühlt und hab' auch noch nie in meinem Leben weniger Anlass dazu gehabt. Im Grunde ist mein Buch ein Scheitern. Es war mein Plan, einen weiblichen Porno zu schreiben. Ich wollte eine weibliche Sprache für das Obszöne finden. Aber im Schreiben hat der Text mich zerstört – als Subjekt und in meinem Anspruch, Pornographie zu schreiben. Ich habe erkannt, dass eine Frau diesen Anspruch nicht einlösen kann, zumindest nicht beim derzeitigen Zustand der Gesellschaft. Beim Schreiben wurde mir klar, dass die Männer die pornographische Sprache mehr als jede andere, sogar mehr als die Kriegs- und Militärsprache, für sich usurpiert haben.«[135]

Jelineks sprachakrobatischer Roman ist Erzählung, Traktat und feministisches Manifest in einem. Sie siedelt ihre Geschichte in der österreichischen Provinz an und beschreibt die bürgerliche Ehe als Zwangsgemeinschaft, in der die Frau der alltäglichen sexuellen Gewalt des Mannes ausgeliefert ist, die zu ihrer Versklavung und Erniedrigung führt. Sexualität ist in dieser Geschichte eine dem Mann verfügbare Ware, sie ist Mittel des Psychoterrors und Instrument der gnadenlosen

Unterwerfung. Hermann, Direktor der Papierfabrik und einziger großer Arbeitgeber am Ort, fürchtet sich aus Angst vor Aids vor Bordell und Seitensprung. Sein unersättliches sexuelles Begehren wirft ihn entsprechend auf die »Benutzung« seiner Frau zurück. Sie ist für ihn eine Sexualmaschine, die ununterbrochen funktionieren muss und die er sich mit allen Variationen sexueller Gewalt verfügbar macht. Die Frau unterwirft sich dieser triebgesteuerten patriarchalen Herrschaft – auch um den Preis gesellschaftlicher und finanzieller Ersatzbefriedigung. Trotzdem versucht die gepeinigte und erniedrigte Gerti ein letztes Mal aus ihrer Opferrolle auszubrechen und selber sexuell aktiv zu werden. Sie testet sich an einem Studenten und Skifahrer, der ihr zufällig im alpenländischen Fremdenverkehrsort über den Weg läuft. Was sie als Ausbruch plante, endet in der Katastrophe. Der Student unterwirft die Frau denselben brutalisierten Ritualen, die sie zuvor von ihrem Mann erdulden musste. Am Ende tötet die vollkommen erniedrigte Frau aus Verzweiflung ihr Kind.

Grenzüberschreitung

Pornographie und Grenzüberschreitung stehen in diesem Roman im Dienste des absoluten Machtanspruchs des Patriarchats. Elfriede Jelinek entlarvt das häusliche Herrschaftssystem und scheut dabei vor keinem Verbot zurück. Um die Szenarien sexueller Macht zu beschreiben, greift sie zu jeder Form pornographischer und vulgärsprachlicher Mittel. Sie montiert bitterböse Sprichwörter und Redewendungen in den Text, aber auch Kalauer, Stammtischwitze und Versatzstücke aus der Sprache der Werbung und aus verfremdetem religiösem Kontext. Eine hinterhältige Strategie, mit der sie die realen Verhältnisse erst recht aus- und bloßstellt. »Der Mann kommt vom zweiten Rasieren, die Frau wie ein Schifferl vor seinem Schwall herzutreiben. Ihre Berge und

Täler samt Gezweige sind zwar reichliche Entwürfe, doch es fehlt durch Entwürdigung der letzte Schliff daran. Der Mann erschlafft, vom Winde emporgeweht, die Frau, er zieht ihr den Schenkel und wirft ihre Beine auseinander wie welke Knochen. Er sieht Gottes tektonische Verwerfungen an ihren Oberschenkeln, sie machen ihm nichts aus, er klettert in seinen Hausbergen herum auf sicherem gewohnten Steig, er kennt jeden Tritt, den er austeilt. Er stürzt nicht ab, der ist hier zuhaus.«

Eine kalte, zynische Aura verströmt dieser Text, das Böse bricht durch die kunstvoll verfremdete Sprache erst recht durch. *Lust* markiert eine Zäsur in der Tradition der Beschäftigung von Schriftstellerinnen mit ihrem Körper. Ob Elfriede Jelinek nun in ihrem unbändigen Zorn selber einen pornographischen Blick entwickelt oder die patriarchalische Ausbeutung des Frauenkörpers vielmehr entlarvt, ob ihre obszöne verbale Akrobatik an den Grenzen der Sprache und des Körpers scheitert oder eine Misere beschreibt, ob die schamlose Versuchsanordnung an ihrer Künstlichkeit leidet oder die Mechanismen der bürgerlichen Ehe bloßstellt – Tatsache ist, dass die österreichische Schriftstellerin mit radikaler Präzision die wunden Stellen im Verhältnis der Geschlechter zur Sprache bringt. Tatsache ist auch, dass sie mit ihrer Unerschrockenheit den Weg für alle spätere Beschäftigung mit weiblicher Sexualität ebnet. Literatur von Frauen über den Körper, das Geschlecht und die Zweierbeziehung muss von jetzt an von diesem Grenzpunkt aus gedacht werden.

Kalt nämlich lässt dieser Roman keinen. Elfriede Jelinek zeigt drastisch auf, wie die Sexualität alle kulturellen Konventionen sprengt. *Lust* macht deutlich, dass die Faszinationskraft der Sexualität *und* ihre Tabuisierung die gleichen Wurzeln haben. Auf dem Feld der Geschlechterbeziehung regiert das Prinzip des Chaos, das jede Ordnung hinfällig macht. Indem sie diese Fakten in literarische Szenarien übersetzt, demontiert die österreichische Schriftstellerin mit einem Schlag alle bisherigen Verklärungen des Geschlechterkampfes. In der Inszenierung der pornographischen Szenen benennt sie, was hinter den Grenzen der Konvention vor sich geht, und denunziert die bürgerliche Scheinmoral. Sie bezeichnet präzise den Moment, in dem der Mensch auf seine Animalität zurückfällt. Genau da liegt aber der aufklärerische Gestus ihrer Literatur: in der Überführung der dunklen Seiten des Menschen. Die obszöne Gier, die Elfriede Jelinek drastisch darstellt, zeigt den Menschen in seiner Niedrigkeit, als Objekt seiner Triebe und Begierden.

Es geht im Roman *Lust* von Elfriede Jelinek weniger um die Stimulation und Animation des Lesers mit pornographischem Material, sondern vielmehr um den Gestus der Desillusionierung und der Entlarvung. Die Strategie der schamlosen Darstellung von Gewalt und Pornographie verweist dabei auf ein Doppeltes: auf die Entzauberung *und* auf die Moral, die »ex negativo« im Text aufscheint. In Jelineks pornographischen Szenarien regiert Ordnung *und* die Gegenordnung – Ordnung als ein verborgenes Moralsystem, dessen Gesetze aber in der Realität überschritten werden. Mit der Schilderung des geschundenen und gedemütigten Körpers vermittelt sie die schockartige Erkenntnis des unlösbaren Zusammenhangs von Gewalt und Sexualität – und ihre Bändigung durch Zivilisation und sittliche Normen. Entsprechend hat Pornographie in diesem Zusammenhang im literarischen Text auch eine moralische Funktion.

Tabubruch und Desillusionierung

Um Tabubruch, Desillusionierung und Entlarvung geht es auch in ihrem Roman *Die Klavierspielerin*. Wieder führt Elfriede Jelinek die rabiate Verbindung von Herrschaft und Sexualität vor und denunziert das heterosexuelle Beziehungsgefüge als ein geschlossenes Machtsystem, aus dem es kein

Entkommen gibt. Dieses Mal arbeitet sie aber mit einer anderen Versuchsanordnung, welche die psychischen Ursachen der fatalen sexuellen Verstrickung zwischen Frau und Mann ausleuchtet. Protagonisten der häuslichen Machtinszenierungen sind vorerst Erika Kohut und ihre alte Mutter, unter deren Fuchtel die Tochter lebt. Obwohl Mitte dreißig, ist es der Tochter niemals gelungen, sich aus dem Herrschaftsbezirk der Mutter zu entfernen. Mehr noch: Wie süchtig unterwirft sie sich der aggressiv-dominanten Mutter. Obwohl selber erfolgreiche Klavierlehrerin und Professorin, inszeniert sie im Alltag mit schlafwandlerischer Sicherheit eine Balance zwischen bedrohlicher Anziehung und erregender Vertreibung. Die Mutter, Inquisitorin und Erschießungskommando in einem, dressiert die Tochter mit unduldsamer Härte hin auf eine Pianistenkarriere, die aber nicht gelingt. Im entscheidenden Examen versagt sie. Ihr bleibt eine Karriere als Lehrerin am Konservatorium. Die Schmach wird die Unterlegene bis an ihr Lebensende ihren Schülern heimzahlen. Mit einer raffinierten Mischung aus Strafe und Zuwendung schafft es die sadistische Mutter, die Tochter vollkommen von sich abhängig zu machen. Je ambivalenter sie sich verhält, desto weniger kommt die Tochter von ihr los. Sie ist gleichzeitig hilflos und rebellierend, fremdbestimmt und aufbegehrend. Dennoch verliert die unpraktische Musikerin den Kampf gegen die Mutter schon darum, weil sie den Alltag nicht autonom bewältigen könnte.

Elfriede Jelinek zeigt die Mechanik und die Hermetik dieses familiären Herrschaftssystems. Die Tochter, die dem grausamen Mutterland nicht entrinnen kann, richtet sich häuslich in diesem Gefängnis ein, allerdings mit fatalen Folgen. Ein unaufhaltsamer seelischer Verkrüppelungsprozess setzt ein. Ziel der Mutter ist die Abwehr eines männlichen Eindringlings, der die Tochter begehren, die Symbiose zerstören und ihre Macht untergraben könnte. Das gelingt ihr. Erika Kohut, die zuerst bedroht, dann gedemütigt wird, führt das Verstümmelungswerk am eigenen Leib freiwillig zu Ende. Inzwischen ist sie auf das neurotische Macht-Ohnmacht-Gefälle konditioniert. Sie entwickelt einen fetischistischen Umgang mit verbotenen Gegenständen und eine voyeuristische Neugierde. Heimlich besucht sie Peep Shows und schleicht sich im Prater an kopulierende Paare heran. Gefesselt im Korsett der mütterlichen Hassliebe, steuert sie selbst wie traumwandlerisch den letzten Akt der Selbstvernichtung. Walter Klemmer, Möchtegern-Playboy und Student an der Technischen Hochschule, nimmt bei Erika Kohut Klavierunterricht. Angestachelt von der sexuellen Unzugänglichkeit der Frau, versucht er ihre Abwehr zu durchbrechen und die emotional und sexuell versperrte Frau zu stürmen. Jetzt kommt es zur brüsken Umkehrung des Machtverhältnisses. Die Klavierlehrerin, die bisher ihren Schüler beherrschte, befiehlt ihm, sie zu demütigen. Die masochistische Session, die sie ihm vorgibt, endet mit der unwiderruflichen Demütigung der Frau. In ihrem Innersten zerstört, bringt sie sich am nächsten Morgen mit dem Messer selber eine Verletzung bei.

Elfriede Jelinek reißt im Kern dieser Geschichte alle Schamschwellen nieder. Insofern steht der Roman *Die Klavierspielerin* in der literarischen Landschaft der letzten dreißig Jahre singulär da, und singulär ist sein Umgang mit Obszönität, Gewalt und Pornographie. Ein literarischer Grenzgang, der die Liebe als sexuelles Unterwerfungsritual zeigt und die Beziehung zwischen den Geschlechtern als ferngesteuerten Kampf zwischen zwei seelisch beschädigten Wesen. Die Frau, verkrümmt durch ihre Mutter, kann sich Liebe nur als Beherrschung und Unterwerfung vorstellen. Auf Gefühle reagiert sie einzig in der ambivalenten Mischung zwischen Liebe und Hass, Anziehung und Zurückweisung. Die emotionalen Schutzwälle, hinter die sich die Tochter zurückgezogen hat, bersten nur unter dem Einfluss von körperlicher und psychischer Gewalt. Das Beziehungsgeflecht zwischen Mutter, Tochter und männlichem Eindringling präsentiert sich als labiles Machtlaboratorium, in dem sich die Gleichgewichte immer neu verschieben. Die Figuren operieren als Funktionsträger in einem neurotischen Szenario. Die Grenzen zwischen Täter und Opfer verschwimmen. Die Machtverhältnisse werden immer neu ausgehandelt, wobei es am Ende die zum Selbsthass konditionierte Klavierlehrerin ist, welche alle Fäden in der Hand behält und die Selbstvernichtung herbeiführt.

Diese literarische Fallstudie einer entgrenzten Mutter-Tochter-Beziehung, einer wahnhaften Verschwisterung von Begierde und Gewalt, operiert mit der Pornographie als Symptom und als Indikator: Symptom für die pervertierte Beziehung der Frau zum eigenen Körper, Indikator für das familiäre Inferno, das die Verstümmelung einer »verkehrten« Sexualität hervorbrachte. »Das Sperma fließt reichlich in diesem Roman, und oft bewegt sich Elfriede Jelinek an der Grenze zur Pornographie. Nun ist das ›Huren-Schreiben‹ immer dann legitimiert, wenn es der Diagnose dient und der Therapie«, meint der Schriftsteller Hermann Burger in einer Rezension des Romans[136] und benennt damit eine weitere Funktion von literarischer Pornographie. Sie ist also alles andere als Selbstzweck.

Elfriede Jelineks Polemik über die außer Rand und Band geratene Beziehung der Geschlechter beklagt die Unterjochung des Frauenkörpers, allerdings nicht, ohne im gleichen Zuge selbst mit dem pornographischen Blick zu operieren. In diesem Verfahren offenbart sich die ungebremste Manipulationswut der Autorin. So wie sie in ihrem Text das Verbotene tollkühn präsentiert, so sehr übt sie selber Macht aus – auf den Leser, der sich ihren dämonischen Bildern nicht entziehen kann. In gewissen Passagen verrät sich ein absoluter Machtanspruch und eine Machtinszenierung der Autorin. Je nach Sichtweise wird der Leser als Komplize eingebunden, als Mitspieler animiert oder als Mittäter überführt. Elfriede Jelinek installiert mit den pornographischen Szenen zwischen Leser und Text eine changierende Täter-Opfer-Beziehung. Mal ist er das unschuldige Opfer ihrer literarischen Tabuverletzung und gezwungen, die Grenzüberschreitung mitanzusehen, mal identifiziert er sich mit dem sadistischen Überwältiger oder solidarisiert sich mit dem geschundenen Opfer. Immer aber übernimmt er dabei selber einen Part im Spiel. Die Schriftstellerin übt also in und mit der schrankenlosen Inszenierung von Sexualität und Gewalt selber Macht aus. Sie ist sich dieser Rolle durchaus bewusst. Im Gespräch mit der Literaturkritikerin Sigrid Löffler weist sie selber auf diesen Zusammenhang hin. Zwar schreibe sie, meint Elfriede Jelinek, über das Leiden der Frauen, aber sie empfinde dabei eine ganz männliche Lust am Schreiben: »Das Schreiben ist schon ein gigantischer Aufschwung, eine Vergrößerung des Ich, eine durchaus effektive Sache, eine phallische Tätigkeit. Allein die Macht, die man im Schreibvorgang ausübt, ist bei mir immer schon sehr stark mit Lust besetzt gewesen. Ich poche sehr auf dem Herrschaftsdiskurs im Schreiben, um mich ständig dessen zu vergewissern, dass ich noch diesen Herrinnen-Anspruch habe.«[137]

Elfriede Jelineks beide Romane *Lust* und *Die Klavierspielerin* stellen Marksteine auf dem Gebiet der literarischen Pornographie dar. Der unverfrorene Mut, mit dem sie eine verdrängte Variante weiblicher Sexualität und ihre praktische Realisierung beleuchtet, verblüfft, erschreckt und fasziniert in einem. Mit der Strategie der exzessiven Demontage aller Verbote und aller moralischen Regeln macht sie die verborgenen Gesetze der Sexualität zwischen den Geschlechtern sichtbar und vermittelt einen Erkenntnisgewinn, der anders nicht zu haben wäre.

Kampfplatz Sexualität

A. L. Kennedy: *Also bin ich froh*

Ohne das Signal, das Elfriede Jelinek mit der hemmungslosen Thematisierung von Pornographie und sexueller Grenzüberschreitung gesetzt hat, wären die literarischen Ausschweifungen einer A. L. Kennedy nicht denkbar. Die 1965 im schottischen Dundee geborene und heute in Glasgow lebende Schriftstellerin, Dramatikerin und Filmemacherin gehört heute zu den meistbeachteten Autorinnen Großbritanniens. Mit ihren sinistren und kühnen, unmenschlichen und empfindsamen Bildern über das Verhältnis zwischen Mann und Frau zog sie die Aufmerksamkeit der literarischen Öffentlichkeit auf sich. Auch ihre literarischen Recherchen scheuen sich nicht, verdunkelte Bezirke weiblicher Sexualität zu beleuchten. Sie tut es mit einer Mutwilligkeit und Wildheit, die sofort klarmachen, dass ihr Konventionen nichts bedeuten, dass sie moderate Gefühle verachtet und Denkverbote ignoriert. Ihre Helden sind Grenzgänger zwischen Verdammung und Erlösung, Gewalt und Zuneigung. Glühender Kern ihres Romans *Also bin ich froh* (2004)[138] ist der inzestuöse Missbrauch des Kindes Jennifer durch die Eltern und die daraus resultierende spätere sadomasochistische Neigung der Heldin. Exemplarisch für ihr ganzes Werk ist dieser Roman insofern, als die Autorin über ihn sagt, dass viele ihrer wichtigen Themen in ihm begonnen hätten. Was A. L. Kennedy in diesem Text unternimmt, ist ein literarisches Hochrisikospiel. Die Geschichte eines Exzesses auf dem Kampfplatz der Sexualität lässt den Leser als Zerrissenen zurück: betäubt, bezaubert, entsetzt – alles gleichzeitig. Wie immer man sich zu diesem Buch verhält, es gibt nur ein Gefühl, das die Lektüre völlig ausschließt: Gleichgültigkeit.

Die Schriftstellerin macht aus ihren literarischen Zielen allerdings keinen Hehl. Auf die Interviewfrage einer Journalistin anlässlich der deutschsprachigen Publikation des Romans, ob es ihr – gerade weil sie calvinistisch erzogen worden sei – Vergnügen mache, das zu sagen, worüber man nicht spreche, antwortete sie freimütig: »Immenses Vergnügen. Definitiv. Ich mag es, über all die Dinge zu schreiben, über die man nicht schreiben soll, und all das zu sagen, was man nicht sagen darf.« Auch dass Sex in ihren Büchern eine entscheidende Rolle spielt, verdeckt sie keineswegs, im Gegenteil. Das liege an der Erzählperspektive, meint sie. Sie stecke meist tief in den Köpfen ihrer Protagonisten, und dann merke sie, dass die Leute sehr viel über Sex nachdenken, Männer noch mehr als Frauen. Allerdings interessiere sie sich vor allem für die Differenz zwischen dem, was die Leute sagen, und dem, was sie tatsächlich tun.[139]

Da zeigt sich eine beispielhafte Strategie, die im Laufe des 20. Jahrhunderts von Schriftstellern immer öfter praktiziert und von Schriftstellerinnen zunehmend übernommen wird: der radikalisierte Blick als stilbildendes Element von Texten, die zwischen Pornographie und Literatur wechseln. Pornographisch sind sie als konkrete und oft mit Gewaltfantasien versetzte Beschreibungen sexueller Handlungen von Männern an ›Objekten‹, in der Regel Frauen; literarisch werden sie durch ihre erzählerische Qualität.[140] Als Grundsatz gilt dabei, dass die moralische Norm umgekehrt wird: Was verboten ist, reizt umso mehr. Die geschilderte sexuelle Praxis widerspricht den gesellschaftlichen Regeln, Tabuverletzung ist damit Teil des Erzählkonzepts. Die programmierte Schockwirkung hat aber in den meisten Fällen ein aufklärerisches Ziel und entlarvt die beschönigten Verhältnisse: Indem gezeigt wird, was üblicherweise im Verborgenen liegt, zwingt der Text den Leser zur Stellungnahme und wirkt im besten Falle als Korrektiv der Realität.

In der literarischen Mikroskopierung eines abweichenden sexuellen Verhaltens manifestiert sich ein grundlegendes Problem. Der gesellschaftlichen Reglementierung von Sexualität entspricht die Zweiteilung in einen Oberflächendiskurs und einen Tiefendiskurs. Niemand wird zum Beispiel – und dies auch noch am Übergang zum 21. Jahrhundert – in einem Gespräch mit Bekannten, Freunden oder Kollegen erwähnen, dass er sich pornographische Filme ansieht, und doch sind diese Filme weit verbreitet. Das Betrachten von Pornographie ist grundsätzlich nicht mehr negativ konnotiert, das Sprechen darüber aber schon, denn es führt zu einem Konflikt mit den gesellschaftlichen Konventionen. Gruppenspezifisches Verhalten fügt sich diesem Tabu, der gelegentliche Verstoß gegen die Regel führt noch nicht zu einer grundlegenden Veränderung. Es existiert immer noch eine radikale Trennung der Aktion und ihrer ungenierten Erörterung, denn das sexuelle Verhalten und die Bereitschaft, darüber zu sprechen, gehen weit auseinander.

Geduldeter Voyeurismus

Ein Übertreten der Normen wird aber nur sanktioniert, wenn es sich auch im verbalen Verhalten zeigt. Allerdings überlappen sich die beiden Ebenen. Reden über den pornographischen Konsum stillt nicht nur ein Informationsbedürfnis, sondern auch eine Sensationslust. Der Tiefendiskurs wird über diesen Umweg partiell trotz allem in den Oberflächendiskurs eingebracht, die beiden Ebenen gehen ineinander über. Einen großen Anteil an dieser Vernetzung beider Diskursebenen hat der weitgehend verschwiegene, aber (zum Beispiel mit dem Fernsehen, Video, Internet praktizierte) geduldete Voyeurismus. Ihm kommt eine Ventilfunktion zu. Der scheinbare Widerspruch von geheimer Akzeptanz bestimmter Abweichungen ist nur vordergründig überraschend. In der liberalen Gesellschaft am Übergang zum 21. Jahrhundert ist es nicht mehr möglich, rigide sexuelle Vorschriften durch Repressionen durchzusetzen. Das geheime Handeln stabilisiert in Wahrheit die geheimen Vorschriften, auch wenn diese viel von ihrer früheren Verbindlichkeit eingebüßt haben.[141]

Tabuverletzung als Erzählkonzept

In diese Kerbe schlägt die englische Schriftstellerin A. L. Kennedy – und dies mit einem wollüstigen Übermut, der verblüfft und fasziniert. Der Roman *Also bin ich froh* ist ein scharfsinniger und skandalöser Roman über Liebe, Kampf, Gewalt und Erlösung. Es ist, als hätte es die englische Schriftstellerin geradezu darauf angelegt, sämtliche bürgerlichen Fassaden vor dem »Unaussprechbaren« niederzureißen. Ihre Heldin Jennifer beschäftigt sich beinahe zwanghaft mit den großen Themen: Liebe, Tod, Schmerz, Sexualität, Grausamkeit, Verrat am Körper, Einsamkeit, Mitmenschlichkeit und Hass. Die Kollision des Oberflächen- und des Tiefendiskurses ist diesem Text programmatisch eingeschrieben. Der Zusammenprall zwischen dem, was gesagt werden darf, und dem, was verschwiegen werden müsste, ist zwingendes Element der Erzählkonstruktion. Daraus schlägt A. L. Kennedy literarische Funken. Dass es ausgerechnet eine Frau ist, die dem heiklen Thema abweichender Sexualität mit einer gnadenlos konsequenten Härte zu Leibe rückt, ist auch noch zu Beginn des 21. Jahrhunderts ein herausragendes Phänomen. Sie tritt damit in die Tradition, die Elfriede Jelinek begründete, allerdings mit einem entscheidenden Unterschied. Während die Romane der österreichischen Schriftstellerin in sich kreisen und dieses zirkuläre Verharren jeden Ansatz von Entwicklung erstickt, sind Skandal, Pornographie und

Grenzüberschreitung bei A. L. Kennedy Symptome auf dem Weg zur Selbstbefreiung der Heldin. Kennedy bleibt nicht bei der Beschreibung des Abgrunds stehen, sie überschreitet ihn. Sie verwandelt Unglück in Glück. Ihre Heldin durchmisst das Purgatorium, um sich von den Übeln dieser Welt zu befreien.

Genau da liegt, meint die Kritikerin Ursula März, auch der Schlüssel zu ihrem Triumph: »Wer ihren enormen, inzwischen internationalen Erfolg verstehen will, sollte sich die Besonderheit ihres Werkes vor Augen führen: Es verbindet die verschiedenen Varianten von Negativität mit Varianten der Erlösung. Es verbindet schwärzesten Pessimismus mit einem Utopievorschlag. Es sammelt so ziemlich alles ein, was die abendländische Moderne an Gewalt, Kaputtheit und Unmenschlichkeit hervorgebracht hat, und entwirft dabei empfindliche Bilder gelungener Menschlichkeit.«[142]

Dieser Roman ist ein einziger risikoreicher Akt mutwilliger Grenzüberschreitung – im Dienste der Katharsis im klassischen Sinne: ein Ritual mit dem Ziel der kultischen Reinigung, eine Läuterung der Seele, eine Befreiung von verborgenen Konflikten. Pornographie wird zum Mittel der Selbsttherapie. Jennifer Wilson, fünfunddreißigjährig und von Beruf Radiosprecherin in Glasgow, eine kalte, intelligente, einsame Frau, erfährt die Liebe – aber erst, nachdem sie die Hölle durchschritt, durch die tiefschwarze Nacht von Hass und Gewalttätigkeit taumelte, ihre emotionale Verpanzerung sprengte und jede Form von Selbstschutz hinter sich ließ. A. L. Kennedy entwirft für diesen Prozess ein Unterwelts-Laboratorium, in dem sie ihre Figuren mit kaltem Auge analysiert. Ihre Heldin wird als Kind von den libertinen Eltern zum Beobachten ihrer Sexspiele gezwungen. Das Erlebnis der Freudschen »Urszene« traumatisiert das Mädchen, die vermeintlichen »Schmerzen« der Mutter irritieren es nachhaltig. Verlassenheitsgefühl und Aggression werden abgrundtief. Ein Gefühl nicht bewältigbarer Feindseligkeit führt zu einer seelischen Versteinerung. Als die Eltern bei einem Autounfall sterben, reagiert das Kind unberührt.

Zu einem emotionsleeren und unnahbaren Monster geworden, sucht Jennifer eine sadomasochistische Beziehung zu Steven, einem Techniker des Tonstudios. Nicht, dass sie sich geliebt hätten; von Romantik hält Jennifer wenig, von Liebe schon gar nichts, Nähe verweigert sie, Preisgabe oder Hingabe verhindert die Frau durch eine perfekte Selbstkontrolle. Sie schicken sich gegenseitig keine Blumen und telefonieren nicht. Sie zeigen sich überdeutlich, dass sie nur beieinander sind, weil es keine Alternative gibt. Er sucht den Schmerz, und sie gibt ihm, was er braucht. In einer surrealen Szene kalkulierter Grenzüberschreitung schildert A. L. Kennedy, wie die Frau mit dem Mann ein Unterwerfungsspiel inszeniert, bei dem sie die Rolle der Peinigerin übernimmt. Allerdings verliert sie dabei – überwältigt von einem jahrelang verdrängten, fremdartigen Wunsch – die Kontrolle und schlägt ihn krankenhausreif. Sie ahnte nicht, dass sie solch unglaubliche Dinge tun und die unterdrückte Feindseligkeit auf einmal alle Dämme niederreißen würde.

Der Leser als manipulierter Augenzeuge

Die rauschhafte sexuelle Besessenheit Jennifers, die A. L. Kennedy mit einer nüchternen, unterkühlten Deutlichkeit beschreibt, gehört zum Radikalsten, was in der neueren Literatur auf dem Gebiet der Pornographie zu lesen ist. Die Begegnung zwischen Jennifer und Steven gleicht einer dämonischen Messe, die vor keinen Effekten zurückschreckt und stellenweise an Grausamkeit nicht zu überbieten ist. Keine Frage, dass der Leser in eine unelegante Lage katapultiert wird, aus der er sich nicht so leicht befreien kann. Die Séance dokumentiert gleichzeitig die Raffinesse, die Intelligenz sowie die ungebremste Aggression der Schriftstellerin Kennedy. Ohne Zweifel liebt sie die »Liebe« zur Macht. Sie genießt die pornographische Darstellung sichtlich und zwingt den Leser – ob er nun mag oder nicht – in den Status des Augenzeugen, dem sie keinen Moment die Gnade des Unbeteiligtseins zubilligt. Der seltsam kokette Gestus offenbart sich in der direkten und selbstsicheren Anrede an den Leser, er solle doch wegschauen, wenn er zu jenen gehöre, die im Kino die Augen schließen. Es ist, wie wenn es nur Erlösung gäbe, wenn der Leser in einen unheiligen Pakt verwickelt und unfreiwillig zum Mitspieler der verbalen Machtinszenierung wird. Fast wirkt es, als ob die Autorin mit den Mitteln der Sprache das Trauma der Verletzungen ihrer literarischen Figur reinszenieren würde, wobei sie sich selbst den komfortablen Part des Aggressors, dem Leser aber den unkomfortablen Part des passiven Opfers zuweist.[143]

Zwischenmenschliche Annäherung wird im Roman *Also bin ich froh* unsentimental auf dem Kampfplatz der Gewalt und der Perversion exerziert. Wenn es bei dieser isolierten Szene bleiben würde, müsste man das Beispiel als trivialen pornographischen Akt einstufen. Dabei belässt sie es aber nicht. Der sexuelle Exorzismus steht im Dienste der Erschütterung eines verpanzerten Ichs und des Durchbruchs verschütteter Gefühle. Unberührtsein ist das Stichwort, das die Grundbewegung von Jennifers innerer Wandlung strukturiert. Kennedy entwickelt eine Bewegung von der Verbarrikadierung zur Freilegung des glühenden Kerns, vom Permafrost der Gefühle, die Jennifers Körper vereisen, bis zur Erfahrung fiebriger Sensationen. Mit amourösem Enthusiasmus und emotionalem Überschuss kann diese Frau nämlich nichts anfangen. Den Nutzen von gewöhnlichem Sex sieht sie nicht ein, es sei denn, um den Mann zu täuschen. Sie wird zu einer Ablenkungsexpertin, denn sie entdeckt, dass man intime Nähe durch Intimverkehr vermeiden kann. Begegnet sie einem potentiellen Partner, führt sie ihn gezielt hinters Licht: »Manchmal konnte ich die Betreffenden monatelang im Glauben halten, ich sei wie sie, indem ich einfach genau herausfand, was sie gern hatten. Natürlich war meine Lage nicht gerade ideal. Monate, dann Jahre vergingen, ohne dass sich an meiner unüberwindlichen Distanziertheit, die ich immer deutlicher diagnostizieren konnte, etwas änderte. Wie Tankdeckel oder Giftflaschen schloss ich mich automatisch, und ich mochte nicht länger so tun, als wäre ich in der Lage, mich zu öffnen.«

Grenzüberschreitung und Katharsis

Es bleibt nicht dabei. Der grausame Verrat am Körper rächt sich in einer entsetzlichen Einsamkeit. Jetzt bricht Jennifer aus. Kennedy zeigt sich hier als Seiltänzerin der Grenzerfahrung. Ihre Figur wandert von einem Extrem des Unbewussten zum anderen. Sie tauscht die Todeserfahrung mit der Liebeshingabe, sie gibt Triebunterdrückung und Selbstkontrolle auf zugunsten der Selbstpreisgabe. Der Pfad durch den Orkus ist dabei notwendiges therapeutisches Programm zur Wiederbelebung der verdrängten Einsamkeit, ein Mittel zum Aufbrechen der Versteinerung durch den Schmerz und der Rückkehr zum Zustand der Unschuld. Da zeigt sich der geniale schöpferische Akt der englischen Schriftstellerin, die den abstrusen, schrillen Plot auf eine Utopie von Glück hin öffnet.

A. L. Kennedy fantasiert das Szenario einer Selbstheilung. Die Kontrastfigur zu Steven ist Martin, ein Wiedergänger des französischen Schriftstellers Savinien: Cyrano de Bergerac, geboren 1619, gestorben 1655. Er überspringt das 17. Jahrhundert gleichsam, indem er eines Tages am Ende des 20. Jahrhunderts plötzlich nackt und verwirrt in der schottischen WG Jennifers auftaucht. Die Freundschaft und Liebe zu diesem unkonventionellen Fremden hebt Jennifers Welt aus den Angeln und heilt sie. Ihm öffnet sie sich, indem sie die eigenen Abgründe aufdeckt: »Savinien, ich kann vor Abwehr kaum laufen. Kein Mensch kommt mir zu nahe«, verrät sie ihm einmal und gesteht ihm, wie sehr sie sich in ihrer Indifferenz selber unheimlich ist. Die unterkühlte Radiosprecherin, die einmal die völlig anonyme Simulation von Nähe im Studio anstrebte, treibt jetzt den therapeutischen Selbstheilungsprozess ungestüm voran. Sie entschließt sich, Liebesromane für Sehbehinderte auf Band zu sprechen, eine ebenso verstörende wie trostreiche Erfahrung, die sie an ihre eigenen emotionalen Defizite erinnert, aber die Möglichkeit bietet, »durch einen lauwarmen Sumpf dünner, stark parfümierter Gefühle« zu waten. Über den Umweg der Gefühlssimulation konfrontiert sie sich in kleinen Dosen mit den Empfindungen der Liebe, vorerst aus zweiter Hand, aber nicht weniger wirkungsvoll.

So gesehen ist Pornographie in A. L. Kennedys Roman *Also bin ich froh* keineswegs nur sich selbst verpflichtet, sondern hat die Funktion eines exorzistischen Rituals mit dem Ziel der Umkehr und der Erkenntnis über die äußersten Möglichkeiten des Menschen. Ganz im Stil der Tragödie wird der Leser dabei durch ein Jammertal des Bösen und Abgründigen getrieben und erfährt Reinigung in der Abfuhr des provozierten Affektstaus. Mit der rituellen Inszenierung von Macht und Sexualität und der Überschreitung moralischer Verbotszonen entlarvt diese Schriftstellerin die Beschädigung des modernen Menschen und denunziert seinen Mangelzustand. Sie kreiert eine Vision von Erlösung, indem sie die Erzählbewegung von der Finsternis der Perversion zum Licht des Glücks, von der emotionalen Verkrüppelung zur Liebe führt. Damit schafft sie einen ethischen Mehrwert. Der Mut, die Entschlossenheit und die Radikalität, mit der sie sich verbannten Themen nähert, in Sprache fasst und hinausschleudert, verraten eine literarische Ausnahmeerscheinung.

Achter Teil
Verfallsdatum

Wahrnehmungsfehler

Die Verwandlung von Liebe in Hass

Das Skandalöse an der Liebe ist, dass sie ein Verfallsdatum kennt. Wie zuvor im Zustand der Verführung und der Verzückung gerät das liebende Subjekt in einen Ausnahmezustand. Es wird von chaotischen Gefühlen überrollt – wenn auch dieses Mal mit umgekehrten Vorzeichen. Der Rauschzustand, in den es verfällt, ist ein Rausch der destruktiven Emotionen. Wenn endgültig Schluss ist, verdüstern Desillusionierung und Enttäuschung die Empfindungen des Verschmähten, und zwar im gleichen Maße, wie die Liebe auf den ersten Blick sie erhellten. Letzte Blicke sind böse Blicke. Das imaginierte Bild des Geliebten soll mit allen Mitteln exorziert werden. Süße Erinnerungen kippen in dämonische Alpträume, die Hingerissenheit weicht der Wut. Alles erscheint plötzlich in einem anderen Licht. Tiefste Leidenschaft verwandelt sich unter Umständen in grimmigsten Hass.

Verlorene Liebe treibt den Zurückgewiesenen durch eine Geisterbahn von Euphorie und Depression. Dabei durchläuft er unterschiedliche Stadien mit entsprechendem Symptomprofil. Nach der ersten Verzweiflung gerät der Verratene in eine Phase des Protestes. Begreift ein vergeblich Liebender allmählich, dass der Partner daran denkt, ihn zu verlassen, wird er extrem ruhelos – wie im Zustand der Verliebtheit. Überwältigt von Sehnsucht, richtet er seine gesamte Aufmerksamkeit und Energie auf den Treulosen. Weil er geradezu besessen ist von der Vorstellung, sich wieder mit dem Geliebten zu vereinigen, kreisen seine Gedanken ununterbrochen um den, der im Begriff ist ihn zurückzuweisen. Symptome wie Schlaflosigkeit, zwanghaftes Beschwören sentimentaler Erinnerungen, obsessive Suche nach Fehlern in der Beziehung sowie nach Auswegen aus der Krise lähmen sein Denken. Verschmähte Liebende neigen dazu, alle Energie darauf zu verschwenden, den Kontakt mit dem Ex-Partner zu suchen. Sie rufen Tag und Nacht an oder senden E-Mails, betteln um Aufmerksamkeit oder lassen sich zu dramatischen Auftritten in der Wohnung oder am Arbeitsplatz hinreißen.[144]

Trennungsangst, Trennungswut

In dieser ersten Phase entwickelt der Verlassene Trennungsangst genauso wie Trennungswut. Die Angst zeigt sich in einer Mischung aus Panikreaktion und spontanem Protest. Physiologisch ergibt sich, so die Anthropologin Helen Fisher, paradoxerweise eine ähnliche Reaktion wie zu Beginn der Liebe. Das Stress-System des Verlassenen läuft auf Hochtouren, löst die Produktion von Kortisol sowie von Dopamin und Norepinephrin aus und unterdrückt die Serotonin-Aktivität – genau die Mischung von Elixieren, die mit der romantischen Liebe verbunden ist. Die brennende Leidenschaft, die Angst und die Anspannung intensivieren sich dadurch, treiben den Verstoßenen zum wütenden Protest und zum Versuch, die Belohnung – das geliebte und gehasste Wesen – mit allen Mitteln festzuhalten.[145]

Helen Fisher entdeckte, dass schwärmerische Liebe und Trennungswut auf neuronaler Ebene miteinander verknüpft sind. Liebe und Hass sind im menschlichen Gehirn untrennbar verbunden. Die wichtigsten neuronalen Schaltkreise für Hass und Wut laufen über Regionen der Amygdala hinunter zum Hypothalamus und zu den Zentren des periaquäduktalen Grau (PAG), einer Region im Mittelhirn. Entscheidend ist, dass das grundlegende Hirnsystem für Wut eng verbunden ist mit Zentren im präfrontalen Kortex, die an der Bewertung und Erwartung von Belohnungen beteiligt sind.

Wenn Menschen langsam erkennen, dass die erwartete Belohnung gefährdet ist oder sogar unerreichbar wird, senden diese Zentren im präfrontalen Kortex Signale an die Amygdala und lösen Wut aus. Kein Wunder, dass beide Leidenschaften, die Liebe und die Trennungswut, vieles gemeinsam haben. Beide gehen mit physischer und psychischer Erregung einher; beide erzeugen überschäumende Energie; beide treiben das liebende Wesen dazu, sich wie besessen auf die geliebte Person zu konzentrieren; beide erzeugen ein zielgerichtetes Verhalten. Und beide lösen ein starkes Verlangen aus: Es richtet sich darauf, den verlorenen Geliebten entweder wiederzubekommen oder sich an ihm für seine Treulosigkeit zu rächen.[146]

Wenn Schluss ist mit der Liebe, fliegen den Schriftstellern die Einfälle nur so zu. Liebe und Trennung, Raserei und Untergang sind Grundformen der Geschlechterbeziehung. Ist es ein Zufall, dass dieser Stoff die Literaten förmlich elektrisiert? Der »Krankheitsverlauf« missratener Liebe könnte mit unzähligen Texten aus der zeitgenössischen Literatur dokumentiert werden. Die Beschreibung der unterschiedlichen Phasen von Verrat, Wut, Rache, Trennung, Befreiung und gelassenem Neustart sind Gegenstand vieler Romane und Erzählungen. Schriftsteller sind Spezialisten auf dem Feld der Seelenzergliederung, und sie haben anschauliche Mittel in der Hand, um den Leser über die Kollateralschäden von Liebesglut und Liebesrausch zu orientieren.

Irene Dische: *Lieben*

Eine der professionellen Diagnostikerinnen auf diesem Feld ist die deutsch-amerikanische Schriftstellerin Irene Dische. Diese Autorin verfügt über alle Voraussetzungen, um fesselnde Protokolle von Verzückung und Lüge, Vertrauensseligkeit und Verrat zu verfassen: eine rebellische Ader, eine nervöse Unwilligkeit, sich mit Scheinheiligkeiten aufzuhalten, den genauen Blick, der sich von keiner Maskerade täuschen lässt, und die Sezierinstrumente, mit denen sie die Verhältnisse bis ins Mark freilegt. Im Erzählband *Lieben*[147] bringt sie den fatalen Verlauf der gewöhnlichen Liebe vom verzückten Anfang bis zum betrübten Ende gleich im Programm auf den Punkt. Lakonisch teilt sie ihre Texte in die Kategorien »Traurige Enden« und »Glückliche Enden« ein. Wer allerdings glaubt, gemächlich durch die maliziösen Short Stories marschieren zu können, täuscht sich. Diese Schriftstellerin lässt den Leser keine Sekunde in Ruhe. Mal treibt sie ihn schutzlos in den Sturm der Leidenschaften, mal sperrt sie ihn in die Unterwelt, um ihm eine Ahnung des Bösen einzubläuen, mal flößt sie ihm mit schmeichlerischen Worten das süße Gift der erotischen Verführung ein, bis er taumelt – der brutale Absturz ihres Helden gehört dabei zum kalkulierten Erzählkonzept.

Mit *Die Ballade vom schönen Frank* präsentiert Irene Dische im Erzählband *Lieben* ein Paradestück, in dem sie exemplarisch das Verfallsdatum der Liebe untersucht. Der Typus des armen, aber selbstbewussten Künstlers geistert durch diesen Text. Seine Lebensaufgabe sieht er darin, Frauen bis aufs Blut auszunutzen, natürlich alles im Dienste der noblen Kunst. Die Geschichte vom schlimmen Ende einer Liebe treibt in beschleunigtem Tempo dem Höhepunkt entgegen. Der Schluss gibt dabei das Kontrastprogramm zum Anfang ab: *Die Ballade vom schönen Frank* setzt mit dem aufschlussreichen Satz ein: »Jedes Mal, wenn Frank jemanden kennenlernte, stellte er sich die Frage: Wie kann dieser Mensch mir nützen?« Er sucht systematisch die Nähe reicher Männer und unkonventioneller, vermögender Damen. So schafft er es tatsächlich, sich von den betäubten Frauen finanzieren zu lassen. Er lebt wie ein Fürst – auf ihre Kosten. Auf diese Weise erreicht er das mittlere Alter, ohne je Miete und Autoversicherung gezahlt zu haben. Eine Ehe geht er nie ein. Dieses Kompliment will er keiner der Verführten machen. Was ist sein Geheimnis? Frank ist schön. Er hat dicke, blonde Haare, dolchblaue Augen und einen hochgewachsenen Körper. Und er ist Schauspieler. Kein wirklich begabter, aber doch so, dass es für ein paar Fernsehserien reichte und die Verblendung der Damen garantiert.

Imponierend an diesem Konzept einer berechnenden Verführung ist, wie Irene Dische Konventionen und Klischees aufbricht. Nicht die attraktive Frau ist es, die den reichen, potenten Mann mit der Macht ihres schönen Körpers verführt und benutzt, sondern gerade umgekehrt. Das Stereotyp von der weiblichen Schönheit, die als visuelles Lockmittel fungiert, männliches Balzverhalten auslöst und männlichen Verstand lähmt, verkehrt sich in sein Gegenteil. Frank hat es auf nicht mehr junge Frauen abgesehen, die ihrerseits ihr angeschlagenes Selbstbewusstsein mit einer virilen Trophäe aufdatieren wollen. Die fünfunddreißigjährige Brünette Agnes mit der akademischen Ausbildung bewundert der galante Liebhaber vor allem wegen ihrer hübschen Wohnung, ihres sicheren Einkommens und dem teuren Essen – Vorzüge, an denen er sich schadlos beteiligt. Dass sie immer unansehnlicher wird, ist ihm egal – ihn interessiert nur sein eigenes Aussehen. Dann bekommt sie ein Kind. Er bleibt zu Hause und umgarnt das Kindermädchen, das sie bezahlt. Als Agnes die Stelle verliert, wird die Situation ungemütlich und der schöne Frank wendet sich der zehn Jahre älteren Barbara zu, einer Juraprofessorin mit gut dotierter Stelle, Sportwagen und erotischen Defiziten.

Das Spiel beginnt von vorne, nur dass Barbara mit der Zeit doch etwas strenger wird. Anfangs schreibt sie ihm noch Briefe, füttert ihn durch, finanziert sein Künstlertum, mit der Zeit aber wird sie ungeduldig. Noch immer bringt er sie mit dem schönen Body und dem inszenierten Dandytum um den Verstand – wenn auch nur halbwegs. Als er merkt, dass sie knickerig wird, weist er ihr Verhalten entrüstet zurück.

Allmählich verändert sich die Nahrungskette. Das Universum durchläuft eine für Frank wenig glückliche Phase. Sein Filmgeschäft, das sie finanzierte, lahmt, sein Pech macht ihn wütend, er kompensiert es, indem er vermehrt »Fans« trifft, die ihn bewundern. Schließlich reißt Barbara der Geduldsfaden. Sie empfiehlt ihm, sich Arbeit zu suchen und den Kühlschrank zu füllen. Ein definitives Signal für den schönen Frank, sich der steinreichen, um fünfzehn Jahre älteren Carola zuzuwenden. Diese verwöhnt ihn so lange, bis ihr selbst das Geld ausgeht. Dass sie irgendwann aufhört, ihn zu lieben, und sich mit dem Hauswart Joe einen neuen Liebhaber zulegt, bemerkt er gar nicht. Der Schock holt ihn erst ein, als Carola diesen abrupt heiratet. Als der ausgewechselte Liebhaber entdeckt, dass Fortuna in Gestalt von vermögenden Frauen sich endgültig von ihm abgewandt hat, packt er eine Ein-Kilogramm-Bohnen-Dose und schlägt Carola damit tot.

Aufschlussreich an dieser Geschichte vom bösen Ende ist, mit welchen Mitteln es herbeigeführt wird. Irene Dische statuiert ein Exempel über die Liebe und ihr Verfallsdatum. Die Schubumkehr der Gefühle geschieht in mehreren Phasen und jeweils entsprechend dem unterschiedlichen Temperament der düpierten Damen. Immer aber gipfelt sie im Zerschlagen des konstruierten Bildes. Ende und Anfang der Beziehungen zeigen dabei symmetrische Entsprechungen. Der schöne Frank und Agnes, Barbara, Carola sind Opfer ihrer eigenen Imaginationen geworden, mit denen sie die Wirklichkeit beurteilten. Jeder Mensch sieht Umwelt und Mitmenschen durch bestimmte Wahrnehmungsmuster, die im Umgang mit Familie, Beziehungspartner und sozialem Kontext gebildet werden. Mit Hilfe dieses Rasters wird der Welt Bedeutung zugemessen. Sie erleichtern die Orientierung auf unbekanntem Gelände. Durch diese Konstrukte wird sie vertraut gemacht. Allgemein gültig sind diese Vorstellungen aber nicht, im Gegenteil: Sie müssen laufend einer Prüfung unterzogen, auf ihre Tauglichkeit und ihr Verfallsdatum hin geprüft und neuen Gegebenheiten angepasst werden. Treten zwei Partner zueinander in Beziehung, treffen unterschiedliche Wahrnehmungen aufeinander. Das Verliebtsein lockert vorübergehend das persönliche Muster des Fühlens, Denkens und Wahrnehmens. Die Konstrukte geraten in Bewegung, werden anders akzentuiert, umgebaut und hierarchisch neu auf einen Partner hin geordnet. Es kommt zu einer vorübergehenden Metamorphose der Persönlichkeiten. Beide passen ihre Raster einander an, mit dem Ziel, alles Trennende aus dem Weg zu schaffen. Genau da liegt der kritische Punkt.[148]

Der Verführer als Betrüger

Dieses Phänomen im Prozess der romantischen Liebe macht sich der schöne Frank zunutze, wenn auch auf seine Weise. Seine Kunst ist die Manipulation. Schlau bedient er alle schwärmerischen Erwartungen und unerfüllten Wünsche von Agnes, Barbara, Carola, wenn auch mit falsch deklarierten Inhalten. Tatsächlich will er nicht die eigene Wandlung, er setzt auf Maskierung. Mit dem schönen Körper und dem künstlerischen Image schafft er Schweinwelten und entwaffnet so die Frauen. Am Ursprung jeder Liebe steht unkontrollierbare Sensitivität.[149] Diese Neigung aber wird für die Geblendeten zur Falle. Denn Franks Ziel ist ein strategisches: der Eigennutz. Er will nicht Sinnlichkeit, sondern ein leichtes Leben. Er ist der Einzige, der in diesem Spiel einen kühlen Kopf behält. Kalt profitiert er von den Gesetzmäßigkeiten der Verliebtheit, vom Wunsch der Frauen, alles Störende auszublenden, und simuliert, was sie hören möchten. Es ist die Chance des Frauenhelden, die er instinktsicher nutzt. Er belässt sie in ihrem Glauben, bis sich die Ereignisse trotz allem zu seinen Ungunsten verschieben. Die Verführten ihrerseits sind Gefangene ihrer starren Wahrnehmungsmuster und unfähig, die Situation richtig zu analysieren. Nicht die Realität entdecken sie, sondern die Spiegelung ihrer Wünsche, Sehnsüchte und Einbildungen.

Das Ende kommt kurz und heftig. Die Machart der Short Stories bringt es mit sich, dass an die Stelle der vielschichtigen psychologischen Zeichnung eine effektsichere Diktion und ein Hang zur dramatischen Zuspitzung tritt. Irene Dische führt die typisierten Figuren in rasantem Tempo auf ihr Ziel hin. Die Lakonik des Tones verstärkt die Verkürzung, die emotionalen Effekte sind gezielt arrangiert. Die Ereignisse nehmen die schlimmstmögliche Wendung – wobei diese Wendung bei jeder der drei Frauen anders aussieht. Agnes lässt sich auch dann noch für gute Dienste versklaven, als der schöne Frank längst bei Barbara ist. Barbara wiederum erliegt ihm für kurze Zeit, bis der Verstand knirschend wieder einsetzt und sie die fingierte Liaison auf einen Schlag kappt. Carola erkennt ihre instrumentelle Funktion im Doppelspiel schleichend, und ebenso lautlos ersetzt sie den schönen Frank. Ob laut oder leise, ob durch Not, Zwang, Schrecken oder Einsicht: In jedem Fall wird das falsche Konstrukt romantischer Liebe zertrümmert. Eine analoge Rückwärtsbewegung setzt ein. So wie sich die Liebe konstruierte, wird sie jetzt destruiert. Trennungswut und Hass ergeben sich in *Die Ballade vom schönen Frank* erstaunlicherweise nur auf der Seite des Doppelspielers. Während die Frauen die Täuschung je nachdem passiv über sich ergehen lassen, entnervt beenden oder sich mit einem Gegenzug aus dem lügnerischen System katapultieren und ihre Selbstachtung wiederherstellen, reagiert der entlarvte Frauenheld mit ungezügeltem Zorn.

Schmerzminimalisierung

Arnold Stadler: *Ein hinreißender Schrotthändler*

Es gibt auch in der Literatur unterschiedliche Modelle und Strategien, um das Ende einer Beziehung einzuleiten und den Schlusspunkt zu setzen. Irene Dische spürt in ihrem Erzählband *Lieben* die Schwachstellen gewöhnlicher Liebeslügen auf. Mit kaltem Blick entlarvt sie die Symptome gestörter Beziehungen und präsentiert damit ein Bild der jämmerlichen Kehrseite der Leidenschaft. Schluss I demonstriert ein Modell, das den Prozess von Verliebtheit, Falschheit, Entlarvung und Selbstbefreiung abbildet. Die Liebe in Irene Disches Geschichte *Die Ballade vom schönen Frank* ist von Anfang an ein schiefes Konstrukt, ihr Ende ein Akt der Wiederherstellung von Normalität, beziehungsweise im dritten Beispiel ein Akt der Rache. Schluss II dagegen führt den Bruch als Ehebruch und die Trennung als Akt der Selbstfindung vor. Arnold Stadlers Roman *Ein hinreißender Schrotthändler*[150] ist eine Geschichte über das Verfallsdatum einer Liebe, die gleichzeitig »eine hämische Kritik an der Institution Ehe, der krisengeschüttelten Branche schlechthin, und der grundlegenden Zweifel an einem glücklichen Verhältnis der Geschlechter« mit einschließt.[151]

Trennung als Abrechnung und Wiedergeburt. Eigentlich ist dabei nichts zum Lachen. Eigentlich ist dabei alles zum Lachen, wie es der Kritiker Peter Hamm in seiner Laudatio auf den Büchnerpreisträger formulierte.[152] Wer diesen Roman liest, ertappt sich ständig beim Lachen, und dies nicht nur wegen des hohen Entlarvungskoeffizienten der Doppelmoral, wie sie sich in der bürgerlichen Ehe manifestiert. Arnold Stadler demonstriert eine Fröhlichkeit, die ihre Wurzeln in der Verzweiflung hat und der Notwehr gegen diese Verzweiflung. Wie komisch und himmeltraurig, wie hochfahrend und niederschmetternd, wie lustgierig und ernüchternd es dabei zugeht, verrät das hintersinnige Motto. Der Schriftsteller hat es als Pars pro toto dem Roman vorangestellt; es liefert einen doppeldeutigen Vorgeschmack auf die feurige Leidenschaft und ihr fatales Verfallsdatum als ein unausweichliches Schicksal: »Da fährt ein Mann durchs Hinterland, ein promovierter Träumer. Ich bin nun schon ein Jahr älter, als Monsieur Boulanger damals war, als er auf dem Nachhauseweg in Gedanken Madame Bovary erstmals auszog und dabei eine Erdscholle mit dem Spazierstock zerschlug.«

Der Träumer ist ein zweiundvierzigjähriger Studienrat für Geschichte, der wegen eines psychosomatischen Leidens freigestellt wurde und auf die Frühpensionierung spekuliert. Er stammt aus dem ländlichen Kreenheinstetten, unweit des heideggerschen Messkirch – Geburtsort auch von Arnold Stadler. Der Erzähler lebt mit der bestens verdienenden und renommierten Handchirurgin Gabi in Köln, einer kühlen, schönen, gescheiten Frau aus edlem hanseatischem Geblüt. Längst treiben sie in einer Luxus-Tristesse dahin, ein Paar in einer Dauerkrise, das diesen Umstand aber der allgemeinen Verrottung der Ehe zuschreibt, einem Auslaufmodell aus dem vorigen Jahrhundert, »sodass wir uns an der allgemeinen Entwicklung immer wieder aufrichteten, und, paradox gesagt, unsere Hoffnung im Kleinen aus dem allgemeinen Niedergang dieser Institution bezogen. Wir bezogen unsere Hoffnung aus der Vermutung, dass es im Grunde überall so sei wie bei uns. Ja, wir glaubten, unsere Ehe sei geradezu typisch für unsere Zeit und unsere Welt.« Das Verhängnis tritt in diese Geschichte in Form eines bildschönen Schrotthändlers in einer Adidas-Hose mit schwarz-rot-goldenen Seitenstreifen und einer Fitness-Tasche. Er steht eines Morgens unerwartet vor der Tür und fragt nach einem Auto zum Ausschlachten. Ein folgenschwerer Akt; der Auftritt des attraktiven Fremden stellt mit einem Schlag die schönen, bürgerlichen, vernünftigen, sorgfältig nach den Anforderungen des gesellschaftlichen Lebens austarierten Verhältnisse auf den Kopf.

Ehebruch, Bruch der Ehe

Ein hinreißender Schrotthändler ist die Geschichte der Leidenschaften, wie sie die banale und urtümliche Sehnsucht des Menschen lauthals fordert, aber in der Wirklichkeit dann doch nicht einlösen kann. Es ist der irritierende Roman um eine unmögliche Beziehung, die nicht sein darf, aber doch ist, weil sich das Leben im Allgemeinen und die Liebe im Besonderen nicht um das kümmert, was als notwendig und vernünftig erscheint. Es ist die Geschichte einer Dreiecksbeziehung, die euphorisch anfängt und im Fiasko endet. Der Erzähler nämlich bittet Adrian, den Schrotthändler, ins Haus, wo er von jetzt an als Dritter im Spiel bleiben wird. Zwar erklärt ihn seine Frau, die er anruft, um ihr mitzuteilen, dass der Mann im Gästeappartement übernachte, noch von ihrer Praxis aus für verrückt. Später legt sie ihm nahe, doch einmal zu Nillius zu gehen und alles zu besprechen. Was »alles« ist, sagt sie ihm nicht, der Mann gilt als einer der besten Therapeuten zwischen Wien und New York.

Der Bruch der Ehe kommt lautlos und unspektakulär. Während eines Besuchs des FKK-Strandes am Baggersee verschwinden Adrian und Gabi mit einer Decke im Wald und kommen erst nach einer Stunde wieder. Als sie aus dem Wäldchen treten, steht der Beschluss fest. »Du musst dein Leben ändern«, sagt sich der Studienrat, ein Satz, den er sich vorher schon oft und folgenlos vorgestammelt hat. Jetzt aber fügt sich ein bestimmter Schmerz dazu, ausgelöst vom Verhalten der beiden. Nicht nur werfen sie sich Blicke zu, die Komplizenschaft, wenn nicht sogar Geheimwissen verraten (veni, vidi, vici), beim anschließenden Essen lässt Adrian die ungenießbare Pizza in einem unbeobachteten Moment unter dem Tisch verschwinden. Gabi macht es ihm nach. Diese Banalität ist ein Schlussstrich. Das Verfallsdatum der Ehe kündigt sich in unspektakulären, aber umso verräterischeren Signalen an.

Doppelte Identität

Eine scheinbar eindeutige Sache. Der Ehebruch führt zum Bruch der Ehe. Tatsächlich deckt der Konflikt, der in einem matrimonialen Crash endet, nur sorgsam vertuschte Ursachen auf. Das Verfallsdatum der Ehe liegt viel länger zurück. Es muss spätestens auf die Heirat zurückdatiert werden. Schon in der Hochzeitsnacht beginnt der Erzähler nämlich, still für sich Kontaktanzeigen zu formulieren. Vom dritten Ehejahr an schreibt er sie nieder und baut die Inhalte immer neu um, bis sie, neben Angaben zu Alter, Gewicht, Größe und einigen Hobbys, auch das entscheidende Zauberwort enthalten: »bi«, gelegentlich ergänzt durch das Kodewort »Sandwich«. Am Ende des langen, im Stillen exerzierten Selbstfindungsprozesses auf Papier veröffentlicht er die Lockbotschaften in einschlägigen Organen unter der Rubrik »Verschiedenes«. Die Fantasie gewinnt reale Konturen.

Die Ehe mit Adrian auf Sandwich-Basis ist also kein Zufall, sondern nur die logische Folge eines jahrelangen, verstörenden Prozesses. Die immer wieder neu fantasierten Annoncen sind gleichzeitig ein Suchbild der verdrängten, maskierten sexuellen Identität; die collagierten Texte zeichnen den Schattenriss des verborgenen zweiten Ichs nach. Die Krise enthüllt, was sich im Verborgenen längst manifestierte und jetzt im praktischen Nachvollzug ans Tageslicht kommt: die aufwühlende Einsicht, dass der Erzähler auch noch ein anderer ist. Sein Körper gibt einen zweiten Körper frei, seine

Identität ist eine Doppelidentität, die rücksichtslos durchbricht. Der Geschichtslehrer liebt auch Männer – eine eindeutige Sache, wenn da nicht seine Frau wäre, die ihm einen Strich durch die Rechnung macht. Nicht nur verliebt sie sich in den gleichen Mann, sondern sie kommt ihm damit auch noch zuvor.

Schluss II zeigt ein Verfallsdatum der Liebe, das sich im Zeitlupentempo ankündigt. Es ist der Bruch einer Beziehung zweier Fremder, die eng zusammenlebten: »Meine Frau und ich: fünfundzwanzig Jahre haben wir nebeneinander hergelebt, wir sind eine Geschichte, von der ich nur die eine Hälfte kenne. Ich habe immer wieder versucht, mit ihr über alles zu reden, über sie und mich, von ihr und mir. Eigentlich wollte ich ihr nur sagen, wie es weh tat, wie einst, als ich vom Dreirad gefallen war. Und eigentlich wollte ich nur hören, dass es trotz allem schön war. Das wollte ich hören, auch von mir selbst. Aber wir konnten nicht reden, also wissen wir nur das allerwenigste voneinander und haben die Jahre über nur nach außen hin zugenommen. So kennt niemand meine ganze Geschichte; und ich selbst kenne sie auch nicht.« Misstöne kündigten sich allerdings schon während der Hochzeitszeremonie an. Dass die gesellschaftlichen Verhältnisse nicht kompatibel sind und sich der Graben je länger desto deutlicher vertiefen würde, ist schon jetzt offensichtlich. Gabrieles Eltern kommen kurz vor der Hochzeit in Kreenheinstetten angefahren mit einem Koffer voll Geld, um die Tochter freizukaufen. Die Aussicht, dass das einzige Kind einer angeblich bedeutenden Import-Export-Firma und angehende Chirurgin ihr Leben mit einem Geschichtslehrer verbringen würde, kränkt sie. Die Tatsache, dass er vom Land stammt, aus einem Ort, der in Hamburg völlig unbekannt ist, beleidigt sie: »Aus einem Haus, unter einem Dach mit zweihundert Schweinen groß geworden und einem wohl geistesgestörten Bruder: ein einziger Schmerz, ein Grund-Riss. So erzählten sie in der Hamburger Gesellschaft, Gabriele heirate einen Magnaten vom Bodensee. Dabei galten wir schon am Bodensee als Waldmenschen, bornesisch: Orang-Utan.«

Kollision der Konstrukte

Die zwei Welten, die zwei sozialen und psychologischen Konstrukte, die zwei Persönlichkeiten kollidieren bereits in der Wallfahrtskirche Birnau. Der Riss ist vorgezeichnet. Der Weg zum definitiven Ende dauert allerdings fünfundzwanzig Jahre. Die Symptome – es sind jene einer verschleppten Krankheit – brechen mal anfallartig durch, mal lassen sie sich wieder unterdrücken. In diesen Passagen zeigt sich Arnold Stadlers Strategie des bösen Humors, der sich aus den Quellen der Verzweiflung speist. Martin Walser nannte diese Art der himmelschreienden Komik einmal »den schreienden Humor«, den man auch »krasse Ironie« nennen dürfe.[153] Es ist eine Technik der Schmerzminimalisierung, und sie ist für diesen Autor symptomatisch. Die Schmerzattacken fahren wie Blitze durch den Text und entladen sich im donnernden Lachen. Anlässe dazu gibt es unzählige: die beschämende Tatsache, dass Gabi wegen ihrer Mesalliance zwar nicht enterbt, aber zurückgestuft wird; die perplexe Frage des Lehrers, ob es in ihrer Familie denn nichts »Geistiges« gäbe, einen Universitätsprofessor zum Beispiel. Der Spott darüber, dass bei aller hanseatischen Noblesse kein Stammbaum vorhanden sei, im Gegensatz zu seiner Familie, die, bäuerlich zwar, von Abraham a Sancta Clara abstammt, Hof- und Bußprediger zu Wien; der Hohn darüber, dass die überspannte, mit den Hamburgern befreundete Fürstin Sayn mit einer dreifachen Perlenkette mit Smaragd-Inlays auftritt, die den Haushalt einer Bananenrepublik bestritten hätte; die bei aller Exquisitheit dubiose Nazivergangenheit von Gabis Familie; schließlich – als Höhepunkt und deutlichstes Symptom – die Weigerung des Erzählers, sich von Gabi einen Stammhalter schenken zu lassen.

Die Katastrophe hat sich ihre Bahn seit langem im Untergrund geschaffen; eine Neuordnung der Verhältnisse wird unausweichlich. Mit dem Auftauchen des Dritten im Spiel lässt sich die Wahrheit nicht mehr verbergen. Will der Erzähler nicht im »Bermuda-Dreieck der Liebe«[154] verschwinden, muss er der Realität ins Auge sehen. Trotz Einsicht in die eigene unzulängliche Rolle als Ehemann durchläuft der Träumer – als der Bruch unabwendbar und die Krise offensichtlich wird – alle schmerzhaften Phasen der Trennung. »Ich beschloss, mein Leben zu ändern, und wurde krank.«

Arnold Stadler beschreibt die Symptome des krisenhaften Umbruchs mit der souveränen Kenntnis, dem unbestechlichen Weitblick und der unerbittlichen Präzision des Psychologen. Da zeigt sich seine Fähigkeit, die klägliche Rückseite der Liebe mit ein paar knappen Sätzen zu denunzieren. Mit einem Ruck zieht er den gnädigen Schleier weg. Seine Figuren bewegen sich in einem phasentypischen Szenario, das üblicherweise das Ende der Liebe einleitet. Diese Krise zeigt sich immer plötzlich, für alle unerwartet und in ihren Konsequenzen unerbittlich. Bedrohliche Veränderungen kündigen sich damit an, dass die persönlichen Konstrukte nicht mehr mit dem dyadischen System übereinstimmen. Gefährlich dabei ist, dass die Partner oft beide Augen zudrücken und alle Anzeichen übersehen. Zwar identifizieren sie sich vielleicht selbst längst nicht mehr mit der ursprünglichen Dyade. Aber sie verhalten sich krampfhaft angepasst aus Angst, die Umstrukturierung des Zweiersystems würde den anderen überfordern und zum Zusammenbruch der heilen gemeinsamen Welt führen – die in Wirklichkeit längst Schaden genommen hat. Das unwiderrufliche Scheitern soll so lange wie möglich hinausgezögert werden.[155] Dass sich der Riss als Folge neuer Erfahrungen und Perspektiven eines der Partner ergibt, der ein Auge auf einen unerwartet aufgetauchten Spielgefährten geworfen hat, ist dabei der Normalfall. Die Krise bricht allerdings erst aus, wenn einer überraschend vom Tandem steigt. Jetzt ist der überrumpelte Partner gezwungen, seine erstarrte Sicht des anderen zu revidieren und für sich selbst einen neuen Lebensentwurf zu erfinden.

Vertuschtes Unglück und Katastrophe

Diesen chaotischen Umsturz stellt Arnold Stadler auf seiner Bühne dar. Literarisch kommt es im Roman an dieser Stelle zu einer Metamorphose des vertuschten Unglücks, das gerade durch die Vertuschungsversuche komisch wirkt, in Schmerzminimalisierung durch Erzählen. Peter Hamm nennt das die Technik Arnold Stadlers, »der Komik des eigenen vertuschten Unglücks gewahr zu werden und dieses dadurch zumindest zu mildern. Erzählen könne bei diesem Autor in einem Ton erfolgen, bei dem Unglück von Übermut fast nicht mehr zu unterscheiden sei.«[156] Der Mann verfällt in Trennungspanik. Je bewusster er wird, desto schlechter geht es ihm. Er wird in eine Depression geschleudert – klassisches Trennungssymptom. Sobald der Prozess als irreversibel erkannt wird, verfällt der abservierte Partner in komplette Niedergeschlagenheit. Sie verbirgt nur die Resignation und wird als »Desorganisation und Verzweiflung wahrgenommen«.[157] Laut einer Untersuchung der Anthropologin Helen Fisher durchleben vierzig Prozent der Frauen und Männer, die in den letzten zwei Monaten verlassen worden sind, eine klinisch messbare Depression. Manche Menschen sterben an gebrochenem Herzen. Ihre Depressionen führen zu einem Herzinfarkt oder zu einem Schlaganfall.[158]

Die Symptome des überrumpelten Studienrates beginnen mit Kopfschmerzen, steigern sich bis zur kompletten Niedergeschlagenheit und arten in Todesangst aus, sodass er in der Schlafklinik landet, laut Gabi der richtige Ort für ihn: »Das alles, d.h. meine Lage vom Wäldchen an gerechnet, zog sich über das bis dahin furchtbarste Jahre meines Lebens hin. Der Schmerz denkt aber nicht, und schon gar nicht in Zeiträumen. Alles ist jetzt (oder nie).« Panik, Wut und Krankheit wechseln mit Rachefantasien. Ihre Funktion ist es, den Treulosen zu demütigen, den Verletzten über das Schlimmste hinwegzutrösten und das Gleichgewicht des Schreckens für einen winzigen Augenblick wiederherzustellen. Ein typisches Wechselbad der Gefühle holt den Studienrat ein und der Wunsch, den ihm zugefügten Schmerz der Frau heimzuzahlen. In der Wachstation liegend und zur freien Assoziation verdammt, denkt er daran, dass sie sich gerne in großen Spiegeln von allen Seiten betrachtete: »Und dann hat sie, Entschuldigung, doch nur ihren Birnenarsch gesehen. Ein Lehrstück: die Schwerkraft hatte hier ein Exempel statuiert. Mit diesem Arsch bist du bestraft worden, dachte ich. [...] Dieser Arsch ist die Strafe für alles. Ich dachte von meiner Lage aus. Und es wird noch schlimmer werden! dachte ich. Dieser Arsch hat seine Enderscheinungsform noch nicht erreicht! Alle Operationen und Transplantationen helfen nur vorübergehend«.

Die Stunde der Rache

Am Ende schlägt die Stunde des Abschiedsbriefs. Es ist die Stunde der Abrechnung, der Desillusion und des definitiven Schlussstrichs. Die letzte Stufe des Trennungsprozesses wird gezündet. Neues zeigt sich am Horizont. Befreiung von allem Überlebten ist angesagt und radikale Entsorgung der verrotteten Liebe. Der Taumelnde hat in dieser Phase sein Gleichgewicht wiedergefunden und zeigt sich als Herr seiner Entscheidungen. Die in Watte gepackte Seele erwacht zu neuem Leben. Arnold Stadler bricht das Pathos des Scheiterns und schlägt auch noch aus Niederlage und Neuanfang die letzten ironischen Funken. Sein Held entwirft auf der Fahrt mit dem Auto über die A 3 zurück in die Welt seiner Kindheit das Trennungstraktat. Noch hinter der ARAL-Tankstelle in Tuttlingen schreibt er es nieder. Als Beweis, dass es sie als Paar längst nicht mehr gibt, will er Fotos beilegen aus ihrem gemeinsamen Leben, versehen mit Bildlegenden, »die Strandliege, die leer blieb neben mir«, »das Doppelbett, in dem ich allein lag«, »Das ist der Balkon mit seitlichem Meerblick, von dem ich nicht gesprungen bin,« »das ist die Frau, die ich geliebt hätte«. Einfach Schluss machen, wie das heute modisch ist, das käme ihm nie in den Sinn. Das Ende ist in diesem Fall ein Desaster, aber zugleich Neugeburt, die Verfallszeit der Liebe ein Skandal, aber zugleich Aufbruch.

Selbstbezichtigungskünstler

Wolfgang Hilbig: *Das Provisorium*

Das dritte Modell, Schluss III, zeigt die dämonische Form des Verfallsdatums. Das dramatische Ende trifft einen Helden, der lieben will, aber nicht kann. All seine törichten Versuche sind immer im Anfangsstadium steckengeblieben. Der vermeintliche Glücksfall einer »Amour fou« gerät zur Totalkatastrophe, sein feiges Lavieren zwischen zwei Frauen wendet sich allmählich gegen ihn selbst. Liebe ist für C., den Schriftsteller aus Leipzig, der in den achtziger Jahren vorübergehend die DDR verlassen darf und sich in Nürnberg in eine russische Schriftstellerin verliebt, immer ein ambivalentes Vabanquespiel. Wilde Sehnsucht und rabiater Fluchtinstinkt halten sich dabei die Waage, mehr noch: Sie fallen über weite Strecken zusammen. Diese labile Ausgangslage ist symptomatisch für die Identität des Nomaden, der kopflos zwischen Hanau, Leipzig, Nürnberg, München und Berlin hin und her fährt. Frauen sind ihm unverbindliche Durchgangsstationen, Bahnhöfe die existentiellen Anhaltspunkte des Bewusstseins. Der haltlose Passagier seiner Existenz sucht im Reiseaktionismus Dauerzerstreuung von der Liebe, der er sich nicht ausliefern kann.

Wolfgang Hilbig ist mit seinem Roman *Das Provisorium*[159] das Puzzle einer schwankenden Existenz gelungen, das im Romangrundriss abbildet, was die Figur im Detail charakterisiert: das Bild eines versprengten Lebens, dessen Einzelteile in einem Geduldspiel nur notdürftig, aber niemals endgültig zusammengefügt werden können. C. ist ein Reisender auf Dauerflucht vor bedrohlichen Gefühlen, die er nicht aushalten kann. Am wohlsten ist ihm auf provisorischem Bahnhofsgelände inmitten all der großstädtischen Existenzen mit ihren schattenhaften Konturen und unsicheren Zielen. Am liebsten fährt er in dunkelgrünen, schäbigen Zügen durch die Nacht, um an irgendwelchen Grenzen aufgehalten zu werden und nirgends anzukommen. Den äußeren Fluchtversuchen entsprechen die versperrten inneren Fluchtwege, dem Käfig der DDR das eigene seelische Gefängnis. So präsentiert sich dem Leser der großartig zersplitterte Grundentwurf eines Helden, der auf Dauersuche nach einem Vorwand ist, der es ihm ermöglichen würde, an einer illusorischen Vorstellung vom Leben festzuhalten.

Meister der Uneindeutigkeit

Illusorisch oder vielmehr über weite Strecken virtuell sind auch seine Beziehungen zu Frauen. Die Krisen seiner Transexistenz graben tiefe Spuren in sein Leben als Mann, der zerfahrene Ortswechsel wird zum Symbol von unsteter Liebe und Besessenheit von der Nichteindeutigkeit. Dieser Meister der nebulösen Halluzination von Liebe analysiert im gleichen Moment scharfsinnig seine Neigung, wie er ihr hilflos ausgeliefert ist. Nachdem C. sich heimlich nach Nürnberg abgesetzt hat, kreisen seine Gedanken wie hypnotisiert um die Gestalt einer Frau und um ihr Bild, »und es war ihm absolut nicht gelungen, sie zu einer wirklichen Frau für sich werden zu lassen. Das war ihm bei noch keiner Frau gelungen.« Viel später, als er zwischen den Mühlsteinen seiner Leipziger Beziehung, die er kleinmütig einschlafen lässt, und der neuen Geliebten in Nürnberg schon beinahe zerrieben wird, legt er sich über seine zerstörerische Sucht nach Doppeldeutigkeit Rechenschaft ab: »Vielleicht brauchte er eine Frau tatsächlich nur als eine Art Traumbild? Und wenn er mit ihrem realen Dasein konfrontiert war, dann fühlte er sich ihr nicht mehr gewachsen? Und er brauchte sie nur als Traumbild in einer anderen Atmosphäre, auf einer anderen Ebene, von der er durch unüberwindliche Kräfte getrennt war. Auf einer Bühne, wo er sie nur sehen und begehren konnte, wo er aber nicht hinreichte. Oder auf dem Bildschirm seiner Vorstellungskraft, wo sie ein ersehntes, aber unberührbares Fantasiegebilde für ihn war. Wie seine Mutter, neben der er während seiner ganzen Kindheit im Doppelbett geschlafen hatte, mit dem Rücken zu ihr, getrennt durch die unwiderrufliche Distanz, die Zeit und Alter herstellten, in Schlaflosigkeit abgewandt von ihr, und in einer Einsamkeit, die durch ihre fühlbare Nähe zu einem gnadenlosen Gottesurteil geworden war.«

Grandios entwirft Wolfgang Hilbig das Psychogramm eines mutterfixierten Helden, der sich aus der ödipalen Verwirrung nicht befreien kann und sich in der Not immer wieder an die Mutter klammert. Damit demonstriert er gleichzeitig souverän, was die psychische Basis von C. ausmacht. Immer von neuem projiziert dieser die frühe Erfahrung, das starre Konstrukt, das »Gottesurteil« und mechanisch aufgerufene Urbild, auf die Frauen. Das ist seine Zerrissenheit. Ein eisernes, unverrückbares Gesetz, das die Ambivalenz von Nähe und abgrundtiefer Einsamkeit verlangt. Alles Zerren an den Fesseln der Kindheit schlägt fehl, immer wieder fällt C. auf das erstarrte Urmuster zurück.

Die erotischen Winkelzüge des Getriebenen erzählt uns Wolfgang Hilbig allerdings mit funkelnder Ironie: Die Beziehung zur Leipziger Geliebten lässt C. heimlich versanden und setzt sich bei Nacht und Nebel ab. Monas Sorgen blendet er aus, ihre Fragen lügt er weg. Als Hedda aus Nürnberg ihm eine giftgelbe Jacke aus weichem, glattem Leder nach Leipzig schickt, die C. Tag und Nacht wie eine zweite Haut trägt, lässt sich der Konflikt nicht mehr verschleiern. Mona, deren Blick für unbewusste symbolische Handlungen geschärft ist durch eine analytische Therapie, erkennt darin das Zeichen des Verrats. Zwischen den beiden rivalisierenden Damen aus Ost und West entspinnt sich ein erbitterter Kampf, der in der Vorherrschaft über Körper und Kleider des Schriftstellers gipfelt. Mona will im Westkleidungsstück, von dem C. behauptet, dass es wie aus seiner eigenen Substanz gefertigt wurde, eine Schutzhülle gegen ihre Nähe erkennen. Sie schlägt mit dem unvermittelten Kauf von Unterwäsche zurück, »besserer Unterwäsche«, den neuesten Kreationen aus der DDR, farbige Dinger aus synthetischem Material, in denen C. aber nur schwitzt und die er schon bald achtlos bei der Mutter liegen lässt.

Aber auch Hedda in Nürnberg belügt er. Wechselweise neutralisiert er unter Alkoholeinfluss beide Frauen – und lässt sie nachher, je nach Bedürfnislage, wiederauferstehen. Seine fehlende Entschlussfreudigkeit, seine Art, alles vor sich herzuschieben, jedes unvorhersehbare Problem tatenlos auf sich zukommen zu lassen, um dann gnadenlos zu lavieren und ausweichend zu reagieren, immer provisorisch und auf Abruf, das bringt die beiden Geliebten allmählich in Rage. Das Ende der Geduld naht, die Zeichen der entscheidenden Krise zeigen sich an der Wand.

Dreiecksverhältnis als Rettungsversuch

Die Erweiterung einer Zweierbeziehung zu einem Dreiecksverhältnis gehört zu den wichtigsten Abwehrmanövern von Paaren, die im Zweierpaket unter Stress geraten sind. Der Triangel ist das kleinste stabile Beziehungssystem, eine Art emotionales Molekül, von dem sich bedrohte Partner Rettung versprechen. Die Einbeziehung von Drittpersonen hat auf den ersten Blick imponierende Vorteile, um die ins Schleudern geratene Dyade zu stabilisieren. Die neue Konstellation kann die eigene Position gegenüber dem Konfliktpartner stärken oder das Paar fester aneinanderbinden. »Die Drittperson hat funktionellen Charakter und dient dem Paar dazu, einen offenen ehelichen Konfliktaustrag zu vermeiden oder sich mit dem Konflikt besser zu arrangieren«, meint Jürg Willi, Professor für Psychiatrie und Spezialist für Paarbeziehungen. Er sieht dabei vier Muster, nach denen Paare im kollusiven Konflikt ein Dreieck bilden können: der Zusammenschluss gegen einen bedrohlichen Dritten; die Drittperson als Puffer und Bindeglied; die Drittperson als einseitiger Bündnispartner; Funktionsteilung der ehelichen Dreiecksbeziehung.[160] Indirektes Ziel all dieser Konstellationen ist es, sich ungeschoren aus einer ramponierten Beziehung zurückzuziehen, Risse zu kitten und ein künstliches Gleichgewicht wiederherzustellen.

C. geht noch einen Schritt weiter. Hedda bringt er unter anderem auch ins Spiel, weil sie ihm Manövrierfreiheit gegenüber Mona erlaubt. Sein Fernziel ist die Installierung einer schützenden Schranke. Er will eine kontrollierbare Distanz zu allen weiblichen Wesen, und zielsicher erreicht er diese, indem er zwischen die beiden Herzensfreundinnen eine Zone des Niemandslandes einzieht. Sie erlaubt ihm Bewegungsfreiheit und Abstand. Das Dreiecksverhältnis beziehungsweise das Vakuum im Zentrum hat verschiedene Vorteile: Er kann damit das weibliche Bild als Traum fixieren, Eindeutigkeiten vermeiden und sich den Kraftfeldern weiblicher Emotionen und Beziehungsansprüche triumphal entziehen. Eine raffinierte Strategie, die vorerst gelingt. Die Doppelbeziehung zu Mona in Leipzig und Hedda in Nürnberg ist also eine Form von Vermeidungstaktik des Mannes, der sich durch jede Form von Bindung bedroht fühlt.

Wolfgang Hilbig greift zur erzählerischen Konstruktion dieses labilen Gleichgewichtes auf drei Grundmuster zurück, die je nach den Erfordernissen der Situation zur Anwendung kommen. Erstens dient dem Schriftsteller C. Hedda in Nürnberg als Bündnispartnerin, um drohende Wünsche von Mona nach mehr Nähe erfolgreich abzuschmettern. Ein aus der Politik bekannter altbewährter demagogischer Trick, um innenpolitische Spannungen abzuwenden. Er funktioniert auch in privaten Beziehungen perfekt. Die Lederjacke wird dabei zum Symbol des neuen Bündnisses. Mit diesem Schachzug wird Mona stillschweigend ins Abseits manövriert. Zweitens: Droht das Gleichgewicht zwischen den Frauen auseinanderzubrechen, benutzt C. wechselweise seine Mutter und Mona als Puffer. Jedes Mal, wenn Hedda, verzweifelt ob C.s unsäglicher Hakensprünge, Bedenkzeit braucht und Distanz fordert, flüchtet sich der Schriftsteller auf der Stelle zu Mona oder an den Küchentisch der Mutter. Drittens: Virtuos beherrscht C. aber auch die Technik des einseitigen Bündnisses. Ganz im Sinne des psychosozialen Abwehrmanövers und der Schaffung notwendiger Distanz lebt C. mit Hedda heimlich eine wilde Liebe. In ihren Armen erlebt er ein dem Wahnsinn ähnliches Glücksgefühl, einen exzessiven Rausch, der an den Wunsch nach Auslöschung der eigenen Person grenzt. Dieses exklusive, gegen Mona, die ursprüngliche Geliebte, gerichtete Verhältnis ist der Anfang vom Ende. C. sabotiert damit die Gleichheitsregel und verschafft sich mit diesem Trick vorübergehend komplette Kontrolle und Macht über die Verhältnisse.

Natürlich spürt Mona, dass diese Strategie gegen ihre Vorherrschaft gerichtet ist. Sie schlägt nun ihrerseits mit einem forcierten erotischen Angebot zurück. C. durchschaut die weibliche List auf der Stelle und reagiert zynisch: »Nicht nur, dass sie von seiner Unlust auf jeden Beischlafversuch seit langem frustriert war, es war in ihr wahrscheinlich auch die simpelste aller weiblichen Ideen, wie man einen Mann bei sich behalten konnte. Und es war der simpelste aller weiblichen Irrtümer: ein Mann konnte eine Frau auf diese Art festhalten, aber nicht umgekehrt, dachte C. Jedenfalls nicht einen Mann wie ihn, der vor Monas Bedürfnissen fortwährend auf dem Rückzug war und sich damit in einem Dauerkonflikt mit sich selber befand.«

Das Alphabet des Scheiterns

So weit der Aufriss des Endes, das alle Symptome einer scheiternden Beziehung durchdekliniert: Dominanz, Feigheit, Untreue, Eifersucht, Trennungsangst, Lavieren, Ausspielen, Zynismus, Schweigen und Flüchten. Schluss III kommt als Eruption eines Vulkans. Sein Ausbruch kündigt sich mit verräterischen Signalen an, die C. allerdings mit sturer Konsequenz überhört. Der Weg zum Endstadium ist weit, und der Schriftsteller verfolgt ihn mit einer Verbissenheit, die alles in den Schatten stellt. Die Beziehungsphasen wechseln, die Zeichen werden bedrohlicher, die Verdrängung heftiger. Zuerst schwinden, beinahe unmerklich, die »wahren« Gefühle von Mona und Hedda für C. Dann folgen Kritik am Verhalten des Schriftstellers, dann Ratschläge, Belehrungen und Forderungen, dann Streit und Verteidigung, schließlich Verachtung, Rückzug und Machtdemonstration, bis der absolute Tiefpunkt erreicht ist. Jetzt bricht der Triangel dröhnend auseinander. Die Enttäuschung hat die Euphorie der ersten Verliebtheit überrollt. Alle drei Mitspieler sind gegenseitig an die Grenzen des jeweils anderen gestoßen. Die unterschiedlichen Selbstdefinitionen treten offen zutage; die Begrenztheit der Entwicklungsfähigkeit ist unübersehbar. Während Mona sich schon lange innerlich distanziert und mit der Realität abgefunden hat, erkalten Heddas Gefühle erst allmählich. Die Verblendung weicht einer desillusionierten Sicht der Beziehung. In dieser Phase werden Projektionen zurückgenommen. Beide Frauen korrigieren ihr Bild von C. – sie sehen ihn so, wie er tatsächlich ist.

Wolfgang Hilbigs Schilderung des Verfallsdatums gehört zu den brillantesten ihrer Art in der neueren deutschen Literatur. In der Drastik der Abbildungen, in der Radikalität der Sprache, in der Explosion der inneren Bilder zeigt sich eine Schonungslosigkeit, die alles andere in den Schatten stellt.

Die Tabula-rasa-Ästhetik, die mit den Mitteln der Übertreibung, der Karikatur und der Stilisierung arbeitet, schafft eine bedrohliche Intensität der Bilder, die förmlich betäubt. »Die Zeichen waren unmissverständlich: die gelbe Jacke über der Stuhllehne, der Schlüssel im Briefkasten, kein Wort der Erklärung, kein Abschiedsbrief; das war der dickste Schlussstrich, den man sich denken konnte. Tagelang hatte er überall herumtelefoniert, wie ein Irrsinniger, der hustete und keine Luft mehr bekam, eine vollkommene Nervensäge; währenddessen wuchsen seine Rippen wieder zusammen und die Blessuren in seiner Fresse schwollen ab. Als er wieder einigermaßen atmen konnte, hatte er sich nachts auf seine Matratze geschmissen und vor Schmerz gebrüllt; weil er nicht weinen konnte, hatte er gegrölt wie ein angestochenes Tier; ein Wunder, dass man ihm nicht die Polizei auf den Hals schickte. – Hedda schien tatsächlich niemandem mitgeteilt zu haben, wohin sie sich geflüchtet hatte.«

Eskalation und dröhnendes Ende einer Liebe sind das eine. Das dämonische Psychogramm eines Schriftstellers, der an der Liebe scheitert, das andere. Wie Wolfgang Hilbig jetzt das Fallen von C. aus dem Rausch der Leidenschaft in den Sumpf der Selbstbezichtigung und in die Sucht der Selbstvernichtung vorführt, ist große erzählerische Kunst. Im Überschwang der Leidenschaft hob C. ab aus den Niederungen des Alltags und setzte zu kraftvollem Flug an, betäubt und euphorisiert von Glücksgefühlen. Jetzt erweist sich das Glück als betäubend trügerisch, der Schwindel als narkotisierende Illusion, das eigene Liebespotential als begrenzt. Keinen Winkel dieser verdüsterten, zu Einsamkeit und Sehnsucht verdammten Figur lässt Wolfgang Hilbig im Dunkeln. Jede Schattierung der zerrissenen Seele wird ausgeleuchtet, jede der widersprüchlichen Regungen verfolgt, jeder Gedanke rücksichtslos ausgesprochen. Trotz der schonungslosen Offenheit, die den voyeuristischen Blick des Lesers geradezu erzwingt und sein Urteil einfordert, ist die Privatheit simuliert.

Diese Romane über Verzückung, Rausch und Untergang demonstrieren die Leidenschaft als Wagnis, bei dem alles auf eine Karte gesetzt wird. Das Schauspiel von Liebe und Verfallsdatum, das sich auf der Probebühne dieser Geschichten abspielt, ist als Kunststück so bezwingend inszeniert und so effektvoll stilisiert, dass der Zuschauer immer wieder an der Oberfläche der Spielfiguren abgleitet und auf sich selbst zurückgeworfen wird. In der Spiegelung des Dramas von Bezauberung und Desillusionierung, von Obsession und Enttäuschung zeigen sich für einen winzigen, glasklaren Moment die Abgründe der gewöhnlichen Liebe.

Bibliographie

Primärliteratur

Harold Brodkey: *Unschuld.* Aus dem Amerikanischen von Karin Graf, Dirk van Gunsteren, Thomas Piltz, Angela Praesent, Susanne Rademacher, Harry Rowohlt, Hans Wollschläger. Reinbek bei Hamburg: Rowohlt 1990.

Irene Dische: *Lieben.* Hamburg: Hoffmann und Campe 2007.

Marguerite Duras: *Der Liebhaber.* Aus dem Französischen von Ilma Rakusa. Frankfurt a.M.: Suhrkamp 2004.

Gabriel García Márquez: *Die Liebe in den Zeiten der Cholera.* Aus dem Spanischen von Dagmar Ploetz. Köln: Kiepenheuer & Witsch 1987.

Gabriel García Márquez: *Erinnerung an meine traurigen Huren.* Aus dem Spanischen von Dagmar Ploetz. Köln: Kiepenheuer & Witsch 2004.

Wilhelm Genazino: *Die Liebesblödigkeit.* München, Wien: Hanser 2005.

Wolfgang Hilbig: *Das Provisorium.* Frankfurt a.M.: S. Fischer 2000.

Michel Houellebecq: *Ausweitung der Kampfzone.* Aus dem Französischen von Leopold Federmair. Reinbek b. Hamburg: Rowohlt 2000.

Elfriede Jelinek: *Die Klavierspielerin.* Reinbek b. Hamburg: Rowohlt 1983.

Elfriede Jelinek: *Lust.* Reinbek b. Hamburg: Rowohlt 1989.

A.L. Kennedy: *Also bin ich froh.* Aus dem Englischen von Ingo Herzke. Berlin: Wagenbach 2004.

Bodo Kirchhoff: *Wo das Meer beginnt.* Frankfurt a.M.: Frankfurter Verlagsanstalt 2004.

Monika Maron: *Animal triste.* Frankfurt a.M.: S. Fischer 1996.

Paul Nizon: *Das Jahr der Liebe. Gesammelte Werke, Bd. 5.* Frankfurt a. M.: Suhrkamp 1999.

Hanns-Josef Ortheil: *Die große Liebe.* München: Luchterhand 2003.

Philip Roth: *Das sterbende Tier. Roman.* Aus dem Amerikanischen von Dirk van Gusteren. Reinbek b. Hamburg: Rowohlt 2004 (Deutsche Erstausgabe: Hanser Verlag 2003).

Philip Roth: *Täuschung. Roman.* Aus dem Amerikanischen von Jörg Trobitius. München, Wien: Hanser 1993.

Dietrich Schwanitz: *Der Campus.* München: Goldmann 2005.

Zeruya Shalev: *Liebesleben.* Aus dem Hebräischen von Mirjam Pressler. Berlin: Berlin Verlag 2001.

Arnold Stadler: *Ein hinreißender Schrotthändler.* Köln: DuMont 1999.
Birgit Vanderbeke: *Alberta empfängt einen Liebhaber.* Frankfurt a.M.: Fischer 1999.
Mario Vargas Llosa: *Das böse Mädchen.* Aus dem Spanischen von Elke Wehr. Frankfurt a.M.: Suhrkamp 2006.
Martin Walser: *Brandung. Werke in zwölf Bänden, Bd. 5.* Hg. von Helmuth Kiesel unter Mitwirkung von Frank Barsch. Frankfurt a.M.: Suhrkamp 1997.
Martin Walser: *Der Augenblick der Liebe.* Frankfurt a.M.: Suhrkamp 2004.
Markus Werner: *Am Hang. Roman.* Frankfurt a.M.: S. Fischer 2004.
Urs Widmer: *Der Geliebte der Mutter.* Zürich: Diogenes 2000.

Sekundärliteratur

Philippe Ariès/André Béjin (Hg.): *Die Masken des Begehrens und die Metamorphosen der Sinnlichkeit. Zur Geschichte der Sexualität im Abendland.* Aus dem Französischen von Michael Bischoff. Frankfurt a.M. 1992.
Barthes, Roland: *Fragmente einer Sprache der Liebe.* Aus dem Französischen von Hans-Horst Henschen. Frankfurt a.M. 2001.
Elisabeth Bronfen: *Recycling Marilyn Monroe.* In: *Superstars. Das Prinzip der Prominenz in der Kunst. Von Warhol bis Madonna.* Katalog Kunsthalle Wien. Ostfildern 2005. S. 40–48.
Simone Dietz: *Die Kunst des Lügens. Eine sprachliche Fähigkeit und ihr moralischer Wert.* Reinbek b. Hamburg 2003.
Wolf Donner, Jürgen Menningen: *Signale der Sinnlichkeit. Erotik im Film.* München 1989.
Hermann W. von der Dunk: *Kulturgeschichte des 20. Jahrhunderts. Bd. 2.* München 2004.
Helen Fisher: *Lust. Anziehung und Verbundenheit. Biologie und Evolution der menschlichen Liebe.* Aus dem Amerikanischen von Wiebke Meier. In: Heinrich Meier, Gerhard Neumann (Hg.): *Über die Liebe. Ein Symposion.* München 2001. S. 81–112.
Helen Fisher: *Warum wir lieben. Die Chemie der Leidenschaft.* Aus dem Amerikanischen von Maren Klostermann. Düsseldorf 2005.
Foucault, Michel: *Dispositive der Macht.* Aus dem Französischen von Hans-Joachim Metzger u.a. Berlin 1978.
Sigmund Freud: *Vorlesungen zur Einführung in die Psychoanalyse. Studienausgabe. Bd. 1.* Hg. von Alexander Mitscherlich et al. Frankfurt a.M. 1982.

Umberto Galimberti: *Liebe. Eine Gebrauchsanweisung.* Aus dem Italienischen von Annette Kopetzki. München 2006.

Hans-Dieter Gelfert: *Was ist gute Literatur? Wie man gute Bücher von schlechten unterscheidet.* München 2004.

Karl Grammer: *Signale der Liebe. Die biologischen Gesetze der Partnerschaft.* München 1995.

Robert Greene: *Die 24 Gesetze der Verführung.* Aus dem Amerikanischen von Hartmut Schickert. München 2002.

Carol Groneman: *Nymphomanie: die Geschichte einer Obsession.* Aus dem Englischen von Sonja Schuhmacher und Rita Seuss. Frankfurt a.M. 2001.

Robert Hettlage: *Vom Leben in der Lügengesellschaft.* In: ders. (Hg.): *Verleugnen, vertuschen, verdrehen. Leben in der Lügengesellschaft.* Konstanz 2003. S. 9–51.

Kurt Imhof: *Was bewegt die Welt? Vertrauen, Reputation und Skandal. Ein Essay zu drei Essenzen des Sozialen und zur Abzockerdebatte.* In: Peter Röthlisberger (Hg.): *Skandale. Was die Schweiz in den letzten 20 Jahren bewegte.* Zürich 2005. S. 203–221.

Bas Kast: *Die Liebe und wie sich Leidenschaft erklärt.* Frankfurt a.M. 2004.

Franz Kiener: *Kleidung. Mode und Mensch. Versuch einer psychologischen Deutung.* München, Basel 1956.

René König: *Die Mode in der menschlichen Gesellschaft.* Zürich 1958.

Peter Lauster: *Die Liebe. Psychologie eines Phänomens.* Reinbek b. Hamburg 2006.

Rüder Lautmann/Michael Schetzsche: *Das pornographische Begehren.* Frankfurt a.M., New York 1990.

Gertrud Lehnert: *Schnellkurs Mode.* Köln 1998.

Karl Lenz: *Täuschungen in Zweierbeziehungen. Zur Normalität der sozialen Praxis.* In: Robert Hettlage (Hg.): *Verleugnen, vertuschen, verdrehen. Leben in der Lügengesellschaft.* Konstanz 2003. S. 65–97.

Felicitas von Lovenberg: *Verliebe dich oft, verlobe dich selten, heirate nie? Die Sehnsucht nach der romantischen Liebe.* München 2005.

Niklas Luhmann: *Liebe als Passion. Zur Codierung von Intimität.* Frankfurt a.M. 1994.

Michel de Montaigne: *Essays.* Aus dem Französischen von Johann Daniel Tietz. Zürich 1992.

Stefan Neuhaus: *Sexualität im Diskurs der Literatur.* Tübingen, Basel 2002.

Pia Reinacher: *Die Sprache der Kleider im literarischen Text. Untersuchungen zu Gottfried Keller und Robert Walser.* Bern 1988.

Ulrich Renz: *Schönheit. Eine Wissenschaft für sich.* Berlin 2006.

Ariadne von Schirach: *Der Tanz um die Lust.* München 2007

Hannelore Schlaffer: *Mode – Schule der Frauen.* Frankfurt a.M. 2007.

Thomas Steinfeld (Hg.): *Das Phänomen Houellebecq.* Köln 2001.

Stendhal: *Über die Liebe*. Aus dem Französischen von Hans Hessel. Zürich 2002.

Georgeta Vancea: *Die Elementarteilchen der Liebe in den Geschichten des Begehrens*. In: Lili 135 (2004). S. 110–137.

Mario Vargas Llosa: *Flaubert und ›Madame Bovary‹. Die ewige Orgie*. Aus dem Spanischen von Maralde Meyer-Minnemann. Frankfurt a. M. 1996.

Katrin Wiederkehr-Benz: *Sozialpsychologische Funktionen der Kleidermode*. Univ. Diss. Zürich 1973.

Jürg Willi: *Die Zweierbeziehung. Spannungsursachen, Störungsmuster, Klärungsprozesse, Lösungsmodelle*. Reinbek b. Hamburg 2005.

Jürg Willi: *Psychologie der Liebe. Persönliche Entwicklung durch Partnerbeziehung*. Reinbek b. Hamburg 2004.

Jürg Willi: *Was hält Paare zusammen? Der Prozess des Zusammenlebens in psycho-ökologischer Sicht*. Reinbek b. Hamburg 1991.

Ludwig Wittgenstein. *Philosophische Untersuchungen. Werkausgabe. Bd. 1*. Hg. von Joachim Schulte. Frankfurt a.M. 1984.

Eva Lia Wyss: *Fragmente einer Sprachgeschichte des Liebesbriefs. Texte im Spannungsfeld von Sprachgeschichte, Geschichte der Kommunikation und Mediengeschichte*. In: Ulrich Schmitz/Eva Lia Wyss (Hg.) *Briefkultur des 20. Jahrhunderts. Osnabrükker Beiträge zur Sprachtheorie*. S. 57–92 (= OBST; 64).

Lexika

Hans-Otto Hügel (Hg.): *Handbuch Populäre Kultur*. Stuttgart 2003.

Etymologisches Wörterbuch des Deutschen. 2. durchgesehene u. ergänzte Auflage von Wolfgang Pfeifer. Berlin 1993.

Artikel aus Zeitschriften und Zeitungen

Philip Bethge: *Spiegel-Gespräch: »Der stärkste Trieb der Welt«*. Der Spiegel, 9/2005

Louis Begley: *Kratzspuren einer Löwenpranke*. Frankfurter Allgemeine Zeitung, 19.3.2002.

Jobst-Ulrich Brand: *Mir fehlt es an Zurückhaltung (Interview mit Martin Walser)*. Focus, 30/2004

Hermann Burger: *Giftmutterliebe*. Frankfurter Allgemeine Zeitung, 9.4.1983.
Finn Canonica: *Wir sind alle Perverslinge (Interview mit Ariadne von Schirach)*. Das Magazin (Tagesanzeiger), 12/2007.
Volker Hage: *Sex, Lügen und Horrortrips*. Der Spiegel, 10/1993.
Peter Hamm: *Arnold Stadler oder: Das übermütig vertuschte Unglück. Laudatio zur Verleihung des Georg-Büchner-Preises*. Frankfurter Rundschau, 30.10.1999.
Martin Halter: *Geständnisse eines Menschenfressers*. Tagesanzeiger, 16.2.1993.
Ingeborg Harms: *Ein übellauniger Prophet des Klon-Zeitalters. Zwiegespräch mit Michel Houellebecq*. Literaturen, 09/2005.
Elke Heidenreich: *Esels ganzer Stolz. So bitte nicht: der neue Roman von Gabriel García Márquez*. Frankfurter Allgemeine Zeitung, 5.2.2005.
Christiane Korff: *Ich schreibe jeden Tag (Interview mit Mario Vargas Llosa)*. Focus, 38/2006
Katrin Kruse: *Kunst ist für alle da*. taz, 23.4.2004.
Romain Leick: *Harry Potter für Erwachsene*. Der Spiegel, 34/2005.
Judith Leister: *Lily, nur Lily*. Neue Zürcher Zeitung, 12./13.8.2006.
Sigrid Löffler: *Elegant und gnadenlos. Porträt Elfriede Jelinek*. Brigitte, 14/1989.
Ursula März: *Schock und Trost*. Frankfurter Rundschau, 24.3.2004.
Simon Möller: *Operation gelungen*. In: Freitag. Die Ost-West-Zeitschrift, 13/2003.
o. N.: *Die neue Lust auf ›Schlimmes‹. Schriftstellerinnen entdecken das Obszöne*. Stern, 27.10.1989.
Pia Reinacher: *Mit kalten Augen sieht man besser*. Die Weltwoche, 19/2004.
Fritz Rumler: *Hölle der Frauen*. Der Spiegel, 6/1998
Julia Schaaf: *Sex als Gebet*. Frankfurter Allgemeine Sonntagszeitung, 25.2.2007.
Denis Scheck: *Sie reden mit einem Dinosaurier (Interview mit Philip Roth)*. Weltwoche, 8/2003.
Hubert Spiegel: *Gefangenschaft der Gefühle*. Frankfurter Allgemeine Zeitung, 16.11.2004.
Hubert Spiegel: *Hölderlins Heizungskeller*. Frankfurter Allgemeine Zeitung, 4.9.2004.
Hubert Spiegel: *Titanen der Schüchternheit. Arnold Stadlers sehnsuchtsvolle Helden*. Frankfurter Allgemeine Zeitung, 7.8.1999.
Martin Walser: *Über das Verbergen der Verzweiflung*. Spiegel, 30.10.1999.
Leon de Winter: *Vögeln regt zum Vögeln an. Über die Waffen eines Autors angesichts der Darstellung von Sexualität*. Literaturen, 05/2001.

Ein Hinweis für die Puristen unter den Philologen: Aus Gründen der flüssigen Lesbarkeit sind bei den Zitaten im Text die Seitenzahlen der jeweiligen Quellen weggelassen worden, zudem wurden die Zitate in neuer Rechtschreibung wiedergegeben.

Anmerkungen

1 Marguerite Duras: *Der Liebhaber.* Frankfurt a.M. 2004.
2 Barthes 2001, S. 129.
3 Vgl. ebd., S. 129 f.
4 Kiener 1956, S. 270 ff.
5 Greene 2002, S. 34 f.
6 Vgl. ebd., S. 36.
7 Bronfen 2005, S. 41 f.
8 Paul Nizon: *Das Jahr der Liebe. Gesammelte Werke, Bd.5.* Frankfurt a.M. 1999.
9 Barthes 2001, S. 27 f.
10 Vgl. Donner/Menningen 1989, S. 169.
11 Dietrich Schwanitz: *Der Campus.* München 2005.
12 Fisher 2005, S. 103.
13 Rumler, Der Spiegel 6/1998.
14 Vgl. Möller, Freitag 13/2003.
15 Vgl. Imhof 2005, S. 203–221 u. 1 ff.
16 *Handbuch Populäre Kultur* 2003, S. 458.
17 Vgl. ebd., S. 172 u. 458 f.
18 *Etymologisches Wörterbuch des Deutschen* 1993, S. 677
19 Birgit Vanderbeke: *Alberta empfängt einen Liebhaber.* Frankfurt a.M. 1999.
20 Barthes 2001, S. 50.
21 Ebd.
22 Vgl. ebd.
23 Vgl. Fisher 2005, S. 20.
24 Ebd., S. 26.
25 Monika Maron: *Animal triste.* Frankfurt a.M. 1996.
26 Barthes 2001, S. 128.
27 Vgl. ebd.
28 Hanns-Josef Ortheil: *Die große Liebe.* München 2003.
29 Vgl. Reinacher 1988, S. 27 ff.
30 Wiederkehr-Benz 1973, S. 8.
31 Vgl. ebd., S. 37.
32 Stendhal 2002, S. 33.
33 Vgl. Freud 1982, S. 412.
34 Vgl. Reinacher 1988, S. 45.

35 Vgl. Galimberti 2006, S. 12.
36 Gabriel García Márquez: *Die Liebe in den Zeiten der Cholera*. Köln 1987.
37 Vgl. Fisher 2005, S. 58.
38 Vgl. Fisher 2005, S. 103.
39 Bethge. Der Spiegel 9/2005.
40 Ebd.
41 Galimberti 2006, S. 16.
42 Vgl. Kast, 2004, S. 12 f.
43 Vgl. Fisher 2005, S. 22.
44 Vgl. Ariès/Béjin 1992.
45 Vgl. von der Dunk 2004/2, S. 453 f.
46 Vgl. ebd., S. 457 ff.
47 Vgl. Groneman 2001, S. 166.
48 Vgl. ebd., S. 138.
49 Vgl. ebd., S. 170 f.
50 De Winter, Literaturen 05/2001.
51 Michel Houellebecq: *Ausweitung der Kampfzone*. Reinbek b. Hamburg 2000.
52 Vancea 2004, S. 118.
53 Vgl. Harms, Literaturen 9/2005.
54 Steinfeld 2001, S. 12.
55 Leick, Der Spiegel 14/2005.
56 Gelfert 2004, S. 176.
57 Ebd., S. 177.
58 Bodo Kirchhoff: *Wo das Meer beginnt*. Frankfurt a.M. 2004.
59 Spiegel, Frankfurter Allgemeine Zeitung, 4.9.2004.
60 Vgl. Grammer 1995, S. 414.
61 Vgl. ebd., S. 413.
62 Vgl. ebd., S. 423.
63 Foucault 1978, S. 176.
64 Lautmann/Schetzsche 1990, S. 89.
65 Zeruya Shalev: *Liebesleben*. Berlin 2001.
66 Vgl. *Handbuch Populäre Kultur* 2003, S. 404.
67 Urs Widmer: *Der Geliebte der Mutter*. Zürich 2000.
68 Vgl. Lenz 2003, S. 81.
69 Vgl. ebd., S. 88.
70 Ebd., S. 79.
71 Luhmann 1994, S. 23 f.
72 Ebd., S. 30f.
73 Gabriel García Márquez: *Die Liebe in den Zeiten der Cholera*. Köln 1987.
74 Vgl. Greene 2004, S. 59 ff.

75 Vgl. Luhmann, S. 92.
76 Vgl. Lenz 2003, S. 80.
77 Vgl. Wyss 2002, S. 84.
78 Mario Vargas Llosa: *Das böse Mädchen*. Frankfurt a.M. 2006.
79 Korff, Focus 38/2006.
80 Vargas Llosa 1996, S. 17 f.
81 Vgl. Galimberti 2006, S. 191.
82 Vgl. ebd., S. 93.
83 Korff, Focus 38/2006.
84 Vgl. Leister, Neue Zürcher Zeitung, 12./13.8.2006.
85 Vgl. Hettlage 2003, S. 9.
86 Vgl. ebd., S. 12.
87 Vgl. ebd., S. 10.
88 Vgl. ebd., S. 11.
89 Wilhem Genanzino: *Die Liebesblödigkeit*. München, Wien 2005.
90 Vgl. Dietz 2003, S. 9.
91 Ebd., S. 10.
92 Vgl. ebd., S. 12.
93 Ebd., S. 13 f.
94 Markus Werner: *Am Hang*. Frankfurt a.M. 2004.
95 Vgl. Dietz 2003, S. 31.
96 Vgl. Hettlage 2003, S. 35.
97 Philip Roth: *Täuschung*. München, Wien 1993.
98 Vgl. Hage, Der Spiegel 10/1993.
99 Wittgenstein 1983, S. 279.
100 Montaigne 1992, S. 56.
101 Dietz 2003, S. 24.
102 Vgl. dazu Lenz 2003, S. 65 f.
103 Vgl . Hettlage 2003, S. 15.
104 Vgl. Lenz 2003, S. 66 f.
105 Halter, Tagesanzeiger, 16.2.1993.
106 Gabriel García Márquez: *Erinnerung an meine traurigen Huren*. Köln 2004.
107 Spiegel, Frankfurter Allgemeine Zeitung, 16.11.2006.
108 Heidenreich, Frankfurter Allgemeine Zeitung, 5.2.2005.
109 Renz 2006, S, 185.
110 Vgl. Heidenreich, Frankfurter Allgemeine Zeitung, 5.2.2005.
111 Spiegel, Frankfurter Allgemeine Zeitung, 16.11.2004.
112 Begley, Frankfurter Allgemeine Zeitung, 19.3.2002.
113 Philip Roth: *Das sterbende Tier*. Reinbek b. Hamburg 2004.
114 Scheck, Weltwoche 3/2003.

115 Vgl. Schlaffer 2007.
116 Vgl. Schlaffer 2007, S. 92 f.
117 Ebd., S. 264 f.
118 *Brandung. Werke in zwölf Bänden, Bd. 5*. Hg. v. Helmuth Kiesel u. Mitwirkung. v. Frank Barsch. Frankfurt a. M. 1997.
119 Martin Walser: *Der Augenblick der Liebe*. Frankfurt a. M. 2004.
120 Vgl. Lehnert 1998.
121 Brand, Focus, 30/2004
122 Vgl. Kiener 1956, S. 270 ff.
123 Vgl. Willi 2004, S. 92.
124 von der Dunk 2004, Bd. 1, S. 429 ff.
125 von Schirach 2007.
126 Vgl. Canonica, Das Magazin (Tagesanzeiger) 12/2007.
127 Vgl. ebd. sowie Schaaf, Frankfurter Allgemeine Sonntagszeitung, 25.2.2007.
128 Wolfgang Hilbig: *Das Provisorium*. Frankfurt a. M. 2000.
129 Vgl. Gelfert 2004, S. 180.
130 Canonica, Das Magazin (Tagesanzeiger), 12/2007.
131 Vgl. *Handbuch Populäre Kultur* 2003, S. 405.
132 Vgl. o. N., Stern 18/1989.
133 Elfriede Jelinek: *Die Kavierspielerin*. Reinbek b. Hamburg 1983.
134 Elfriede Jelinek: *Lust*. Reinbek b. Hamburg 1989.
135 Löffler, Brigitte 14/1989.
136 Burger, Frankfurter Allgemeine Zeitung, 9.4.1983.
137 Löffler, Brigitte 14/1989.
138 A. L. Kennedy: *Also bin ich froh*. Berlin 2004.
139 Vgl. Kruse, taz, 23.4.2004.
140 Vgl. Neuhaus 2002, S. 109.
141 Vgl. ebd., S. 46 ff.
142 März, Frankfurter Rundschau, 24.3.2004.
143 Vgl. Reinacher, Die Weltwoche 19/2004.
144 Vgl. ebd., S. 193 f.
145 Vgl. ebd., S. 196 f.
146 Vgl. ebd., S. 196 ff.
147 Irene Dische: *Lieben*. Hamburg 2007.
148 Willi 1991, S. 44 f.
149 Vgl. Lauster 2006, S. 133.
150 Arnold Stadler: *Ein hinreißender Schrotthändler*. Köln 1999.
151 Spiegel, Frankfurter Allgemeine Zeitung, 7.8.1999.
152 Hamm, Frankfurter Rundschau, 30.10.1999.
153 Walser, Spiegel, 30.10.1999.

154 Lovenberg 2005, S. 177.
155 Vgl. Willi 1991, S. 309.
156 Vgl. Hamm, Frankfurter Rundschau, 30.10.1999.
157 Fisher 2005, S. 202.
158 Vgl. ebd.
159 Wolfgang Hilbig: *Das Provisorium*. Frankfurt a.M. 2000.
160 Vgl. Willi 2005, S. 194.